에 갇혀 있는 여성운동을 향해 자기 성찰과 노선 전환을 촉구했다. 그 결실이 《전진하는 페미니즘》《99% 페미니즘 선언》(공저) 같은 저작들이다.

또한 그는 무엇보다도 사회운동과 좌파정치 전반이 환골탈태해야 함을 역설했다. 2020년 미국 대선 직전 출간한 〔〕 새것은 아직 오지 않은〕에서 그는 〔〕 〔〕 〔〕 호하도록 만든 원흉이기에 결코 〔〕 〔〕 포퓰리즘에 맞설 수 있는 것은 오〔〕 〔〕 '진보적 포퓰리즘'뿐이라는 것이〔〕 〔〕, 〔〕운동, 생태운동, 흑인운동 등이 굳건한 동맹을 발전시켜야 할 근거를 '자본주의'라는 토대 자체에서 찾아내려 한다. 다만, 이 '자본주의'는 더 이상 고전 마르크스주의자들이 이야기하던 그 '자본주의'와 같지 않다. 자본-임금노동 관계만으로 환원되지 않는, 더 복잡한 제도적 실체인 것이다. 그리고 바로 이 책《좌파의 길: 식인 자본주의에 반대한다》에서 드디어 프레이저의 새로운 자본주의관은 그 전모를 드러낸다.

장석준

사회학을 공부했고 진보정당 운동의 정책 및 교육 활동에 참여해왔다. 진보신당 부대표, 정의당 부설 정의정책연구소 부소장을 역임했으며, 출판&연구공동체 산현재의 기획위원이다. 저서로《근대의 가을》《장석준의 적록서재》《세계 진보정당 운동사》《사회주의》《신자유주의의 탄생》《능력주의, 가장 한국적인 계급 지도/유령들의 패자부활전》(공저) 등이 있고,《길드 사회주의》《G.D.H. 콜의 산업민주주의》《유럽민중사》《안토니오 그람시 옥중수고 이전》(공역) 등을 우리말로 옮겼다.

좌파의 길

좌파의 길

식인 자본주의에 반대한다

초판 1쇄 발행 2023년 2월 5일
초판 2쇄 발행 2023년 4월 5일

지은이   낸시 프레이저
옮긴이   장석준
펴낸이   이영선
책임편집   김선정

편집   이일규 김선정 김문정 김종훈 이민재 김영아 이현정 차소영
디자인   김회량 위수연
독자본부   김일신 정혜영 김연수 김민수 박정래 손미경 김동욱

펴낸곳 서해문집 | 출판등록 1989년 3월 16일(제406-2005-000047호)
주소 경기도 파주시 광인사길 217(파주출판도시)
전화 (031)955-7470 | 팩스 (031)955-7469
홈페이지 www.booksea.co.kr | 이메일 shmj21@hanmail.net

ISBN 979-11-92085-91-3 03300

좌파의 길

식인 자본주의에 반대한다

낸시 프레이저 지음
장석준 옮김

서해문집

없어서는 안 될 대화 상대이자 소중한 벗,
로빈 블랙번과 라헬 예기를 위해

많은 이들이 책을 저자의 개인적 노고의 결실이라고 여긴다. 그러나 이것은 매우 잘못된 생각이다. 거의 모든 저자는 책 쓰는 일을 가능하게 하는 일군의 배경조건들에 의존하는데, 재정 지원과 도서관 이용권, 편집 지침과 연구 보조, 동료의 비평과 영감, 벗들의 격려, 친지와 가족 구성원이 제공하는 돌봄이 그것이다. 이는 저자의 '감춰진 장소'이며, 이 책 본문에서 핵심적인 역할을 하는 한 문구가 바로 여기에서 나왔다. 이 조건들은 저자가 무대 앞에서 뽐내는 동안 너무도 빈번히 무대 뒤로 밀려나지만, 한 권의 책이 출판되는 데 없어서는 안 될 요소다. 이런 조건들이 갖춰지지 않는다면 책은 세상에 나올 수 없다.

자본주의 생산의 감춰진 기둥을 이론화하는 책이라면, 자신을 뒷받침하는 토대 역시 분명하게 인정해야 한다. 이런 지원들은 수많은 원천에서 수많은 형태로 왔다. 제도적 차원에서 '사회연구를 위한 뉴스쿨'은 내게 융통성 있게 강의를 배정해 주고, 1년간의 안식년과 (가장 중요하게는) 지적 활력이 넘치는 환경을 제공했다. 다트머스대학은 2017-2018년 로스 패밀리Roth Family 특별객원교수로 나를 초빙해 내게 훌륭한 도서관과 후한 연구비, 뛰어난 동료들과 더불어 제2의 학문적 고향을 선사했다.

다른 몇몇 기관들도 소중한 시간과 학구적 분위기를 제공하여 이 책에 담긴 구상을 발전시키게 해주었다. 주드 브라운Jude Browne과 케임브리지대학 젠더연구센터, 미셸 위비오르카Michel Wieviorka와 지구연구원, 라이너 포르스트

Rainer Forst와 프랑크푸르트 유스티티아 암플리피카타 고등연구센터, 바트홀부르크 인문과학연구원, 하르트무트 로자Hartmut Rosa와 예나 프리드리히실러대학 '포스트 성장 연구그룹', 빈프리트 플루크Winfried Fluck · 울라 하젤슈타인Ulla Haselstein과 베를린 아인슈타인재단, 베를린 자유대학의 JFK 미국연구재단에 깊이 감사드린다.

연구 기간 내내 나는 비범한 조교들의 연구 역량과 동지애에 의지했다. 블레어 테일러Blair Tayor, 브라이언 밀스타인Brian Milstein, 마인 일디림Mine Yildirim, 마이라 코타Mayra Cotta, 대니얼 보스코브-엘렌Daniel Boskov-Ellen, 타티아나 야구노 니브스Tatiana Llaguno Nieves, 아나스타시아 칼크Anastasiia Kalk, 로사 마틴스Rosa Martins에게 마음에서 우러나오는 감사 인사를 전한다.

몇몇 저널의 도움도 있었다. 그중에서도 《뉴레프트 리뷰New Left Review》와 《비판적 역사연구Critical Historical Studies》는 이 책에 상술한 생각들의 초기 내용을 회람시키고 논평을 받음으로써 내 주장을 가다듬을 수 있는 소중한 기회를 제공했다. 이 책에 담긴 생각을 처음 정리한 논문들을 발표하도록 지면을 내준 저널들은 아래에 상세히 정리돼 있다.

버소Verso 출판사는 내가 늘 꿈꿔온 원고 편집자를 만나게 해주었다. 제시 킨디그Jessie Kindig의 열정과 창의성과 문장력은 이 책에 커다란 영향을 끼쳤다. 또한 제작 편집자 대니얼 오코너Daniel O'Connor와 본문 편집자 스탠 스미스Stan Smith는 여러 차례 다시 고쳐 쓴 지저분한 초고를 오류라고는 찾아볼 수 없는 완성된 원고로 바꿔주었다. 멜리사 웨이스Melissa Weiss와 데이비드 지David Gee는 품위 넘치면서도 신랄한, 눈에 확 띄는 표지를 디자인해주었다.

이 책의 이면에도 역시 동료들과 친구들의 필수 불가결한 지원이 숨어 있다. 이들 중 일부의 경우에는, 특히 커다란 영향이 드러나 있는 대목에서 각 장의 주석을 통해 감사를 표했다. 그러나 더욱 광범위한 측면에서 오랜 시간에 걸쳐 내 사상의 틀을 짜는 데 영감을 준 또 다른 이들도 있다. 이런 변함없는 동료이자 대화 상대로서 친지아 아루짜Cinzia Arruzza, 바누 바르구Banu Bargu, 세일라 벤하비브Seyla Benhabib, 리처드 번스타인Richard J. Bernstein, 뤽 볼탕스키Luc

Boltanski, 크레이그 칼훈Craig Calhoun, 마이클 도슨Michael Dawson, 던컨 폴리Duncan Foley, 라이너 포르스트, 위르겐 하버마스Jürgen Habermas, 요한나 옥살라Johanna Oksala, 안드레아스 말름Andreas Malim, 제인 맨스브리지Jane Mansbridge, 샹탈 무페Chantal Mouffe, 도널드 피스Danald Pease, 고故 모이셰 포스톤Moishe Postone, 하르트무트 로자, 안토니아 술레즈Antonia Soulez, 볼프강 슈트렉Wolfgang Streeck, 코넬 웨스트Cornel West, 미셸 위비오르카에게 고마움을 전한다.

이 책을 쓰는 내내 늘 생각하며 마음속에 떠올린 벗이 두 사람 더 있다. 그 두 분에게 이 책을 헌정한다. 친절한 가르침과 통찰로 내 의지처가 되어준 로빈 블랙번Robin Blackburn과, 이 책에 실린 구상의 많은 부분을 함께 발전시키고 더욱 개선시켜준 진정한 '대화' 상대 라헬 예기Rahel Jaeggi에게 감사드린다.

마지막으로 언급해야 할 분은 엘리 자레츠키Eli Zaretsky다. 그가 이 책에 보내준 지지가 하도 깊고 다면적이며 곳곳에 스며들어 있어서, 도저히 짤막하게 요약할 수가 없다. 널리 인정받는 그의 지성과 폭넓은 비전, 끊임없는 사랑 없이는 이 책이 있을 수 없었을 것이라고밖에는 말할 수 없겠다.

이 책의 몇몇 장들의 초기 버전은 이전에 출판된 적이 있으며, 최초 발행처의 허락을 받아 여기에 개정된 형태로 실렸다.

제1장은 2014년 2월 7일 케임브리지대학의 다이앤 미들브록과 칼 제라시Diane Middlebrook and Carl Djerassi 강연에서 발표된 적이 있으며, 나중에 《뉴레프트리뷰》 86호(2014년)에 〈마르크스의 감춰진 장소 이면: 자본주의에 관한 확장된 인식을 위하여〉로 실렸다. 이 논문의 주장은 혹독한 비판을 거치며 더 견고해졌는데, 라헬 예기와 나눈 대화가 특히 도발적이었다. 이 대화의 많은 부분이 브라이언 밀스타인이 편집한 우리의 공저 《자본주의들: 비판이론의 대화Capitlaisms: A Conversation in Critical Theory》(2023년 4월, 버소 출간 예정)에 실려 있다.

제2장은 2018년 1월 5일 조지아주 서배너에서 열린 미국철학회 동부지부 114차 대회에서 회장 연설로 발표됐으며, 《미국철학회 연설·의사록Proceedings and

Addresses of the American Philosophical Association》 92호(2018년)에 〈자본주의는 필연적으로 인종주의적인가?〉로 실렸다. 이 장에 관해 유용한 논평을 해준 로빈 블랙번, 샤라드 차리Sharad Chari, 라헬 예기, 엘리 자레츠키, 연구를 보조한 대니얼 보스코브-엘렌, 그리고 특히 격려와 영감을 준 마이클 도슨에게 감사를 표한다.

제3장은 2016년 6월 14일 파리 사회과학고등연구원의 제38차 마르크 블로크Marc Bloch 연례 강연에서 발표됐으며, 이후 《뉴레프트 리뷰》 100호(2016년)에 〈자본주의와 돌봄의 모순〉으로 실렸다. 여기에 담긴 주장 중 많은 부분이 친지아 아루짜, 요한나 옥살라와 나눈 대화를 통해 발전했으며, 이에 대해 두 분에게 깊이 감사드린다.

제4장은 2021년 5월 4일 빈에서 "불에 타 재가 되고 있는 자연: 왜 자본주의 사회는 지구 온난화를 피할 수 없는가"라는 제목 아래 칼 폴라니Karl Polanyi 초빙교수 취임 연설로 발표됐고, 《뉴레프트 리뷰》 127호(2021년)에 〈자본의 기후: 환경을 넘어서는 생태사회주의를 향해〉로 실렸다.

제5장은 처음에는 《비판적 역사연구》 2호(2015년)에 〈정당성 위기?: 금융화된 자본주의의 정치적 모순에 관해〉로 발표됐고, 나중에 《민주주의에 무엇이 잘못됐는가? 클라우스 되레, 낸시 프레이저, 스테판 레세니히, 하르트무트 로자의 논쟁Was stimmt nicht mit der Demokratie? Eine Debatten mit Klaus Dörre, Nancy Fraser, Stephan Lessenich und Hartmut Rosa》(한나 케터러Hanna Ketterer·카리나 베커Karina Becker 편, Suhrkamp Verlag, 2019년)에 독일어로 실렸다.

제6장은 2019년 5월 8일 워싱턴대학의 솔로몬 카츠Solomon Katz 특별강연에서 발표됐고, 이후 《소셜리스트 레지스터Socialist Register》 56호 "시장 디스토피아를 넘어: 새로운 생활방식"(2019년)에 〈21세기에 사회주의의 의미는 무엇이어야 하는가?〉로 실렸다.

서문

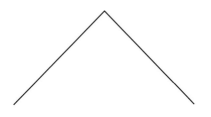

'식인'이라는
은유

이 책을 읽는 이들에게 굳이 지금이 혼란기라고 말할 필요는 없을 것이다. 독자들은 난마처럼 서로 얽힌 미래의 위협과 현재의 참사에 이미 익숙해져 있으며, 실은 이로 인해 이미 요동치고 있다. 부채는 무겁게 어깨를 짓누르고, 노동은 불안정하며, 생계는 위협받고 있다. 공공 서비스는 퇴보하고, 인프라는 무너지기 일보 직전이며, 국경 감시는 더욱 가혹해진다. 거기에다 인종화된 폭력, 생명을 위협하는 팬데믹, 극단적인 기후까지 엄습한다. 그리고 그 해법을 상상하거나 실행하지 못하도록 가로막는 정치의 기능 장애가 이 모두에 그림자를 드리운다. 이 중에서 처음 듣는 이야기는 하나도 없으므로 여기에서 굳이 장황하게 부연할 필요는 없겠다.

이 책이 **실제로** 제시하는 내용은 이 모든 끔찍한 사태의 근원에 관한 심층 탐사다. 이 책은 질병의 원인을 진단하고 범인을 지목한다. 우리를 이 지경에까지 몰아넣은 이 사회 시스템을 나는 '식인 자본주의Cannibal capitalism'라 이름 붙이고자 한다. 이 것이 적절한 명칭인가를 확인하기 위해, 우선 이 용어를 구성하는 C로 시작하는 두 단어를 살펴보자.

'식인[동족 포식]cannibalism'에는 여러 의미가 있다. 가장 익숙하고도 구체적인 의미는 '인간이 다른 인간의 신체를 먹는 의례'라는 것이다. 기나긴 인종주의의 역사에서 이 말은 아프리카 흑인들을 묘사하는 데 주로 쓰였는데, 실은 이들이야말로 오히려 유럽 제국주의의 식인적 약탈의 희생자들이었다. 따라서 이 책에서 '식인종'을 자본가 계급을 묘사하는 말로 다시 불러내면서 우리는 얼마간 복수의 쾌감을 느끼게 된다. 이 책은 바로 이 집단이 우리 사회의 모든 것을 집어삼키고 있음을 보여줄 것이다.

그러나 이 단어에는 좀 더 추상적인 의미도 있는데, 여기에는 우리 사회를 둘러싼 더 심층적인 진실이 담겨 있다. 'cannibal-ize'*라는 동사에는 '어떤 설비나 사업에서 중요한 기능을 수행

---

* cannibalize는 본래 '식인하다' '동족 포식하다'라는 뜻이지만, 저자도 설명하고 있듯이 여러 파생적 의미로 쓰인다. 그중 우리에게 가장 익숙한 것은 기업에서 많이 쓰는 '자기 잠식cannibalization'이라는 표현이다. 어떤 기업이 새로 출시한 제품이 자사의 기존 다른 제품의 위상이나 영역을 침범해 그 시장을 줄이고, 결과적으로 기업의 총매출에 부정적인 영향을 끼치는 것을 뜻하는 말이다. 이 책에서 저자는 자본이 그 본성상 자신을 지탱하는 문명적 토대를 포식함으로써 자본 자체만이 아니라 인류 전체를 파멸에 몰아넣는 것을 형상화하기 위해 cannibalize/cannibalization을 사용한다. 이 점에서 '제 살을 깎아먹다'라는 익숙한 우리말 표현으로 옮기는 것이 어원에도 충실할뿐더러 저

하는 부품이나 부서를 떼어내 다른 설비나 사업을 만들거나 유지하는 데 쓴다'는 파생적 의미도 있다. 앞으로 살펴보겠지만, 이는 자본주의 경제가 시스템 내부의 '비-경제적' 주변 영역과 맺는 관계와 상당히 유사하다. 그 관계란, 자본주의 경제가 제 배를 채우기 위해 가족과 공동체, 생활 터전, 생태계의 피와 살을 다 빨아먹어 버리는 현실이다.

게다가 특별한 천문학적 의미도 있다. 우주 공간의 물체가 중력을 통해 다른 물체의 상당 부분을 흡수할 때에도 'cannibalize'라는 동사를 쓴다. 역시 이 책에서 다루겠지만, 이는 자본이 세계체제*의 주변부에서 천연자원과 사회적 부富를 끌어다 자기 궤도에 가둬놓는 과정을 적절히 묘사한다. 이것은 결국 우로보로스ouroboros**, 즉 제 꼬리를 먹으며 자멸하는 뱀이다. 역시 뒤에서 살펴보겠지만, 이는 바로 자신을 지탱해주는 사회·정치·자연의 토대(우리의 토대이기도 한)를 먹어 치우느라 여념이 없는 이 시스템에 꼭 들어맞는 이미지다.

자의 의도를 잘 살린다고 판단하여 이렇게 번역을 통일했다.

* 이 책에서 regime은 '체제'로, system은 '시스템/체계'로 번역을 통일했다. 다만, I. 월러스틴이 창시하고 G. 아리기가 발전시킨 세계체제론world system theory과 관련될 경우에는 우리에게 익숙한 기존 번역어를 존중해 system을 '체제'라 옮겼다.

** 이집트 신화에서 비롯돼 그리스 신화를 거쳐 유럽에 널리 퍼진, 자기 꼬리를 먹는 뱀의 형상.

이 모두를 통해 알 수 있는 것은, '식인'이라는 은유가 자본주의 사회에 관한 분석을 발전시킬 여러 통로를 열어준다는 점이다. 이를 통해 우리는 '먹이 떼를 향해 달려드는 포식자 무리를 제도화한 것'으로서 사회를 바라보게 된다. 여기에서 중심 메뉴는 우리다.

'자본주의capitalism' 역시 의미를 분명히 해야 할 단어다. 보통 이 말은 사적 소유, 시장 교환, 임금노동, 그리고 이윤을 위한 생산에 바탕을 둔 경제 시스템을 일컫는 데 쓰인다. 그러나 이 정의는 너무나 협소하여, 시스템의 참된 특성을 드러내기는커녕 오히려 모호하게 만든다. 이 책에서는 '자본주의'라는 용어가 '더 커다란 무엇'을 가리키는 말일 때 좀 더 쓸모 있음을 주장하려 한다. '더 커다란 무엇'이란, 이윤 주도 경제가 그 작동에 필요한 '경제 외적 기둥'들을 포식하도록 북돋는 사회societal* 질서를 뜻한다. 자연과 예속민subjects**으로부터 수탈한 부富, 오랫동안

---

*   흔히 '사회적'이라 번역되는 social과 함께 쓰이는 비슷한 단어로 societal이 있다. 대개 인간 생활에 편재하는 사회적 차원을 뜻하는 social과 달리, societal은 '사회 전체'라는 의미를 강조할 때 주로 쓰인다. 저자가 사용하는 중요한 개념인 '제도화된 사회 질서'의 원어는 'an institutionalized societal order'이다.

**   subjects는 '시민'과 구별되는, 봉건 지배자에게 정치적으로 예속되고 경제적으로 종속된 '신민'을 뜻한다. 그러나 저자는 주로 제국주의 식민 지배국에 복속된 식민지 민중을 뜻할 때 이 용어를 사용하며, 이 경우 국내 '신민'과 구별하기 위해 식민지 '예속민'이라 옮겼다.

가치를 무시당해온 다양한 형태의 돌봄 활동, 자본이 필요로 하면서도 동시에 감축하려 드는 공공재와 공적 권력public power, 노동 대중의 열의와 창의력 등이 그런 경제 외적 기둥에 해당한다. 이런 형태의 부는 기업 회계장부에 표시되는 이윤과 수익의 필수 전제조건이지만, 정작 회계장부에는 표시되지 않는다. 축적의 핵심 기반인 이런 형태의 부 역시 자본주의 질서의 구성적costitutive 요소다.

따라서 이 책에서 '자본주의'는 경제의 한 유형만이 아니라 **사회**의 한 유형을 가리킨다. 투자자와 소유주를 위해 화폐화된 가치를 축적하는 공식적으로 '경제'라 지정된 영역을 인가해주면서, 다른 한편으로는 경제화되지 않은 모든 부를 먹어 치우는 사회 말이다. 이러한 사회는 그 부를 접시에 담아 대기업* 소유 계급에게 대접한다. 또한 이 사회는 그들이 우리의 터전인 지구와 우리의 창조적 역량에서 먹을 것을 뽑아내도록 해준다. 저들에게는 자신들이 소비한 것을 보충하거나 훼손한 것을 원래대로 고쳐놓을 책임은 애당초 면제돼 있다. 그리고 여기에서 온갖 곤경이 생겨난다. 제 꼬리를 먹는 우로보로스처럼, 자본주의 사회는 자신의 가장 중요한 부분마저 먹어 치울 태세다. 스스로를 불

---

*   원어는 corporate. 영어 corporate/corporation은 '법인기업'이라 옮기는 것이 가장 정확하지만, 이 책에서는 우리에게 좀 더 익숙한 '대기업'으로 번역어를 통일했다.

안정하게 만드는 점에서는 타의 추종을 불허하는 자본주의 사회는 일상적으로 우리 삶의 기반을 먹어 치우고, 주기적으로 위기를 불러들인다.

즉, 현 위기를 발생시킨 책임은 '식인 자본주의' 시스템에 있다. 현재의 위기는 다양한 폭식증의 발작이 한데 모인 예외적 유형의 위기다. 수십 년에 걸친 금융화로 인해 지금 우리가 직면한 위기는, '단지' 극단적인 불평등이나 저임금 불안정 노동의 위기만이 아니다. '단지' 돌봄이나 사회적 재생산의 위기만도 아니고, 이민과 인종화된 폭력의 위기만도 아니다. 또한 뜨거워진 지구가 치명적 전염병을 토해내는 '단순한' 생태적 위기만도 아니고, 무너져가는 인프라와 군사주의 증대, 독재자의 만연을 특징으로 하는 '오로지' 정치적인 위기만도 아니다. 아니, 이 위기는 '더 나쁜 무엇'이다. 이 모든 재난이 한데 모여 서로를 악화시키며 우리를 집어삼키겠다고 위협하는, 사회 질서 전체의 전반적 위기다.

이 책은 이렇게 거대하게 서로 얽혀 있는 기능 장애와 지배의 지도를 그린다. 자본의 식단에 포함된 경제 외적 재료들로까지 우리의 자본주의관을 확장시킴으로써, 현 국면의 **모든** 억압과 모순과 갈등을 단일한 틀 안에 모은다. 이 틀에서 구조적 불의란, 계급 착취만이 아니라 젠더 지배, 인종적·제국주의적 억압까지 뜻한다. 젠더 지배와 인종적·제국주의적 억압은 사회적 재생산을 상품 생산에 종속시키고 인종화된 수탈을 통해 수익성 높은 착취를 달성하고자 하는 사회 질서의 필연적 산물이다. 자본주의 시스템의 모순 역시 경제 위기만이 아니라 돌봄, 생태계, 정치의 위기를 함께 불러들이는 경향이 있으며, 현재 이들 위기는 신자유주의로 알려진 대기업의 폭식이 오랫동안 계속된 탓에 그 정점에 이르러 있다.

　마지막으로 식인 자본주의는, 광범하게 포진해 있으면서 서로 복잡하게 결합된 사회적 투쟁들을 촉발한다. 생산 지점에서 벌어지는 계급투쟁만이 아니라, 이 시스템을 구성하는 접합 부위마다 벌어지는 경계투쟁boundary struggles을 불러일으킨다. 생산이 사회적 재생산과 충돌하는 지점에서 시스템은 돌봄(공공부문이든 민간부문이든, 유급 노동이든 무급 노동이든)을 둘러싼 갈등을 유발한다. 착취와 수탈이 교차하는 지점에서 시스템은 '인종', 이민, 제국을 둘러싼 투쟁이 끓어오르게 만든다. 또한 축적이 자연의 한계에 직면한 지점에서도 식인 자본주의는 토지, 에너지, 식물군과 동물군, 지구의 운명을 둘러싼 갈등을 폭발시킨다. 마지막으로 지구 시장과 초거대 기업이 국민국가 또는 초국적 거버넌스 기구와 만나는 지점에서, 식인 자본주의는 공적 권력의 형태와 통제, 범위를 둘러싼 투쟁을 불러일으킨다. 그러므로 현재 우리가 처한 곤경의 이 모든 가닥은 자본주의에 관한 확대된 인식(통일성과 차별성을 동시에 갖춘)을 통해서만 제대로 이해될 수 있다.

이런 인식으로 무장한 이 책은 절박한 실존적 물음을 제기한다. "우리는 끝장났는가?"[*] 우리는 인류를 멸종 위험에 몰아넣고 있는 이 시스템을 해체할 방법을 찾아낼 수 있을까? 우리는 이 시스템이 낳은 복합 위기 전반을 힘 모아 함께 해결할 수 있을까? '단지' 지구 가열, 우리의 집단적인 공적 행동 역량의 점진적 파괴, 서로를 돌보고 사회적 결속을 유지하는 능력에 대한 대대적인 공격, 그 피해가 빈민층과 노동계급, 인종화된 대중에게 전가되는 것 등등 가운데 어느 하나만이 아니라, 이런 다양한 해악이 서로 긴밀히 얽혀 있는 **전반적** 위기를 과연 해결할 수 있을까? 우리는 다양한 사회운동, 정당, 노동조합, 그 밖의 집합 행위자들의 투쟁을 조율하는 비전을 갖춘, 충분히 포괄적인 대항헤게모니 프로젝트를 구상할 수 있을까? 그 생태적-사회적 변혁의 프로젝트가 식인 행위를 영원히 종식되도록 할 수 있을까? 현 국면에서는 이러한 프로젝트가 아니면 결실을 거둘 수 없다는 것이 이 책에서 내가 주장하는 바다.

더욱이 일단 우리의 자본주의관을 확장하고 나면, 이 자본주의를 무엇으로 대체해야 하는지에 관한 비전 역시 확장해야 한

---

[*]　원문은 "Are we toast?" 속어로 be toast는 '곤경에 처하다' '완전히 끝장났다'는 뜻이다. 물론 toast의 본래 뜻은 '바싹 구운 빵'이기도 하다. 아마도 원문의 표현은 이 어원까지 염두에 둔 듯하다.

다. 이를 '사회주의'라 부르든 아니면 다른 뭐라 부르든, 우리가 추구하는 대안은 시스템의 경제 영역 재편만을 목표로 삼을 수는 없다. 경제 영역이 현재 제 살 깎아먹기의 수단으로 삼고 있는 저 모든 형태의 부가 경제 영역과 맺는 관계 역시 재편해야만 한다. 즉 생산과 재생산의 관계, 사적 권력과 공적 권력의 관계, 인간 사회와 비인간 자연의 관계를 처음부터 다시 구축해야 한다.

이것이 무리한 요구라 느낄지도 모르지만, 여기에 최선의 희망이 있다. 오직 더 커다란 대안을 사고해야만, 우리 모두를 잡아먹으려는 식인 자본주의의 끝없는 식욕을 제압하기 위해 싸울 기회를 확보할 수 있다.

I

걸신들린 짐승:
'자본주의'의 재인식

**왜 우리의 자본주의관을
확장해야 하는가**

'자본주의'가 돌아왔다! 수십 년 동안 이 용어는 마르크스주의 사상가들의 저작 외에는 거의 쓰이지 않았지만, 이제는 다양한 성향의 논평가들이 자본주의의 지속 가능성을 공공연히 걱정하고, 모든 학파 학자들이 체계적으로 자본주의 비판을 전개하려고 달려든다. 전 세계 운동가들 역시 자본주의의 관행에 맞서 들고 일어난다. '자본주의'의 귀환은 분명 환영할 만한 발전이다. 현 위기가 얼마나 심각한지, 그리고 그 위기의 내용에 대한 체계적인 정리를 얼마나 많은 이들이 갈망하는지 보여주는 표식이 필요하다면 이 용어의 귀환이야말로 가장 선명한 표식이라 하겠다.

자본주의를 둘러싼 이 모든 논의가 가리키는 것은, 우리를 에워싼 다양한 (금융·경제·생태·정치·사회의) 질병들이 공통의 뿌리로 거슬러 올라갈 수 있으며, 이 질병들의 심층적이고 구조적인 토대를 다루지 못하는 개혁은 실패할 운명이라는 점을 깨닫는 이들이 늘어나고 있다는 사실이다. 또한 많은 곳에서, 우리 시대의 서로 다른 사회적 투쟁들이 맺고 있는 관계를 분명히 밝혀 각 사회운동의 가장 선진적이고 진보적인 흐름들이 하나의 대항시스템 블록 안에서 서로 긴밀히 협력할 수 있도록(완전히 통일되지는 못하더라도) 분석해주기를 바라고 있음을 알려준다. 이런 분석의 초점은 자본주의여야만 한다는 어렴풋한 생각이 현실과 맞아떨어지고 있는 것이다.

그럼에도 불구하고 현재 나타나는 자본주의 담론 붐은 여전히 대체로 말의 성찬에 머물러 있다. 체계적 비판에 실질적으로 기여한다기보다는 그런 비판이 나왔으면 좋겠다는 열망의 징후에 더 가까운 것이다. 젊은 세대의 운동가와 학자 모두 담론 분석에는 달인이지만, 수십 년에 걸친 사회적 기억상실증 탓에 '자본 비판Kapitalkritik*' 전통과는 완전히 단절된 상태가 되고 말았다. 그들은 현 국면을 해명하기 위해 오늘날 '자본 비판'을 어떻게 수행하면 될지 이제야 묻기 시작하고 있다.

과거 반反자본주의적 격동기를 산 고참 세대인 '앞세대'가 젊은 세대에게 일정한 도움을 줄 수도 있겠지만, 그들 역시 나름의 눈가리개를 뒤집어쓰고 있다. 대체로 그들은 자신들이 표방하는

---

*   마르크스의 《자본: 정치경제학 비판》을 재해석한 바탕 위에서 현대 자본주의를 비판하는 학문 전통을 일컫는 독일어.

선의와는 달리 페미니즘이나 생태주의, 탈식민주의, 흑인해방사상 등에 관한 통찰을 자본주의의 이해와 체계적으로 통합하지 못했다.

요점은, 우리가 혹독하기 이를 데 없는 자본주의 위기 속에 살고 있지만 그 위기를 명쾌히 정리해주는 비판이론을 갖추지 못했다는 것이다. 그러니 해방의 해법으로 인도할 이론이 없다는 건 더 말할 것도 없다. 분명 오늘날의 위기는 우리가 물려받은 표준적인 이론 모델에는 들어맞지 않는다. 현 위기는 금융 등의 공식 경제뿐만 아니라 지구 온난화, '돌봄 결핍', 광범위한 공적 권력의 유명무실화 같은 '비-경제적' 현상까지 포괄하는 다차원적 위기다. 하지만 우리가 물려받은 위기 이론은 경제 측면에만 집중함으로써 이를 다른 측면들과 분리하고 특권화하는 경향이 있다.

또 하나 중요한 점은, 오늘날의 위기는 전에 없던 정치 지형과 사회 갈등의 문법을 낳고 있다는 것이다. 이 새로운 위상배열constellation*에서 중심은 자연, 사회적 재생산, 박탈disposses-

---

*   constellation, configuration, arrangement는 흔히 모두 '배열'이라고 번역되지만, 의미와 뉘앙스가 사뭇 다르다. 그래서 이 책에서는 서로 다르게 옮겼다. 본래 별자리를 뜻하는 말인 constellation은 '위상배열'로 번역했고, 세력 균형 등의 변화에 쓰이는 configuration은 '형세배열'로, 제도들의 배합과 배치를 의미하는 arrangement는 '제도배열'로 옮겼다.

sion[*], 공적 권력을 둘러싼 투쟁이며, 이는 민족/인종-종족, 성, 계급 등 다양한 축의 불평등과 관련된다. 하지만 우리가 물려받은 이론 모델은 생산의 지점에서 벌어지는 노동을 둘러싼 투쟁을 특권화한다는 점에서 우리를 오도한다. 즉, 전반적으로 우리에게는 우리 시대에 부합하는 자본주의 및 자본주의 위기의 개념들이 별로 없다.

나는 이런 개념의 하나로 '**식인 자본주의**'를 주창한다. 먼저 카를 마르크스의 《자본Capital》 제1권이 제시하는 핵심 주장의 이면에 숨은 내용을 물으면서 이 개념을 소개하고자 한다. 《자본》은 일반적인 개념들의 재료 면에서 풍부한 내용을 제공하며, 원칙적으로는 내가 위에서 언급한 광범한 관심들에도 열려 있다. 하지만 젠더, 인종, 생태계, 정치권력을 자본주의 사회 내부 불평등의 구조적 축으로서 체계적으로 사고하지는 않는다. 물론 사회 투쟁의 관심사로서나 그 전제로서도 마찬가지다.

그렇기에 이 저작의 위대한 통찰을 새로 구축하는 작업이 필요하다. 그래서 내가 취한 전략은 우리에게 익숙한 오래된 물음들을 새롭게 조명해보기 위해 우선 마르크스 **자신**의 주장과, **그 이면에 숨은** 내용을 살펴보는 것이다. 그 물음이란 이러한 것들

---

[*] dispossession은 누군가가 본래 지니고 있던 삶의 기반, 특히 자산 혹은 소유권을 빼앗는 것을 말한다. '박탈'이라 옮기고, '자산(의) 박탈'처럼 부연하는 수식어를 더했다.

이다. 자본주의는 정확히 **무엇인가?** 그리고 자본주의를 개념화하는 최선의 방식은 무엇인가? 자본주의를 경제적 시스템이나 윤리적 삶의 한 형태로 봐야 하는가, 아니면 제도화된 사회 질서로 봐야 하는가? 자본주의의 '위기 경향'들은 어떻게 규정되어야 하며, 어디에 자리매김되어야 하는가?

다시, 자본주의란 무엇인가

나는 마르크스가 자본주의의 핵심 특징이라 여긴 것을 떠올리며 논의를 시작하고자 한다. 어쩌면 이 때문에, 내가 '식인 자본주의'라는 개념에 이르게 된 사고의 과정이 얼핏 보기에는 정통 교리를 따른 것이 아닌가 여길 수도 있을 것이다. 그러나 내 의도는 오히려 그 반대다. 마르크스가 말한 핵심 특징이 어떤 방식으로 다른 특징들을 전제하는지, 어떻게 다른 특징들이 그 핵심 특징의 배경조건이 되는지를 보여줌으로써 오히려 정통 교리에서 벗어나려는 것이다. 마치 마르크스가 자본주의의 비밀을 발견하기 위해 '교환' 영역의 이면을 파고들어가 '생산' 영역이라는 '감춰진 장소'를 살펴본 것처럼, 나는 '생산' 영역의 이면에서 그보다 더 철저히 감춰진 영역을 탐색하려 한다. 그리고 그 감춰진 영역에서 생산이 이뤄질 수 있게 만드는 조건들을 파헤쳐보고자 한다.

마르크스에게 자본주의의 첫 번째 핵심 특징은 '생산수단의 사적 소유'다. 그리고 이는 소유주와 생산자 사이의 계급 분할을 전제로 한다. 이 분할은 대다수 민중이 생계수단과 생산수단을 확보할 수 있었던, 즉 노동시장을 거치지 않고도 도구나 토지, 일과 식량, 주거와 의복을 확보할 수 있었던 이전의 사회 세계가 해체된 결과로 등장한 것이었다. 자본주의는 이 제도배열arrangements을 결정적으로 뒤집었다. 자본주의는 공유지에 울타리를 둘러 사유지로 만들었으며*, 다수 대중이 관습적으로 행해온 생산수단 사용권을 철폐했고, 공유 자원을 소수가 사적으로 소유하도록 바꾸었다.

이는 곧바로 마르크스가 지적한 두 번째 핵심 특징, 즉 '자유로운 노동시장'으로 이어진다. 일단 생산수단에서 분리되고 나면 다수 대중은 생계를 잇고 자녀를 키우는 데 필요한 것을 벌기 위해 이 특별한 제도에 뛰어들어야 했다. '자유로운 노동시장'이 얼마나 괴상망측하고 '부자연스러우며' 역사적으로 기묘하고 별난지는 아무리 강조해도 지나치지 않다. 여기에서 노동은 이중으로 '자유롭다'. 첫째, 법률적 지위 차원에서 자유롭다. 즉 노예

---

* 영국에서 16세기에 처음 시작된 이 역사적 변동을 '인클로저Enclosure'(울타리치기/종획운동)라 부르며, 현재는 커먼즈commons(공유재/공유재산)를 사유화·상품화하는 행위 일체를 일컫는 말로 그 의미가 보편화됐다. 이 책 뒷부분에서는 '인클로저'라 옮겼다.

나 농노가 되지 않고, 신분을 세습하지도 않으며, 일정한 장소나 특정한 주인에게 얽매이지 않기에 자유로이 이동하고 노동계약을 맺을 수 있다. 그러나 둘째, 토지와 도구의 관습적 사용권 같은 생계수단과 생산수단의 확보로부터도 '자유롭다'. 그래서 노동시장에 참여하지 않고도 버틸 수 있게 해주는 자원과 자격을 빼앗겨버린다. 즉 부분적으로 자본주의는, (이중으로) 자유로운 임금노동의 구성과 사용으로 정의된다. 물론 뒤에서 살펴볼 내용처럼, 자본주의는 자유롭지 못하거나 종속적인, 공식 인정이나 보수를 받지 못하는 노동에도 크게 의존하지만 말이다.

다음으로 다룰 것은 마르크스가 세 번째 핵심 특징으로 지목한 이른바 '자기' 확장적 가치라는 또 다른 기이한 현상이다.¹ 자본주의는 '자본 축적'이라는 객관적이고 체계적인 추진력을 갖추었다는 점에서 독특하다. 따라서 소유주가 자본가로서 행하는 모든 행동의 목적은 자기 자본의 확장이다. 생산자와 마찬가지로 소유주도 특정한 체계의 긴장 아래 놓여 있는 것이다. 필요를 충족하려는 만인의 노력은 늘 가장 중요하다고 전제되는 뭔가에 단단히 얽매여 있어서 부차적인 요소로만 다뤄진다. 여기에서 '가장 중요한 무엇'이란, 비인격적 시스템 안에 새겨진 지상명령, 즉 끊임없이 '자기' 확장하려는 자본의 고유한 충동이다. 이 대목에서 마르크스는 더없이 탁월하다. 그는 자본주의 사회에서는 자본 자체가 대문자 주체가 된다고 했다. 인간은 자본의 졸卒

일 뿐이며, 야수에게 먹이를 주면서 그 틈바구니에서 자기가 필요로 하는 바를 얻어낼 방법을 찾아 헤매는 처지에 불과하다.

네 번째 핵심 특징은 자본주의 사회에서 '시장'이 맡는 독특한 역할이다. 인간의 역사에서 시장은 늘 존재했으며, 이는 非자본주의 사회에서도 마찬가지였다. 하지만 자본주의 사회에서 시장의 기능은 두 가지 새로운 성격 때문에 다른 시대와 구별된다.

첫째, 자본주의 사회에서 시장은 상품 생산에 쓰일 투입요소(부르주아 정치경제학에서는 '생산요소'라고 하는)를 할당하는 역할을 한다. 이 투입요소는 원래 '토지, 노동, 자본'으로 식별되었다. 자본주의는 그중에서 노동을 할당하는 데 시장을 이용할 뿐만 아니라 부동산, 자본재, 원자재, 신용을 할당하는 데도 시장을 이용한다. 시장 메커니즘을 통해 이러한 생산 투입요소를 할당함으로써 자본주의는 이들을 상품으로 변형한다. 케임브리지대학 경제학자 피에로 스라파Piero Sraffa의 인상적인 문구에 따르면, 자본주의란 '상품에 의한 상품 생산'의 시스템이다. 물론 뒤에서 살펴볼 내용처럼, 이는 '비-상품'이라는 배경에 의존하기도 하지만 말이다.[2]

그런데 자본주의 사회에서 시장이 맡는 두 번째 핵심 기능이 더 있다. 시장은 사회의 잉여가 어떻게 투자될지를 결정한다. 마르크스에게 '잉여'는 특정한 생활 형태를 재생산하는 데(또한 이를 실행하는 과정에서 사용되는 것들을 보충하는 데) 필요한 정도를 초과하는 사회적 에너지의 집단적 적립fund을 뜻했다. 한 사회가 그 잉여 역량을 어떻게 사용하는지는 절대적으로 중요한 문제다. 이는 사람들이 어떻게 살기를 원하는가, 즉 그들의 집단적 에너지를 어디에 투자하기로 선택하는가, 가정생활·여가·기타 활동들과 '생산적 일' 사이의 균형을 어떻게 잡을 것인가, 나아가 비인간 자연과는 어떻게 관계 맺길 바라는가, 미래 세대에게는 무엇을 남기기로 할 것인가 등의 물음을 제기한다. 자본주의는 이런 결정을 '시장의 힘market forces'에 떠넘기는 경향이 있다. 어쩌면 이는 자본주의의 가장 중대하고도 도착적인 특성이라 할 수 있다. 오로지 화폐화된 가치의 양적 확대만을 위해 설계된, 원천적으로 사회적 부와 인간 복리의 질적 기준 따위는 안중에도 없는 메커니즘에게 가장 중요한 사안을 넘겨버린 것이다. 이는 앞서 말한 자본주의의 세 번째 핵심 특징, 즉 자본주의에 내재한 맹목적 지향성인 '자기' 확장 과정과 긴밀히 관련된다. 이 과정을 통해 자본은 스스로를 역사의 주체로 구성하며, 자본의 창조주인 인간을 오히려 자본의 종복으로 전락시킨다.

　시장의 이 두 가지 역할을 강조함으로써 나는 자본주의가 점점 더 삶의 상품화를 밀어붙인다는 널리 퍼진 생각에 맞서고자 한다. 내가 보기에 이런 생각은 세상이 모조리 상품화된 디스토피아라는 공상으로 우리를 이끈다. 그러나 이는 시장의 해방적 측면을 무시할 뿐만 아니라, 자본주의가 '반半-프롤레타리아화'[*]

된 가계를 토대로 작동하는 경우가 많다는 점을 간과하고 있다 (이는 세계체제 이론가인 이매뉴얼 월러스틴Immanuel Wallerstein이 강조한 사실이기도 하다).

소유주가 노동자에게 주는 급여를 줄일 수 있게 만들어주는 제도배열 아래에서 많은 가계는 현금 급여 이외 소득원에서 생계의 일부를 확보한다.[3] 이를테면 자급 활동(텃밭, 바느질), 비공식 호혜 활동(상호부조, 현물 교환), 공적 이전移轉소득(복지수당, 사회서비스, 공공재) 등이다. 이러한 제도배열에서는 인간 활동과 재화의 상당 부분이 시장의 영향권 바깥에 머문다.

이러한 활동과 재화는 단순히 자본주의 이전 시대가 남긴 잔재가 아니며, 사멸 중인 것도 아니다. 예를 들면, 20세기 중반에 포드주의가 중심부의 선진공업국에서 노동계급 소비주의를 촉진할 수 있었던 것은, 남성의 고용과 여성의 가사활동을 결합한 반-프롤레타리아화된 가계 덕분이면서 동시에 주변부의 상품 소비가 발전하지 못하게 막은 덕분이기도 했다. 반-프롤레타리아화는 신자유주의에 들어서 오히려 더 강화됐는데, 신자유주의가 구축한 축적 전략이란 한마디로 수십억 민중을 공식 경제에

---

* 노동자 가족 전체가 임금 노동자가 되는 것이 아니라, 가족의 일부는 임금 노동자가 되고 다른 일부는 급여를 받지 않는 노동(가족 돌봄 활동, 자영농, 영세 자영업 등)에 종사하는 형태를 가리킨다. 노동자 가족의 '절반'만 프롤레타리아화함으로써 자본은 오히려 더 많이, 더 원활하게 착취-수탈할 수 있게 된다.

서 추방해 비공식 회색 지대(자본이 부를 쪽쪽 빨아먹는)로 옮겨버리는 것이었다. 앞으로 살펴보겠지만, 이런 종류의 '원시 축적'은 자본이 이윤을 뽑아내는 원천이자 기댈 언덕이 되어주는 현재진행형 과정이다.

따라서 요점은, 자본주의 사회의 '시장화된 측면'과 '비시장화된 측면'이 '공존'한다는 것이다. 이는 예외적 현상이나 우연적인 경험이 아니라 자본주의의 DNA에 각인된 특징이다. 사실 '공존'은 이 둘의 관계를 포착하기에는 너무 약한 단어다. 더 나은 단어는 '기능적 중첩imbrication'이나 '종속'이겠지만, 이런 말들도 이 관계의 도착성을 제대로 전달하지 못한다.[4] 앞으로 논의를 통해 더 분명해지겠지만, 이러한 측면을 가장 훌륭하게 표현하는 말은 '제 살 깎아먹기cannibalization'다.

마르크스의 '감춰진 장소' 이면의 또 다른 장소들

지금까지 나는 '경제적'인 것이라 여겨지는 네 가지 핵심 특징을 바탕으로 자본주의에 관한 다소 정통적인 규정을 상세히 소개했다. 시장 교환에 초점을 맞추는 통상적인 시각 이면에 자리한, '생산'이라는 '감춰진 장소'에 주목한다는 점에서 나는 확실히 마르크스의 입장을 따랐다. 하지만 이제는 더욱더 꽁

꽁 감춰진 것을 살펴보기 위해, 마르크스가 말한 감춰진 장소 이면에 주목하려 한다. 자본주의 생산에 관한 마르크스의 설명은 그러한 생산이 이뤄질 수 있게 하는 배경조건이 무엇인지 밝혀내려는 노력과 함께할 때에만 의미가 있다는 것이 내 주장이다. 따라서 이제 우리가 마주해야 할 물음은 이것이다. 자본주의 생산이 가능하려면 앞에서 검토한 핵심 특징들 이면에 무엇이 존재해야 하는가?

마르크스 자신도 《자본》 제1권의 대단원에 이르러, 이른바 '원시' 축적(또는 시초 축적)에 관한 장에서 그러한 물음을 처음 내놓았다.[5] 그는 이렇게 물었다. 자본은 어디에서 왔는가? 생산수단의 사적 소유는 어떻게 생겨났으며, 생산자는 어떻게 생산수단에서 분리되었는가? 책의 앞에서 마르크스는 벌거벗은 자본주의의 경제적 논리를, 그것을 가능케 하는 배경조건으로부터 추상화한 형태로(즉 주어진 것으로) 단순히 전제하며 제시했다. 그러나 책의 뒤에서 마르크스는 자본 자체가 어디에서 유래했는지의 배경이야기backstory로서, 아주 폭력적인 박탈과 수탈의 이야기가 있음을 밝혔다. 로자 룩셈부르크Rosa Luxemburg나 데이비드 하비David Harvey 같은 이론가들이 강조한 것처럼, 이 배경이야기는 자본주의의 '탄생'기에나 있었던 지나간 일만은 아니다.[6] 수탈은 비록 비공식적인 형태라 할지라도 현재진행형인 착취 메커니즘으로서, 마르크스의 '본本이야기front story'인 착취의 공식적 메커니즘과 함께 어깨를 나란히 하며 지속된다.

'착취'라는 본이야기에서 '수탈'이라는 배경이야기로 향하는 이 이동은 중대한 인식의 전환이며, 앞에서 언급한 모든 것들에게 이전과는 다른 빛을 드리운다. 이는 《자본》 제1권의 시작 부분에서 마르크스가 우리를 처음으로 생산의 '감춰진 장소'로 이끌었던 이동과 유사하다. 이 첫 이동을 통해 우리는 자본의 추악한 비밀, 즉 착취를 통한 축적 과정을 발견하게 되었다. 자본은 시장적 관점에 따른 주장과는 달리, 등가물의 교환을 통해서가 아니라 노동자의 노동시간 중 일부를 보상하지 않음으로써 확대된다는 사실을 말이다. 그리고 《자본》 제1권의 마지막에 이르러서는 착취에서 수탈로 이동하며, 우리는 훨씬 더 추악한 비밀을 발견하게 된다. 그 비밀이란, 임금노동이라는 순화된 강압 이면에 적나라한 폭력과 노골적인 도둑질이 숨어 있다는 것이다. 그러므로 《자본》 제1권의 대부분을 차지하는, 자본주의의 경제적 논리에 관한 길고 상세한 설명으로 마르크스의 논의가 끝나는 것은 아니다. 논의는 또 다른 시각, 박탈의 관점으로 이동한다. '감춰진 장소' 이면에 숨은 내용으로 나아가는 이 이동은 또한 역사로 나아가는 이동이기도 하며, 내가 앞에서 '착취를 가능하게 하는 배경조건'이라 부른 것으로 나아가는 이동이기도 하다.

하지만 분명한 사실은, 마르크스가 착취에서 수탈이라는 훨씬 더 감춰진 장소로 향하는 이 인식의 전환에 관해 충분한 설명을 전개하지 않았다는 것이다. 또한 마르크스는 자본주의에 관한 자신의 설명에 함축된 또 다른 중대한 인식의 전환들 역시 이론으로 발전시키지 않았다. 훨씬 더 감춰진 이 장소들로 나아가는 이동을 개념화하는 일은 '원시' 축적의 함의를 충분히 개념화하는 일과 마찬가지로 여전히 숙제로 남아 있다. 만약 21세기 자본주의에 관한 적절한 이해를 더 발전시키고자 한다면, 이들 과제를 다루는《자본》의 새로운 장들을 집필해야 한다.

하나, 상품 생산에서 사회적 재생산으로

인식의 전환에서 한 가지 핵심적인 것은 '생산'에서 '사회적 재생산'으로 나아가는 전환이다. '사회적 재생산'이란, 인간 존재와 사회적 유대를 생산하고 지탱하는 상호작용, 필수재 공급, 돌봄 제공의 형태들을 뜻한다. '돌봄', '감정노동', '주체화 subjectivation' 등으로 다양하게 불리는 이러한 활동은 자본주의의 인간 주체들을 형성하고, 그들을 육체를 지닌 자연적 존재로 지속시킨다. 또한 그들을 사회적 존재로 구성하고 그들의 활동 반경을 이루는 아비투스*habitus**와 사회-윤리적 내용 혹은 인륜

---

* 프랑스 사회학자 피에르 부르디외가 창안한 개념. 특정한 환경(국가, 계급, 젠더

성*Sittlichkeit*[*]을 형성한다.

여기에서 중심을 이루는 것은 다음 세대를 낳고 사회화하는 일, 공동체 구축, 사회적 협력을 뒷받침하는 가치 지평과 정서적 성향, 공동 의미의 생산과 재생산이다. 자본주의 사회에서는 이러한 활동의 다수가 시장 바깥에서, 즉 가정과 지역사회, 그리고 학교와 어린이집을 포함한 일군의 공공기관에서 이뤄진다. 그리고 그 대다수가 비-임금 노동 형태를 취한다. 하지만 사회-재생산 활동은 유급 일자리의 존재, 잉여가치의 축적, 그리고 이런 요소에 바탕을 둔 자본주의의 작동에 절대적으로 필요하다. 새로운 세대의 노동자를 생산해 인원을 보충할 뿐만 아니라 사회적 유대와 공동 인식을 유지하는 데 기여하는 가사, 육아, 학교, 정서적 돌봄, 그리고 일군의 여타 활동이 없다면 임금노동은 존재할 수 없을 것이다. 따라서 '시초 축적'과 꼭 마찬가지로, '사회적 재생산'은 상품 생산의 필수 배경조건이다.

등)에서 형성되는 개인들의 공통된 성향이나 습관, 사고방식, 행동양식을 뜻한다. 부르디외의 사회이론에서 아비투스는 구조와 개인을 매개하며, 따라서 구조나 개인 중 어느 한 극단에 치우쳐 사회를 설명하는 오류를 피하게 해주는 중요한 역할을 한다.

[*]　독일 철학자 헤겔의 주요 개념. 만년의 주저 《법철학》에서 헤겔은 추상적인 법적 권리의 영역과 칸트적인 도덕의 영역을 나눈 뒤에 둘을 종합·지양하는 제3의 영역으로서 인륜(성)의 영역을 제시했다. 가족, 시민사회, 국가가 중요한 역할을 하는 이 영역에서는 법률이나 도덕 영역과는 달리 개인이 아닌 공동체를 통해 윤리적 삶이 지탱된다.

게다가 사회적 재생산과 상품 생산의 분리는 자본주의의 구조적인 중심을 이룬다. 실로 이는 자본주의가 만들어낸 작품이다. 많은 페미니스트 이론가들이 강조한 것처럼, 이 구별은 심각하게 젠더화되어 있다. 재생산은 여성과 결합되고, 생산은 남성과 결합되는 식으로 말이다. 역사적으로 '생산'적인 유급 일자리와 무급 '재생산' 노동의 분할은 여성 종속의 근대 자본주의적 형태를 뒷받침했다. 소유주와 노동자의 분할과 마찬가지로 이 분할 역시 이전 세계의 해체에 바탕을 둔다. 파괴된 이전 세계에서는, 여성의 일이 비록 남성의 일과 구별되기는 했지만 그래도 눈에 잘 띄었고 공적으로 인정받았으며 사회적 우주의 불가결한 부분을 이루었다. 반면에 새로 등장한 세계에서는 재생산 노동이 따로 떼어져 개별적인 '사적' 가정의 영역으로 유폐되며, 이 영역에서 재생산 노동의 사회적 중요성은 눈에 잘 띄지 않게 된다. 더욱이 화폐가 권력의 1차적 매체가 된 이 새로운 세상에서는 무급이거나 저임금이라는 점이 중요한 진실을 은폐한다. 즉, 이런 일을 하는 이들이 ('재생산' 작업을 통해) 임금노동에 필수 전제조건을 제공함에도 불구하고 현금 급여를 받는 이들에게 구조적으로 종속된다는 점을 은폐한다.

생산과 재생산의 분할은 보편적이기는커녕 자본주의와 함께 역사적으로 등장한 것이다. 물론 단번에 쉽게 정착하지는 못했다. 오히려 이 분할은 자본주의 발전의 각 국면마다 다른 형태를 취하며 오랜 시간에 걸쳐 변화했다. 20세기에는 사회적 재생산의 몇몇 측면들이 공공 서비스와 공공재로 바뀌어 탈사유화되면서도 상품화되지는 않았다. 그런데 오늘날에는 신자유주의가 이러한 서비스를 다시금 사유화·상품화하고, 사회적 재생산의 다른 측면들마저 상품화함으로써 이 분할이 다시 변동하고 있다.

게다가 이러한 자본주의의 현재형은 공적 지원 축소를 요구하면서 동시에 여성을 대거 저임금 서비스 일자리에 충원한다. 이로써 이전에 상품 생산과 사회적 재생산을 분리시켰던 제도적 경계선을 옮기고 있으며, 이 과정에서 젠더 질서를 재배열하고 있다. 이와 마찬가지로 중요한 사실은, 이것이 사회적 재생산을 둘러싼 제 살 깎아먹기로서, 자본이 사회적 재생산을 공짜로 (보충도 하지 않으며) 먹어 치울 수 있게 해준다는 점이다. 제3장에서 보겠지만, 그 결과 축적의 이 핵심 조건이 자본주의 위기의 주된 발화 지점으로 바뀌고 있다.

둘, 경제에서
생태로

이제 우리는 또 다른 감춰진 장소로 이끄는, 중대한 두 번째 인식의 전환을 고찰해야 한다. 이 전환은 생태사회주의 사상가들의 저작에 가장 훌륭하게 담겨 있는데, 요즘 이들은 자연을 둘러싼 자본주의의 제 살 깎아먹기에 초점을 맞추며 또 다른 배경이야기를 풀어놓고 있다. 이 이야기는 생산 '투입물'의 원천이자, 생산 과정에서 배출된 폐기물을 빨아들일 '하수구'로서, 자본이 자연을 '합병'(로자 룩셈부르크가 '병탄[땅뺏기]*Landnahme*'이라 칭한)하는 것과 관련된다.

여기에서 자연은 자본을 위한 자원이 되는데, 그 가치는 전제됨과 동시에 부인된다. 자본 회계에서 자연은 마치 비용이 제로인 듯 처리된다. 그래서 아무런 수선이나 보충도 없이 무상으로 혹은 헐값에 전용되는데, 이런 행위의 노골적인 전제는 '자연은 스스로 무한히 회복할 수 있다'는 것이다. 말하자면 생명을 지탱하고 스스로를 새롭게 하는 자연의 역량이 상품 생산과 자본 축적의 또 다른 필수 배경조건이 되며, 따라서 이를 놓고 또 다른 제 살 깎아먹는 짓이 벌어진다.

자본주의는 '자연'의 관할영역과 '경제'의 관할영역 사이에 선명한 분할을 전제하며, 실제로 이를 등장시킨다. 이때 자연은 '원자재'를 지속적으로 무상 공급하는, 쉽게 전용할 수 있는 영역으로 인식되고, 경제는 인간을 위해, 인간에 의해 생산되는 가치의 영역이라고 인식된다. 이와 더불어, 이미 존재하던 '인간'과 '(비인간) 자연' 사이의 구별도 강화된다. 이 구별에서 인간은 영적이고 사회문화적이며 역사적인 존재라 여겨지고, 비인간 자연은 객관적으로 주어진 몰역사적 물질이라 여겨진다. 이런 구별의 심화 역시, 여러 면에서 사회생활의 리듬이 비인간 자연에 순응하던 이전 세계가 해체된 결과였다. 자본주의는 인간을 자연의 계절적 리듬에서 폭력적으로 분리해내고는, 화석 연료 기반의 제조업이나 화학 비료를 통해 억지로 확대된 이윤 주도 농업에 징용한다. 마르크스가 '물질대사 균열metabolic rift'이라 칭한 바가 시작됨으로써, 바야흐로 (다분히 오해를 불러일으키는 이름인) '인류세'라고 불리는 완전히 새로운 지질학적 시대가 열렸다.[7] '인간 활동'(실은 자본 활동)이 지구를 놓고 제 살 깎아먹는 짓을 벌이는 시대가 도래한 것이다.

이 분할 역시 자본주의와 함께 등장했으며, 자본주의 시스템이 발전하는 과정에서 변화를 거듭했다. 현재의 신자유주의 국면은 '더 많은 자연'을 경제 영역의 본이야기에 끌어들이는 새로운 인클로저 물결(예를 들어, 물의 상품화)이 시작되게 만들었다. 동시에 신자유주의는 자연/인간 경계를 완화하겠다고 약속했으며, 실제로 새로운 재생산 기술이 등장하고 사이보그의 진화가 계속됐다.[8] 하지만 이러한 발전은 자본이 자연과 '화해'하기는커녕 자연을 놓고 더욱 집중적으로 제 살 깎아먹는 짓을 벌이도록 만들었다. 마르크스가 기술한 토지 인클로저가 이미 존재하는 자연 현상만을 시장화한 것과 달리, 이 새로운 인클로저는 자연 '내부'에 깊이 침투해 자연 안의 문법마저 바꿔버렸다. 마지막으로 신자유주의는 환경주의를 시장화했다. 이를테면 탄소 할당배출권carbon permits과 상쇄배출권offsets[*], 그리고 '환경 파생상품'의 활발한 거래가 그 예다. 이로 인해 화석 연료 사용에 의존하는 지속 불가능한 삶의 형태를 바꾸는 데 필요한 대규모 장기 투자는 자본의 관심에서 멀어졌다. 제4장에서 살펴보겠지만, 남아 있는 생태 커먼즈commons[**]에 대한 이러한 공격은 자본 축적의 자연적 조건을 자본주의 위기의 또 다른 핵심 교차점으로 만들고 있다.

---

[*]   여기에서 '탄소 할당배출권'이란 온실가스 배출권거래제에서 흔히 '배출권'이라 부르는 것이다. 그 근거는 교토의정서 제17조로서, 각국 정부가 온실가스를 배출하는 기업에게 연간 배출권을 할당하여 그 범위 내에서 온실가스를 배출할 수 있게 한다. 그러면 해당 기업은 자신들이 평가한 실제 온실가스 배출량에서 남는 만큼이나 모자란 만큼의 배출권을 다른 기업과 거래할 수 있다. 한편 온실가스 의무감축량을 할당받은 기업이 해당 사업 영역 바깥에서 온실가스 배출 감축 활동을 수행하면 정부로부터 그만큼을 기업 내 감축량으로 인정받을 수 있다. 이를 '상쇄'라 하며, 기업은 이 역시 할당배출권과 마찬가지로 상쇄배출권이라는 형태로 다른 기업과 거래할 수 있다.

[**]   commons란 모든 인간이 획득·사용할 수 있으며 또 그래야 하는 자연·문화 자원을 말한다. 우리말로는 '공유재' '공유자산' '공통자원(체계)' 등 여러 가지로 번역되는데, 원어의 다층적 의미를 다 담기에는 어느 것이든 부족한 면이 있다. 그래서 '커먼즈'로 표기하는 경우가 많으며, 이 책도 이런 관행을 따른다.

셋, 경제적인 것에서
정치적인 것으로

다음으로 세 번째 중요한 인식의 전환을 살펴보자. 이는 자본주의를 존립할 수 있게 하는 정치적 조건, 즉 자본주의가 자신의 구성적 규범을 수립하고 시행하는 공적 권력에 의존하는 현실을 가리킨다. 사기업과 시장 교환의 토대를 이루는 법률적 틀이 없다면 자본주의의 존립은 꿈도 꿀 수 없다. 자본주의의 본 이야기는 이 공적 권력에 결정적으로 의존한다. 이를테면 재산권을 보장하고, 계약 내용을 실행하게 하며, 분쟁을 심판하고, 반자본주의 반란을 진압하며, 자본의 생계수단이라 할 화폐 공급을 지속하는 것 등이 그것이다. 역사적으로 이 공적 권력은 대개 영토국가 안에 고정돼 작동했으며, 여기에는 식민지 보유국이나 제국주의 강대국처럼 초국적으로 움직이는 국가도 포함되었다.

사적 행위자가 노골적인 '정치적' 간섭이나 친족관계 등의 후견 의무에서 해방돼 '경제적' 이해관계를 추구할 수 있으려면, 외관상 탈정치화된 듯 보이는 무대가 필요하다. 그 기초를 잡아준 것이 바로 이러한 영토국가의 법률 시스템이었다. 자본주의적 소유관계의 수단인 수탈에 맞서 저항이 일어날 경우에도, 이를 진압하는 '정당한 폭력'을 동원하는 것 역시 영토국가였다. 또 화폐를 국유화해 지급 보증 서명을 남기는 것도 이러한 국가

였다.[9] 역사적으로 자본주의 경제를 '구성'한 것은 국가였다고
할 수 있다.

이 대목에서 우리는 자본주의 사회를 구성하는 또 다른 중요
한 구조적 분할과 마주한다. 즉 '정치polity'와 '경제'의 분할이다.
이 둘이 분할하면서 사적 권력과 공적 권력, 경제적 강제와 정치
적 강제가 제도적으로 분화하기 시작했다. 앞에서 검토한 다른
핵심 분할과 마찬가지로, 이 역시 이전 세계가 해체된 결과로 등
장했다. 이로써 경제권력과 정치권력이 강력히 융합돼 있던 사
회 세계가 와해되기 시작했다. 가령 봉건 사회에서는 영주와 봉
신으로 이뤄진 단일한 제도가 노동, 토지, 군사력에 대한 통제권
을 쥐고 있었다. 반면에 자본주의 사회에서는 경제권력과 정치
권력이 따로 떨어져 있으며, 정치와 경제에는 각기 고유한 영역,
고유한 매체와 절차가 정해져 있다(이에 대해서는 정치이론가 엘렌
메익신스 우드Ellen Meiksins Wood가 깔끔하게 보여준 바 있다).[10]

하지만 자본주의의 본이야기에는 지정학적 차원에서 자본
주의를 존립할 수 있게 하는 정치적 조건도 담겨 있다. 여기에
서 쟁점은 영토국가가 끼워 맞춰져 있는 더 광범한 공간의 조
직화다. 이 공간에서 자본은 그 팽창 욕구에 따라 상당히 수월
하게 이동한다. 그러나 자본이 국경을 넘어 얼마나 원활히 움직
일 수 있는지는 국제법이나 강대국 간 밀실 합의, 초국가적 체제
에 달려 있으며, 이들 제도는 흔히 자연상태*라 표상되곤 하는

이 영역에 (친자본적인 방식으로) 부분적으로나마 평화를 불러들인다. 자본주의 역사 내내 자본주의의 본이야기는 전 지구적 패권을 이어가는 군사적·조직적 역량에 달려 있었다. 페르낭 브로델Fernand Braudel의 영향을 받은 역사사회학자 조반니 아리기Giovanni Arrighi가 주장했듯이, 전 지구적 패권국은 다국가 시스템의 틀 안에서 축적을 촉진하여 그 축적의 규모가 점진적으로 확장되게 만들려고 애썼다.[11]

여기에서도 우리는 자본주의 사회를 구성하는 또 다른 구조적 분할을 발견하게 된다. 한편으로는 '국내'와 '국제' 사이의 '베스트팔렌적'[**] 분할이고, 다른 한편으로는 '중심부'와 '주변부' 사이의 '제국주의적' 분할이다. 그리고 이 둘은 모두 더욱 근본적인

---

[*]   17세기 영국 철학자 토머스 홉스는 주저《리바이어던》에서 국가의 기원을 설명하기 위해, 국가 등장 이전의 사회를 '자연상태'라 상상했다. 자연상태에서는 만인에 대한 만인의 투쟁이 끊이지 않으며, 이를 종식시킬 길은 오직 사회계약을 통해 '리바이어던', 즉 국가를 수립하는 것뿐이다. 현대 주류 국제정치학은 국가들만 존재할 뿐 이들을 규율할 상위 국가가 존재하지 않는다는 점에서, 국제 질서가 바로 이 홉스의 자연상태와 같다고 본다.

[**]   30년 전쟁의 종지부를 찍은 1648년의 베스트팔렌 조약은 주권을 인정받은 국가의 내정에 다른 국가가 간섭해서는 안 된다는 영토국가의 대원칙을 확립했다. 이후에 전 세계로 확장된, 영토국가(와 그 발전체인 국민국가)들로 이뤄진 국제 질서를 '베스트팔렌 체제'라 일컫는다. 지구자본주의에 맞서 민주주의를 부흥시키고 자본주의를 넘어서는 변혁을 추진하려면 베스트팔렌 체제의 영토국가 질서를 넘어선 정치 무대와 규범을 만들어내야 한다는 것이 저자 낸시 프레이저의 일관된 문제의식이다.

분할에 의거한다. 즉 '세계체제'로 조직된 점점 더 지구화하는 자본주의 경제와, 영토국가들의 국제 시스템으로 조직된 정치 세계 사이의 분할이다. 제5장에서 현재 이 분할이 변화하고 있음을 살펴보겠지만, 신자유주의는 자본이 역사적으로 의존해온(일국 수준에서든, 지정학적 수준에서든) 이 정치적 역량들을 놓고 제 살 깎아먹는 짓을 벌이고 있다. 그 결과 '정치적인 것'은 시스템 위기의 또 다른 주된 무대로 바뀌고 있다.

넷, 착취에서 수탈로

마지막으로, 우리는 이러한 사고의 전개 전반에 영감을 준 생각, 즉 원시 축적이 자본 축적의 역사적 전제조건이라는 마르크스의 설명으로 돌아가야 한다. 이 생각을 이제는 옛일이 되어버린 초창기의 흔적이 아니라, 근대 자본주의에서도 지속되는 특징으로 재인식해야 한다는 것이다. 그래야만 우리는 이 사회 시스템에서 구조적으로 필수적인 역할을 하는, '감춰진 장소 이면에 감춰진 또 다른 장소'를 개념화할 수 있게 된다. 여기에서 감춰진 필수 요소란 수탈, 즉 종속되고 소수자화된 사람들의 부를 지속적으로 강제 탈취하는 것이다. 대개 수탈을 자본주의만의 특징인 착취 과정의 반反명제로 여기지만, 오히려 착취가 이뤄질 수 있게 하는 조건으로 보는 것이 수탈을 더 잘 이해하는 길이다.

착취와 수탈 모두 축적에 기여하지만 그 방식이 다르다는 점을 생각해봐야 한다. 착취는 자유 계약에 따른 교환으로 위장한 채 가치를 자본에 이전시킨다. 즉, 노동자는 노동력 사용 대가로 임금을 받아 생활비를 충당하고, 자본은 '잉여노동시간'을 전유하는 한편 '필요노동시간'만큼만 급여를 지불한다. 반면에 수탈의 경우에는 자본가가 타인의 자산을 (대가를 거의 혹은 전혀 지불하지 않은 채) 폭력적으로 징발하는 쪽을 선호하기에 이러한 온갖 세심함 따위는 필요하지 않다. 즉 강제 노동, 토지, 광물, 에너지를 기업 활동에 몰아줌으로써 기업의 생산비를 낮추고 이윤을 늘린다.

이렇듯 수탈과 착취는 서로를 배제하기는커녕 손잡고 함께 간다. (이중으로) 자유로운 임금 노동자는 '징발된 에너지원'으로 움직이는 기계를 통해 '약탈품인 원자재'를 변형시킨다. 그럼에도 이들의 임금은 낮은 수준을 유지한다. 재생산 비용을 충분히 지급받지 못하는 '타자'(부자유하거나 종속적인)가 고착취 공장에서 생산한 소비재와, 빼앗긴 땅에서 부채 노예peons*가 키운 먹

---

* 　원어 peon은 라틴아메리카의 스페인령 식민지에서 정착된, 종속적 노동 형태에서 유래한 단어다. peon은 형식상으로는 자유인이지만, 임금이나 고용 여부, 소작 조건을 결정하는 절대적 권한이 고용주나 지주에게 있어 사실상

을거리를 확보할 수 있는 덕분이다. 말하자면 착취의 밑바탕에는 수탈이 있으며, 수탈 덕분에 착취는 높은 이윤을 거둔다. 수탈은 자본주의 시스템 태동기에 한정되기는커녕 착취만큼이나 자본주의 사회에 구성적이며 그 구조적 토대 노릇을 하는 내재적 특징이다.

게다가 수탈과 착취의 구분은 지위 위계와 조응한다. 착취의 대상이 되는 '노동자'는 당당한 개인과 시민의 지위에 해당하며, 국가에 의해 보호받을 자격을 갖추고 자기 노동력을 자유롭게 처분할 수 있다. 반면 수탈의 대상이 되는 '타자'는 부자유하고 종속적인 존재이며, 정치적 보호 바깥에 무방비 상태로 방치된 채 본질적으로 '불가침하지 않은violable*' 신세가 된다. 즉, 자본주의 사회는 생산 계급마저도 서로 다른 두 범주로 나누니, 하나는 '순수한' 착취에 어울리고 다른 하나는 폭력적 수탈을 당하는 운명이다. 이 분할은 자본주의 사회의 또 다른 제도적 단층선

은 노예에 가깝다. 영어권에서는 미국의 노예해방 이후에 자유민이 된 남부 흑인이 경제적으로 소작제도sharecropping에 얽매이게 되자 이를 peonage라 불렀다. 특히 현대에 와서는 고용주에게 채무 관계로 얽혀서 거의 강제 노동을 하는 경우나, 대개 이런 형태로 고용되는 떠돌이 농업 노동자를 peon이라 한다.

* 자유권의 핵심 내용 중 하나인 '개인의 권리는 불가침inviolable'이라는 익숙한 문구를 연상시키기 위해, 다소 어색하기는 하지만 '불가침하지 않은'이라고 옮겼다.

으로서, 앞에서 이미 살펴본 생산과 재생산, 사회와 자연, 정치와 경제의 분할만큼이나 자본주의 사회에 구성적이며 그 구조적 토대 노릇을 한다.

게다가 다른 분할들과 마찬가지로 이 노동자/타자의 분할은 자본주의 사회에서 특별한 지배 양식을 강화한다. 즉, 인종적이면서 동시에 제국주의적인 억압이다. 제2장에서 살펴보겠지만, 자본주의 사회에서 정치적 보호가 거부되고 반복적으로 폭행을 당하는 이들 가운데 압도적 다수는 인종화된 인구집단이다. 동산動産 노예chattel slaves*, 식민지 예속민, 정복당한 '원주민', 부채 노예, '불법 체류자', 유죄 확정 중죄인, 인종분리국가와 그 후예들 내부의 인종화된 예속민 등등. 이들은 모두 (시민-노동자로 인정받은 이들과는 달리) 일시적이 아니라 반복적으로 계속 수탈의 대상이 된다. 즉, 수탈/착취 분할선은 전 지구적 피부색의 경계선과 완전히 같지는 않아도 분명히 겹친다. 이로부터 인종적 억압, 제국주의(구식이든 신식이든), 토착민 자산 박탈, 인종 학살에 이르는 구조적 불의가 줄지어 나온다.

말하자면 이것은 자본주의 사회에 구성적인 또 다른 구조적

---

* 고대 로마의 노예제처럼 노예를 '동산', 즉 재산의 일부로 여기는 경우 '동산 노예제'라 한다. 상업자본주의의 등장과 함께 부활한 근대 노예제 역시 흑인 노동력을 동산 노예로 취급했다. 반면 현대의 '노예' 노동은 채무 관계를 바탕으로 한시적으로 강제 노동을 시키는 '부채 노예제' 형태를 띤다.

분할이다. 그리고 이 분할 또한 역사적으로 변천해왔고, 제 살 깎아먹기의 토대 노릇을 했다. 이는 이 책에서 개념화한 다른 분할들과 깊이 얽혀 있으며, 따라서 지금 우리를 에워싸고 있는 위기와도 얽혀 있다. 위기의 여러 갈래들, 즉 정치 위기, 생태 위기, 사회-재생산 위기는 주변부와 중심부 모두에서 벌어지는 인종화된 수탈과 분리될 수 없다. 예컨대 자본은 수탈한 땅, 강제 노동, 광물 약탈품을 획득하고 소유하기 위해 공적 권력에 기대고(일국적이든 초국적이든), 독성 폐기물 처리장과 무급 돌봄 활동 공급자로서 인종화된 지역에 의존하며, 정치 위기를 진정(또는 치환)시키거나 아니면 오히려 조장하기 위해 지위 분할과 인종적 원한에 호소한다. 한마디로 경제·생태·사회·정치 위기는 제국주의적·인종적 억압과 긴밀히 얽혀 있으며, 따라서 이러한 억압과 결합해 점증하고 있는 적대와도 복잡하게 얽혀 있다.

자본주의는 '경제' 그 이상이다

각각의 지점에 관한 더 자세한 내용은 다음 장부터 본격적으로 다루겠지만, 일단 이 논의의 공략 지점을 명확히 해두고자 한다. 자본주의에 관한 설명을 전개하며 나는 자본주의의 뚜렷한 경제적 특징이 '비-경제적'인 배경조건에 의존함을 보여주었다. 즉 사적 소유, '자기' 확장하는 가치의 축적, (이중으로) 자유로운 노동 등 상품 생산 투입요소의 시장적 할당, 사회적 잉여의 시장적 할당을 특징으로 하는 자본주의 경제는 각각 사회적 재생산, 지구 생태계, 정치권력, 인종적 피억압자에게서 수탈한 부의 지속적 유입 등 네 가지 결정적 배경조건 덕분에 가능하게 된다. 따라서 자본주의를 이해하려면 우리는 이 네 가지 배경이야기와의 관계 속에서 마르크스의 본이야기가 차지하는 위치를 다시 정해야 한다. 그럼으로써 마르크스적 관점을 비판적 이론 작업의 다른 해방적 흐름들, 즉 페미니즘, 생태주의, 정치이론, 반제국주의·반인종주의와 연결해야만 한다.

이런 맥락에서 봤을 때 자본주의는 도대체 어떤 짐승인가? 이 책에서 내가 상세히 묘사한 그림은 우리에게 익숙한 '자본주의는 경제적 시스템'이라는 생각과는 중요한 차이점이 있다. 물론 얼핏 보기에는 우리 눈에 들어오는 핵심 특징이 '경제적'인 것처럼 보일 수도 있겠다. 하지만 자본주의의 독특성 가운데 하나가 바로, 자신의 구조적인 사회관계들을 마치 경제적인 것인 양 치부한다는 사실이다. 그러므로 우리는 이러한 '경제적 시스템'을 가능하게 하는 '비-경제적' 배경조건을 논해야 한다. 이것들은 자본주의 '경제'의 특징이 아니라, 자본주의 **사회**의 특징이다. 이 특징들을 자본주의가 무엇인지에 관한 이해에 포함시켜야 한다. 이는 자본주의를 '경제 그 이상의 것'으로 다시 개념화해야 함을 뜻한다.

또한 내가 그리고자 하는 그림은 상품화·화폐화가 만연한 '윤리적 삶의 사물화된 형태'로 자본주의를 보는 관점과도 다르다. 게오르크 루카치Georg Lukács가 기념비적 논문 〈사물화와 프롤레타리아트의 의식〉에서 주창한 이 관점에 따르면, 상품이라는 형태는 삶의 모든 것을 식민화함으로써 법률·과학·도덕·예술·문화 같은 아주 다양한 현상에 표식을 새겨놓는다.[12] 반면에 나는 자본주의 사회에서 상품화가 결코 보편적이지 않다고 생각한다. 오히려 상품화는 자본이 체계적으로 제 살 깎아먹기 수단으로 삼는 '비-상품' 영역에 의존하여 존재할 수 있을 따름이다.

사회적이든 생태적 혹은 정치적이든, 이 비-상품화 영역들 가운데 어떤 것도 상품 논리를 단순하게 반영하지는 않는다. 각 영역은 서로 다른 고유한 규범적·존재론적 문법을 담고 있다. 예를 들면, 재생산을 지향하는 사회적 실천은 (생산을 지향하는 경우와는 반대로) 돌봄, 상호 책임, 연대의 이상을 발생시키는 경향이 있다.[13] 마찬가지로 정치를 지향하는 실천은 (경제를 지향하는 경우와는 반대로) 민주주의, 공적 자율성, 집단적 자결권의 원칙들과 관련되는 경우가 많다. 자본주의의 배경조건으로서의 비인간 자연과 결부된 실천 또한 생태계 보살피기ecological stewardship*, 자연의 비-지배, 세대 간 정의正義 같은 가치들을 장려하는 경향이 있다. 마지막으로 수탈과 결부된 실천, 아니 더 정확히 말해 수탈에 맞선 저항과 결부된 실천은 한편으로 통합의 가치를, 다른 한편으로 공동체 자율성의 가치를 부르짖는 경우가 많다.

이런 '비-경제적' 규범은 위계적이고 가부장적이거나(재생산의 경우), 제한적 혹은 배제적이거나(정치의 경우), 낭만적이고 종파적이거나(비인간 자연의 경우), 계급을 의식하지 못하고 사물화된(수탈에 맞선 저항의 경우) 외양을 취하는 경우가 많다. 말하자면 이들은 이상화되어선 안 된다. 하지만 그럼에도 불구하고 이들이 자본주의의 전경前景에 드러나 있는 가치들, 이를테면 성장, 효율성, 등가 교환, 개인의 선택, 소극적 자유, 능력주의적 출세 등과는 멀찍이 떨어져 있음을 분명히 새기는 것은 중요하다.

이런 차이를 고려한다면 자본주의에 관한 우리의 인식은 크게 달라질 수밖에 없다. 자본주의 사회는 규범적으로 분화되고 각자 구별되면서도 상호 관련된 사회적 존재론들의 확고한 다원성을 포괄한다. 이들이 서로 충돌할 경우 어떤 일이 벌어지는지는 앞으로 살펴볼 예정이지만, 그 토대를 이루는 구조는 이미 분명하다. 우리가 앞에서 확인한 전경foreground/배경background 관계에서 자본주의의 독특한 규범적 지형이 등장한다는 것이다. 이에 관한 비판이론을 발전시키는 것이 우리의 목적이

---

*   stewardship의 본래 의미 그대로 '생태 청지기직'으로 번역되기도 한다.

라면, 자본주의를 윤리적 삶의 사물화된 형태로 바라보는 관점 대신, 좀 더 분화된 구조적인 관점으로 대체해야 한다.

자본주의가 경제적 시스템도 아니고 윤리적 삶의 사물화된 형태도 아니라면, 그럼 도대체 무엇이라는 말인가? 자본주의를 '제도화된 사회 질서an institutionalized societal order'로 바라보는 것이 가장 훌륭한 이해라는 게 나의 답이다. 이를테면 봉건제 같은 하나의 사회 질서로 바라보자는 것이다.

자본주의를 이런 식으로 이해하게 되면 자본주의의 구조적 분할, 특히 앞에서 확인한 제도적 분리들이 부각된다. '경제적 생산'과 '사회적 재생산'의 제도적 분리, 즉 남성 지배의 특수한 자본주의적 형태에 토대를 제공하는 젠더화된 분리는 자본주의에 구성적인 것이며, 노동력의 자본주의적 착취가 이뤄질 수 있게 하고 이를 통해 공인된 축적 양식이 존립하게 한다. '정치'와 '경제'의 분리 역시 자본주의에 결정적인 것인데, 경제적이라 규정된 사안들을 영토국가의 정치 의제에서 추방함으로써, 자본이 주인 없는 초국적 무대를 자유로이 떠돌며 어떤 정치적 통제도 없이 패권적 질서에서 떨어지는 이익을 주워 담게 해준다. 자본주의의 '자연적'(비인간) 배경과 '인간적'(외관상 비자연) 전경의 분리 역시 자본주의에 근본적인 것으로, 이는 이전에도 존재했지만 자본주의와 함께 크게 강화된다. 마지막으로 '착취'와 '수탈'의 분리 역시 자본주의에 구성적인 것으로서, 자본주의의 공식 노동계급이 누리는 자유(이중의)와 인종적 '타자'의 예속(보호의 책임 따위와는 무관한)을 한데 묶는다.

자본주의를 이러한 분리에 바탕을 둔 '제도화된 사회 질서'라 말하는 것은, 자본주의가 젠더 지배, 생태계 악화, 인종적·제국주의적 억압, 정치적 지배와 구조적으로 중첩되어 있다고 주장하는 것이다. 물론 이는 이들 모두가 자본주의의 전경에서 드러나는 임금노동의 착취 역학과 구조적으로 결부되어 있음을 주장하는 것이기도 하다.

경계투쟁, 새로운 비판이론을 위하여

하지만 그렇다고 해서 자본주의의 제도적 분할이 한 번에 정착됐다고 주장하는 것은 아니다. 자본주의 사회가 정확히 어디에서 어떻게 생산과 재생산, 경제와 정치, 인간과 비인간 자연, 착취와 수탈 사이에 선을 긋는지는 축적 체제에 따라 역사적으로 다양하다. 실제로 바로 이런 맥락에서 중상주의적 자본주의, 자유주의-식민주의적 자본주의, 국가-관리 독점 자본주의, 지구화하는 신자유주의적 자본주의를 개념화할 수 있다. 이 네 가지 형태는 자본주의를 구성하는 다양한 영역들을 구획하는, 역사적으로 특수한 네 가지 방식이다.

또한 어떤 시공간에서든 자본주의 질서의 정밀한 형세배열 configuration은 쟁투contestation, 즉 사회 세력 간 균형과 정치 투쟁의 결과에 달려 있다. 자본주의의 제도적 분할들은 행위자들이 경제와 정치, 생산과 재생산, 인간과 비인간 자연, 착취와 수탈을 분리하는 기존 경계선에 도전하거나 이를 방어하려고 세를 규합하는 와중에 갈등의 초점이 되곤 한다. 시스템의 제도 지형 안에 쟁투 과정을 재배치하려고 노력하는 과정에서, 자본주의의 주체들은 앞에서 확인한 다양한 영역들과 결부된 규범적 관점에 의지한다.

오늘날에도 이런 일들이 우리 눈앞에서 벌어지고 있다. 예를 들어, 일부 반反신자유주의 논자들은 교육을 상품화하려는 시도에 맞서고자 재생산과 결부된 돌봄 및 책임의 이상理想에 의지한다. 또 어떤 이들은 재생가능에너지로 나아가는 전환에 영향을 끼치기 위해, 생태계와 결부된 세대 간 정의와 자연 보살피기의 관념을 끄집어낸다. 또 어떤 이들은 국제적 자본 통제를 주창하며, 일국을 넘어 민주적 책임성을 확대하기 위해 정치와 결부된 공적 자율성의 이상을 환기시킨다. 그런가 하면 어떤 이들은 교도소 철폐와 경찰 예산 폐지를 주창하기 위해, 수탈에 맞선 저항과 결부된 통합 및 공동체 자율성의 규범을 인용한다.

이러한 요청들은 필연적으로 반대 요청들과 나란히, 자본주의 사회 내 사회적 투쟁의 대상이 된다. 이는 마르크스가 말한 상품 생산과 잉여가치 분배의 통제권을 둘러싼 계급투쟁과 마찬가지로, 근본적인 투쟁이다. 내가 **경계투쟁**이라 부르는 이러한 투쟁들은 자본주의 사회의 구조를 형성하는 데 결정적인 역할을 한다.[14] 자본주의를 '제도화된 사회 질서'로 바라보는 관점에서 볼 때, 이 투쟁들은 구성적인 역할을 한다.

경계투쟁을 강조하더라도, 혹시나 내가 이 책에서 제시하는 관점이 기능주의적 관점이라는 잘못된 인상을 불러일으킨다면 이는 미연에 방지해야겠다. 즉, 나는 단순히 이 모든 심급이 시스템을 지탱하는 데 어떻게 기여하는지를 보여주고자 하는 것이 아니다. 사회적 재생산, 생태계, 정치권력, 수탈이 자본주의의 배경조건으로서 어떻게 상품 생산, 노동 착취, 자본 축적을 위해 기능하는가를 강조했지만, 아직 자본주의의 전경/배경 관계에 관한 이야기는 풀어놓지 못했다. 이는 사회·정치·생태·주변화/수탈 영역을 '비-경제적' 규범성의 저수지로 규정하는 대목들에서 온전히 드러날 것이다. 이것이 함의하는 바는, 이러한 '비-경제적' 질서들이 상품 생산이 이뤄질 수 있게 만드는 기능을 할지라도 바로 그 기능으로만 환원될 수 없다는 점이다. 이런 감춰진 장소들은 축적 역학에 의해 완전히 소진되거나 그에 철저히 종속되는 것과는 거리가 멀다. 오히려 사회적 실천과 규범적 이상의 고유한 존재론들을 각기 장착하고 있다.

게다가 이러한 '비-경제적' 이상들은 비판적-정치적 가능성을 잉태하고 있다. 특히 위기 시기에는 자본 축적과 결부된 핵심적인 경제적 관행에 등을 돌릴 수 있다. 이러한 시기에는 다양한 규범성을 각자의 제도적 영역 안에 격리시키며 정상적 역할을 수행하던 구조적 분할들이 약해지는 경향을 보인다. 그리고 그 분리가 유지되지 못할 경우, 자본주의의 주체들은 규범 충돌을 경험하게 된다. 어쨌든 이 주체들은 단지 한 영역에만 갇혀 살지는 않기 때문이다. 그런데 이 주체들은 자본주의를 비판하기 위해 '외부'에서 사상을 끌어오기보다는 자본주의 자체의 복합적 규범성에 의지한다. 그리고 '제도화된 사회 질서' 안에서 (때로는 불편하게) 공존하는 다양한 이상들을 본래의 역할과는 다른 방향으로 동원한다. 이렇듯 자본주의를 '제도화된 사회 질서'로 바라보는 관점은 자본주의 내부에서 자본주의 비판이 어떻게 가능한지를 이해하는 데 도움을 준다.

하지만 '제도화된 사회 질서'로서 자본주의를 바라보는 관점은 다른 한편으로, 많은 이들의 낭만적 해석이 잘못되었음을 말해주기도 한다. 즉, 사회·정치·자연·주변부가 자본주의의 '외부'에 있으며 본질적으로 자본주의와 대립한다는 생각 말이다. 오늘날 문화적 페미니스트, 심층 생태주의자, 네오 아나키스트, 탈식민주의자뿐만 아니라 '다원적' 경제, '포스트 성장' 경제, '실체적' 경제, '사회연대' 경제의 숱한 주창자들을 포함한 상당히 많은 반자본주의 사상가와 좌익 운동가들이 이러한 낭만적 관점을 견지한다. 이들은 '돌봄', '자연', '직접행동', '커머닝common-ing'[*], (신)'공동체주의' 등이 본질적으로 반자본주의적인 것인 양 다루는 경우가 아주 많다. 그 결과 자신들이 선호하는 실천이 자본주의 비판의 원천임과 동시에 자본주의 질서의 불가결한 일부이기도 함을 간과하게 된다.

내가 보기에는 오히려 사회·정치·자연·주변부는 경제와 동시에 발생하고, 경제와 공생관계를 맺으며 발전한다. 이것들은 실질적으로 경제의 '타자'로서 경제와 대비됨으로써만 특수한 성격을 부여받는다. 말하자면 '재생산'과 '생산'은 각각 서로를 통해 규정됨으로써 서로 짝이 된다. 상대방이 없으면 아무 의미도 없게 된다. 정치/경제, 자연/인간, 중심부/주변부도 마찬가지다. 자본주의 질서의 본질적 부분인 '비-경제적' 영역 가운데 어떤 것도 전적으로 외부적 입장에 서 있을 수 없다. 그러므로 절대적으로 순수하고 완전히 급진적인 형태의 비판이라 장담할 수 있는 것도 없다.

오히려 자본주의의 '외부'라 상상되는 바에 호소하는 정치 프로젝트는 대개 자본주의적 고정관념을 다시 꺼내 쓰는 결말로

---

[*] 커먼즈를 관리하기 위해 필요한 상호부조, 갈등 중재, 소통, 협상, 실험 등의 제반 행동을 일컫는 말이다. 커먼즈를 지키고 확대하려는 운동에 참여하는 이들은 커머닝을, 자본주의를 넘어선 새로운 사회를 아래로부터 구축해가는 실천을 뜻하는 말로 확장하여 해석하려 한다.

끝나곤 한다. 이를테면 남성의 공격성에 여성의 양육을, 경제적 계산에 자발적 협력을, 인간 중심적 종 차별에 자연의 전체론적 유기체주의를, 서양식 개인주의에 공동체적 살림살이를 대비시키는 식이다. 이러한 이항대립을 전제로 한 투쟁은 자본주의 사회의 '제도화된 사회 질서'에 도전하기보다는 오히려 이를 무의식적으로 반영하게 된다.

그러므로 자본주의의 전경/배경 관계에 관한 설명이 정확하려면 다음과 같은 세 가지 서로 다른 생각을 모두 포함해야 한다는 결론이 도출된다. 첫째, 자본주의의 '비-경제적' 영역들은 자본주의 경제를 가능하게 하는 배경조건 구실을 한다. 즉, 자본주의 경제는 그 존립 자체를 자본주의의 '비-경제적' 영역들에서 나오는 가치들과 투입요소에 의존한다. 하지만 둘째로, 자본주의의 '비-경제적' 영역들은 각기 고유한 무게와 성격을 지니며, 특정한 환경에서는 반자본주의 투쟁에 자원을 제공할 수 있다. 그럼에도 불구하고 셋째로, 이 영역들은 자본주의 사회의 본질적 부분으로서, 역사적으로 자본주의 경제와 화합하며 서로를 구성해왔고 이러한 공생관계가 각 영역에 자취를 남기고 있다.

제 살 깎아먹기의
위기

이에 더해, 첫머리에 언급한 위기 문제로 눈길을 돌리게 하는 네 번째 생각도 있다. 자본주의의 전경/배경 관계는 사회 불안정의 내재적 근원을 장착한다는 것이다. 앞에서 본 것처럼 자본주의적 생산은 자립이 불가능하며, 사회적 재생산과 자연, 정치권력, 수탈에 무임승차한다. 하지만 무한히 축적하려는 성향 탓에 바로 그 조건들이 불안정해지는 위험이 닥친다.

생태적 조건의 경우, 삶을 지탱해줄 뿐 아니라 사회적 필수재를 만드는 데 필요한 투입물을 제공하는 자연 과정이 위험에 빠지게 된다. 사회적 재생산 조건의 경우, 사회적 협력의 토대를 이루는 연대관계와 정서적 성향, 가치 지평을 제공하면서 동시에 '노동'을 구성하는, 적절히 사회화된 숙련된 인간을 공급하는 사회문화적 과정이 위태롭게 된다. 정치적 조건의 경우, (일국적 수준에서든 초국적 수준에서든) 재산권 보장, 계약 내용의 실행, 분쟁 심판, 반자본주의 반란 진압, 화폐 공급 지속 등을 수행하는 공적 권력이 위험에 노출된다. 수탈된 부에 대한 의존의 경우, 시스템이 공언하던 보편주의와 그에 따른 정당성, 그리고 지배계급이 강압과 동의의 혼합 방식을 통해 헤게모니적으로 지배하는 능력이 위험에 처하게 된다. 이 모든 경우마다 시스템은 스스로를 불안정하게 만드는 내재적 경향을 장착한다. 감춰진 장소들을 수선하거나 보충하지 못하는 탓에 자본은 자신이 의존하는 바로 그 기둥들을 쉴 새 없이 먹어 치운다. 자기 꼬리를 먹는 뱀처럼 자본주의는 자신을 존립할 수 있게 하는 그 조건을 놓고 제 살 깎아먹는 짓을 벌인다.

마르크스식 어법을 사용하면, 이것은 '자본주의의 모순' 네 가지(생태적, 사회적, 정치적, 인종적·제국주의적 모순)로서, 각 영역에서 모두 제 살 깎아먹기의 '위기 경향'을 구체적으로 표현한다. 하지만 마르크스가 강조한 위기 경향들과는 달리 이것들은 자본주의 경제에 내재한 모순에서 비롯되지 않는다. 오히려 경제적 시스템과 이를 가능하게 하는 배경조건 사이의 모순에 토대를 둔다. 즉 생산과 재생산의 모순, 사회와 자연의 모순, 경제와 정치의 모순, 착취와 수탈의 모순이다.[15] 그 결과 광범위한 사회적 투쟁이 불붙는다. 생산 지점에서만 협소하게 규정된 계급투쟁만이 아니라 생태계, 사회적 재생산, 정치권력, 수탈을 둘러싼 경계투쟁이 벌어진다. 자본주의 사회에 내재한 '위기 경향'들에 대한 대응인 이러한 투쟁은 자본주의를 '제도화된 사회 질서'로 바라보는 확대된 관점을 통해서만 식별되는 현상이다.

그렇다면 이러한 인식으로부터 어떤 종류의 자본주의 비판이 귀결될 수 있을까? 자본을 '식인종'으로 보는 이 인식에는 마르크스가 《자본》에서 전개한 것과 상당히 유사한, 여러 가닥으로 뻗어나가는 형태의 비판적 성찰이 담겨 있다. 마르크스는 (경제적) '위기'로 나아가는 자본주의의 내적 경향을 다루는 체계적 비판, (계급) '지배'로 나타나는 자본주의의 내재적 역학을 다루는 규범적 비판, (계급) '투쟁'의 특징적 형태에 내재한 해방적 사회 변혁의 잠재력을 다루는 정치적 비판을 날줄과 씨줄 삼아 서로 엮었다. 내가 제시한 관점은 그 비판의 가닥들이 이와 비슷하게 교직될 것을 요청하지만, 그 짜임새는 마르크스의 경우보다 더 복잡하다. 각 가닥이 그 내부에서부터 다양하기 때문이다.

시스템-위기 비판에는 마르크스가 논의한 경제적 모순만이 아니라 앞에서 논의한 네 가지 영역 간의 모순이 포함되는데, 이 모순들은 사회적 재생산, 생태계, 정치권력, 수탈을 위태롭게 함으로써 자본 축적에 필요한 배경조건을 불안정하게 만든다. 지배 비판 역시 마르크스가 분석한 계급 지배의 (생산 중심) 형태뿐만 아니라 젠더 지배, 정치적 지배, 자연의 지배, 인종적·제국주의적 지배를 포괄한다. 마지막으로 정치적 비판은 투쟁의 행위자(계급, 젠더, 지위 집단, '인종', 민족, 다원인민demoi[*])와 벡터의 다양

---

[*] 그리스어 demoi는 민주주의democracy의 어원이 되는 demos(인민)의 복수형이다. 최근, 지구화 이후에 민주주의의 시민권 개념이 더욱 다양한 정체성들을 포괄해야 한다는 문제의식을 지닌 이들이 demos+cracy가 demoi+cracy로 발전해야 한다는 주장을 들고 나온다. demos가 인민 내지 일원인민이라면, demoi는 인민들 혹은 다원인민이라 하겠다.

한 조합을 포괄하는데, 계급투쟁만이 아니라 사회·정치·자연·피수탈 주변부 영역과 경제 사이의 분리를 둘러싼 경계투쟁이 그 대상이다.

이에 따라 반자본주의 투쟁에 포함되는 현상들은 마르크스주의자들의 전통적 가정보다 훨씬 더 광범위해진다. 본이야기의 이면을 파고들어가 배경이야기를 들여다보면 노동 착취의 모든 배경조건이 자본주의 사회 내 갈등의 초점들로 떠오른다. 생산지점에서 벌어지는 노동과 자본의 투쟁만이 아니라 젠더 지배, 생태계, 인종주의·제국주의, 민주주의를 둘러싼 경계투쟁이 그러한 초점들이다. 그러나 그만큼 중요한 사실은, 이제 경계투쟁이 자본주의 안에서 자본주의를 둘러싸고 때로 자본주의 자체에 맞서는 투쟁으로서 새롭게 조명된다는 점이다.

이 투쟁이 이런 맥락에서 이해될 경우에 그 참여자들은 아무래도 더 원활하게 협력하거나 단결할 수 있을 것이다. 이때 이러한 투쟁의 해방적 잠재력은 새로운 형세배열을 상상하는 역량에서 나올 것이다. 즉 '경제'만이 아니라, 경제가 사회, 자연, 정치와 맺는 관계에 관해서도 새로운 형세배열을 상상해보는 것이다. 역사적으로 자본주의를 구성해온 구조적 분할들을 다시 생각해보는 일은 21세기에 해방을 위해 헌신하는 사회적 주체들과 비판이론가들의 주요 과제가 될 것이다.

이 의제가 이 책의 가슴과 영혼이다. 다음 장부터 나는 앞서 말한 네 가지 감춰진 장소를 하나하나 자세히 살펴볼 것이다. 구조적 분석과 역사적 성찰, 정치적 이론화를 한데 합침으로써 각 영역에 고유한 제 살 깎아먹기 형태를 드러내 보이고자 한다.

제2장에서는 마음껏 먹어 치울 수 있는 집단을 찾아 헤매는 탐식가에게 먹이를 대주는, 자본주의의 수탈/착취 분할을 다룬다. 이른바 인종적·제국주의적 역학이다. 제3장에서는 자본주의 시스템에 돌봄 폭식가의 낙인을 찍는, 자본주의의 재생산/생산 분할을 다룬다. 젠더화된 역학이다. 제4장에서는 우리의 집인 지구를 자본이 꿀꺽 삼키게 만드는, 자본주의의 자연/인류 대립을 다룬다. 생태-포식 역학이다. 제5장에서는 자본주의 시스템만의 특징인 경제/정치 분할에 내장된, 공적 권력을 먹어 치우고 민주주의를 도살하려는 충동을 다룬다. 그리고 마지막 두 장은 자본주의를 '식인종'으로 새롭게 바라보면 어떤 실천적 차이가 나타나며 이 관점이 사회주의에 관한 우리의 이해를 어떻게 바꾸는지(제6장), 그리고 코비드-19 팬데믹에 관한 이해 역시 어떻게 바꾸는지(에필로그)를 탐색한다.

2

수탈 탐식가:
착취와 수탈의 새로운 얽힘

왜 자본주의는 구조적으로
제국주의적-인종주의적인가

자본주의는 항상 인종적 억압과 깊이 얽혀 있다. 이 명제는 17세기에서 19세기에 걸쳐 존재한, 노예제에 바탕을 둔 플랜테이션 자본주의에 딱 들어맞는다. 하지만 20세기의 '짐 크로우Jim Crow'* 산업자본주의의 경우에도 마찬가지로 들어맞는다. 그리고 서브프라임 담보대출을 남발하며 대량 감금이 일상화한 우리 시대의 탈산업화된 자본주의에도 인종적 억압이 지속된다는 것은 아무도 부인할 수 없는 사실이다. 각 시대의 현격한 차이에도 불구하고, '현실에 존재하는' 자본주의의 여러 형태 가운데 인종적이지 않은 것은 하나도 없었다. 지금까지 나타난 어떠한 형

---

* 남북전쟁 이후부터 1960년대에 이르기까지 미국 남부 주에서 실시된, 공공장소에서 흑백 분리를 강요한 법률. '짐 크로우'라는 말은 백인이 얼굴을 검게 칠하고 나와 흑인을 우스꽝스럽게 표현하던 오락 프로그램의 흑인 사기꾼 배역에서 나왔다. 짐 크로우 법은 흑인 시민권 운동으로 1964년 민권법이 통과되면서 비로소 폐지됐다.

태의 자본주의 사회든 모두 인종적 억압과 얽혀왔다.

이 얽힘의 성격은 무엇일까? 우발적인 것일까, 아니면 구조적인 것일까? 자본주의와 인종주의의 연결은 우연히 발생했으므로 원리상으로는 현실에서 다른 방향으로 전개될 수도 있었던 것일까? 아니면, 자본주의는 처음부터 사람들을 인종으로 나눌 운명이었던 것일까? 그럼 오늘날은 어떠한가? 인종주의는 **현대** 자본주의 안에 단단히 박혀 있는가? 아니면, 이제 21세기에는 마침내 비인종적 자본주의가 가능하게 되었는가?

이 문제는 결코 새롭지 않다. 오히려 이는 '흑인 마르크스주의'라 알려진 심원한(그러나 저평가된) 비판이론의 한 흐름에서 핵심을 이룬다. 1930년대부터 1980년대에 걸쳐 꽃을 피운 이 전통에는 C. L. R. 제임스Cyril Lionel Robert James, W. E. B. 듀보이스William Edward Burghardt Du Bois, 에릭 윌리엄스Eric Williams, 올리버 크롬웰 콕스Oliver Cromwell Cox, 스튜어트 홀Stuart Hall, 월터 로드니Walter Rodney, 앤절라 데이비스Angela Davis, 매닝 매러블Manning Marable, 바버라 필즈Barbara Fields, 로빈 D. G. 켈리Robin Davis Gibran Kelley, 코넬 웨스트Cornel West 같은 걸출한 인물들이 포함된다.[1] 비록 접근법은 세부적으로 차이가 있었지만, 이 사상가들은 모두 자본주의/인종주의 결합체와 대결했다. 적어도 1980년대에는 그들의 성찰이 요즘 흔히 말하는 비판적 인종이론의 선두에 서 있었다.[2]

하지만 이후에 자본주의와 인종의 얽힘이라는 문제는 비판적-이론적 의제에서 사라져버렸다. 신좌파 급진주의가 쇠퇴하고 현실 공산주의가 붕괴하자, 많은 분야에서 '자본주의'를 진지한 탐사 주제로 보는 관점이 사라졌고, 마르크스주의는 유행에 뒤처졌다는 이유로 점차 거부되었다. 그 결과 인종과 인종주의 문제는 사실상 자유주의·포스트 구조주의 패러다임 안에서 작업하는 사상가들의 몫이 되었다. 이러한 사상가들이 주류 인종이론과 비판 인종이론에 얼마간 인상적인 기여를 하기는 했지만, 그들은 자본주의와 인종적 억압의 관계를 명확히 밝히려고 하지는 않았다.

하지만 오늘날 새 세대의 비판적 인종이론가들은 이 문제설정에 다시 활기를 불어넣고 있다. 마이클 도슨Michael Dawson, 루스 윌슨 길모어Ruth Wilson Gilmore, 세드릭 존슨Cedric Johnson, 바버라 랜스비Barbara Ransby, 키앙가-야마타 테일러Keeanga-Yamahtta Taylor 같은 사상가들로 이뤄진 이 세대는 자본주의와 인종주의의 관계를 21세기의 전개 양상에 비추어 새롭게 고찰하고 있다.[3]

이유를 찾아내기는 어렵지 않다. 한편에서는 투쟁적인 새 세대 반인종주의 운동가들이, 다른 한편에서는 공격적인 종족민족주의·대안우파·백인우월주의 성향의 포퓰리즘이 동시에 등장함에 따라 비판적 인종이론의 위상과 역할이 급부상했다. 이제는 많은 이들이 자신들이 벌이는 투쟁을 더 잘 이해해야 할 필요성을 느끼고 있다. 또한 이제 많은 이들이 현대 자본주의 사회의 위기 심화가 반인종주의와 인종주의적 포퓰리즘의 발전 모두에 폭넓은 배경이 되었음을 충분히 인식하고 있다. 현대 자본주의 사회의 위기는 자본주의에서 특유하게 나타나는 인종적 억압을 좀 더 눈에 잘 띄게 하면서, 동시에 더욱 심각하게 만들고 있다. 마침내 '자본주의'는 더 이상 금기어가 아니게 되었으며, 마르크스주의는 부흥을 경험하는 중이다. 이런 상황에서 흑인 마르크스주의의 핵심 질문이 다시금 절박하게 제기되었다. 자본주의는 **필연적으로** 인종주의적인가? 과연 자본주의 사회 안에서 인종적 억압이 극복될 수 있을까?

이 장에서 나는 앞에서 전개한 자본주의에 관한 확장된 관점에 의지해 이 문제설정을 발전시키고자 한다. 이 접근법은 자본주의와 인종주의 간 관계의 복잡성을 제대로 파악하지 못하게 가로막는 구조/역사, 필연성/우연성의 통상적인 첨예한 대립관계를 뒤흔든다. 인종주의가 자본주의에 반드시 필요하지는 않다고 주장하는 우발성론자들에 맞서, 나는 자본주의 시스템과 인종적 억압의 끈덕진 얽힘에는 구조적 토대가 존재한다고 주장한다. 현실에서는 한데 얽혀 나타나는 자본 축적의 두 과정, 즉 **착취**와 **수탈**에 대한 자본주의 시스템의 의존이 그러한 토대다. 바로 이 착취와 수탈이 분리되어 각기 다른 인구집단에 적용된다는 사실이야말로 자본주의 사회에서 인종적 억압을 떠받치는 역할을 한다.

하지만 다른 한편으로는, 비인종적 자본주의는 불가능하다고 주장하는 필연성론자들에 맞서, 나는 자본주의의 착취/수탈 결합체가 고정불변은 아니라고 주장한다. 오히려 이는 자본주의 발전 과정에서 역사적으로 변화해왔으며, 자본주의 발전 과정은 질적으로 서로 다른 인종화된 축적 체제가 교대하며 이어진 과정이라 볼 수 있다. 각 국면마다 역사적으로 특수한 착취/수탈의 형세배열과 그에 바탕을 둔 특유의 인종화 상황이 나타난다.

오늘날에 이르기까지 이 역사적 국면들을 훑다 보면, 뭔가 새로운 것과 마주하게 된다. 착취와 수탈의 역사적 분리를 흐릿하게 만드는 새로운 형태의 자본주의가 그것이다. 이 자본주의 형태는 더 이상 착취와 수탈을 서로 극명히 나뉘는 인구집단에 적용하지 않으며, 마치 400년에 걸쳐 자본주의 사회가 물려받은 인종적 억압의 구조적 토대를 해체하고 있는 듯 보인다. 하지만 이 인종적 억압은 철저하게 필연적이지도 않고 그렇다고 단순히 우연적이지만도 않은 형태로 끈질기게 이어진다. 그 결과 21세기 흑인 마르크스주의·이론과 반인종주의 실천이 풀어야 할 새로운 수수께끼들이 대두한다.

이 장에서 나는 세 단계에 걸쳐 이 주장을 발전시키고자 한다. 우선, 자본주의는 그 필수조건으로서 착취만이 아니라 수탈에도 의존하기에 인종적 억압의 구조적 토대를 장착한다는 명제를 옹호할 것이다. 다음으로, 착취/수탈이 자본주의 역사의 주요 국면에서 그 형세배열을 어떻게 바꿔왔는지 윤곽을 그려 보임으로써 이 구조를 역사화할 것이다. 마지막으로는, 여전히 착취와 수탈에 의존하지만 이들을 서로 극명히 나뉘는 인구집단에 적용하지는 않는, 새로운 형태의 자본주의 사회에서 인종적 억압을 극복할 전망을 따져볼 것이다. 이런 논의들을 통해 자본주의 시스템이 특정 인구집단을 인종화함으로써 더 쉽게 제 살 깎아먹기를 벌이려 하는 내재적 경향이 있으며, 따라서 자본주의는 '잔혹한 처벌을 즐기는 수탈 탐식가'로 이해되어야만 함을 밝힐 것이다.

교환, 착취, 수탈

자본주의는 **필연적으로** 인종주의적인가? '자본주의'가 정확히 무엇을 뜻하는지, 그리고 우리가 자본주의를 어떤 시각에서 인식하는지에 따라 모든 게 달라진다. 다음과 같은 세 가지 시각을 탐색해볼 만하다. 대학과 기업뿐 아니라 상식 속에 군림하는 첫 번째 접근법은 자본주의를 시장 '교환'의 렌즈를 통해 바라본다. 반면 사회주의자나 노동조합 운동가, 그 밖의 노동 투쟁 지지자들에게 친숙한 두 번째 시각은 자본주의의 요체를 좀 더 심층에 있는, 상품 생산에서 벌어지는 임금노동 '착취'에서 찾는다. 그리고 제국주의 비판을 통해 발전한 세 번째 시각은 피지배 민족에 대한 자본의 '수탈'을 부각시킨다. 그중 나는 두 번째와 세 번째 시각을 결합함으로써, 세 접근법 중 어느 하나만을 고려했을 때 놓치는 것, 즉 인종적 억압을 떠받치는 자본주의 사회의 구조적 토대에 다가갈 수 있다고 제시한다.

우선 교환의 시각을 보자. 이 시각에서 자본주의는 전적으로 경제적인 시스템으로 나타난다. 성장과 효율을 극대화하는 방향으로 조직된 자본주의의 중심에는 이기적이며 독립적인 거래자들이 등가물을 교환하는 시장 제도가 있다. 이런 시각으로 보면 자본주의는 피부색과 별 상관이 없다. 아무런 간섭 없이 경제적 이익 극대화라는 자체 논리에만 맡겨질 경우 자본주의 시스템은 기존의 인종적 위계를 해체할 것이며, 새로운 인종적 위계의 발생을 피할 것이다. 교환의 입장에서 인종주의와 자본주의의 연결은 전적으로 우발적인 것이다.

이 관점에 관해 말할 거리는 많지만 지금 나의 목적에서 봤을 때 중요한 점은 이것이다. 이 교환 중심 관점은 애초에 자본주의를 정의할 때부터 독단적으로 자본주의와 인종주의의 연결을 끊는다는 것이다. 타고난 피부색을 따지지 않고 효용 극대화만을 추구하는 논리로 자본주의를 협소하게 정의함으로써, 인종화

충동 일체를 시장 바깥으로 추방하고, 이를 시장의 작동을 왜곡하는 요소로 본다. 따라서 인종주의의 원흉은 자본주의가 아니라 이를 둘러싼 더 큰 사회가 된다. 인종주의는 역사·정치·문화에서 연유하며, 이 모두는 자본주의에 외재적인 것으로서 오직 우발적으로만 이와 연결된다. 그 결과 자본주의는 경제적 이익을 극대화하는 수단·목적으로 축소되고, 역사적·정치적 내용이 제거되면서 형식화되고 만다. 이런 식으로 교환 중심 관점은 자본주의 경제에 구조적으로 인종적 억압을 발생시키는 '비-경제적' 전제조건과 투입요소가 필요하다는 점이 눈에 잘 드러나지 않게 한다. 그러한 의존을 염두에 두지 않는 탓에 자본주의 시스템의 독특한 축적, 지배, 제 살 깎아먹기 메커니즘이 잘 보이지 않도록 만든다.

반면에 두 번째 시각은 이러한 메커니즘 가운데 일부를 드러내준다. 좀 더 광범하고 덜 형식적이며 훨씬 덜 장밋빛인 이 관점은 자본주의를 착취 시스템으로 재인식한 카를 마르크스에 의해 창시됐다. 잘 알려져 있듯이, 그는 표준적인 시장 교환 관점 이면으로 파고들어 상품 생산의 더욱 근본적인 수준을 파헤쳤다. 그러면서 자본의 임금노동 착취에서 축적의 비밀을 발견했다고 주장했다. 마르크스에게 자본주의의 노동자는 농노도 노예도 아닌 법적으로 자유로운 개인으로서, 자유롭게 노동시장에 진출해 자신의 '노동력'을 판매한다. 물론 현실에서는 노동자에게 이 문제에 대한 실질적인 선택권이 거의 없다. 즉, 생산수단에 대한 직접적 접근 통로를 박탈당했기 때문에 임금을 대가로 노동계약을 함으로써만 생계수단을 확보할 수 있다. 게다가 노동자는 이 거래로 이익을 얻지도 못한다. 첫째 시각에서는 등가 교환인 것이 마르크스의 관점에서는 눈속임 마술이 된다. 자기 재생산에 쓰이는 평균적인 사회적 필요비용만 보수로 받는 노동자는 자신이 노동을 통해 발생시킨 잉여에 대해서는 청구권을 갖지 못하며, 잉여는 자본가의 몫으로 돌아간다.

바로 이것이 요점이다. 마르크스는 자본주의의 핵심이 착취이고, 이는 두 계급의 관계라고 봤다. 이 관계의 한쪽은 사회의 생산수단을 소유하며 잉여를 전유하는 자본가이고, 다른 한쪽은 자유롭지만 재산이 없는 탓에 나날이 자기 노동력을 팔 수밖에 없는 생산자다. 마르크스의 관점에서 자본주의는 단순히 경제만은 아니며, 상품 생산을 통해 자본이 자유로운 노동을 착취하는 계급 지배의 사회적 시스템이다.

마르크스의 시각에는 많은 장점이 있는데, 그중에서도 특히 한 가지는 반박의 여지가 없다. 자본주의를 착취의 렌즈를 통해 바라봄으로써 교환의 시각이 가리고 있던 것이 드러나게 되었다는 것이다. 즉 (이중으로) 자유로운 노동자에 대한 계급 지배가 이뤄지게 하는, 자본주의 사회 내부의 구조적 토대가 드러나게 된 것이다. 하지만 이러한 강조점은 이에 필적하는 또 다른 토대, 즉 인종적 억압의 구조적 토대를 밝히지는 못한다. 불편한 진실이지만, 적어도 이 점에서 착취의 시각은 교환의 시각과 그리 멀지 않다. 착취의 시각은 자본이 자유로운 임금노동을 착취함으로써 축적된다는 것을 보여주지만, 자본주의 시스템에서 인종이 어떤 방식으로 중요한 역할을 하며 자본주의 역사에서 왜 그토록 어마어마한 역할을 하는지에 관해서는 그다지 밝혀주지 못한다. 이 문제를 다루지 못하기 때문에 착취의 시각 역시 자본주의 시스템이 인종적 억압과 얽혀 있는 것이 우발적이라는 점만을 강조한다.

하지만 이렇게만 정리하고 넘어가는 것은 너무 성급하다. 난점은 마르크스가 자본의 임금노동 착취 과정에만 너무 집중했기에 착취와 밀접한 관련이 있는 또 다른 근본적인 과정을 체계적으로 숙고하지 못했다는 것이다. 만약 증명되기만 한다면 인종적 억압과 뿌리 깊이 연결돼 있음이 드러날 수 있는 이러한 과정으로 두 가지가 떠오른다.

첫 번째는 자유롭지 못하고 종속적인 비임금 노동이 자본 축적에서 맡는 결정적인 역할인데, 이러한 노동은 착취와는 대척점에 있는 수탈의 대상이 되며 임금 계약을 통해 매개되지 않는 지배 아래에 놓인다. 두 번째는 자유로운 개인과 시민에게는 '노동자' 지위를 부여하면서 다른 이들은 그보다 취약한 존재로 구성하는 정치 질서의 역할과 관련된다.[4] 예를 들어 동산 노예, 연기年期계약indenture[*]을 맺은 하인, 식민지 예속민, '국내 종속국 domestic dependent nations[**]의 '원주'민, 부채 노예, '불법 체류자'와 중죄인 등의 존재를 들 수 있다.

그러나 이 두 가지 문제(종속 노동과 정치적 예속) 모두 자본주의에 관한 세 번째 시각, 즉 수탈의 입장을 취할 때 눈에 들어오게 된다. 제국주의를 비판한 이론가들이 발전시킨 이런 사고방식은 인식의 틀을 '식민 본국' 너머로 확장해, '주변부' 민중에 대한 정복과 약탈을 시야에 포함시킨다. 이 시각을 따르는 이들은 전 지구적인 전망을 통해 자본주의적 근대성의 야만적 이면을 드러낸다. 동의와 계약이라는 매끄러운 표면 밑에는 잔인한 폭력과 노골적인 도둑질이 도사리고 있다는 것이다. 이에 따라 수탈의 시각은 교환과 착취를 새롭게 다시 바라보게 만들며, 교환과 착취는 이제 더 크고 사악한 빙산의 일각으로 보이게 된다.

수탈의 시각은 확실히, 숨은 것을 드러내 보인다. 하지만 제국

---

[*] 정해진 기간 동안 고용주에게 인신이 구속된 채로 노동하겠다고 서약하는 계약. 17-18세기 노동력이 부족하던 식민지(주로 아메리카)에서 유럽계 이민자에게 고용주가 여행비를 선불해주는 대가로 일정 기간(대개 5년 안팎) 동안 노동에 종사하겠다는 계약을 맺게 하면서 시작됐다.

[**] 현대 미국에서 인디언 보호구역 내의 선주민 공동체를 일컫는 말. 독립 직후에 미합중국은 인디언 각 부족을 독자적인 주권체로 인정했으나, 서부로 영토를 확장하는 과정에서 이 약속은 유명무실해졌다. 다만, 현재도 보호구역 내에서 일정한 자치를 인정하면서 이를 '국내 종속국'이라 칭한다.

주의적 확장이 과연 자본주의에 구조적으로 불가결한 것인지, 만약 그렇다면 경제적으로나 정치적으로나 종속된 이들의 수탈이 (이중으로) 자유로운 노동자의 착취와 어떻게 관련을 맺는지는 여전히 불분명하다. 교환·착취와 구별되는 이 수탈이 인종적 억압과 관계가 있다면 그 관계의 양상은 무엇인지에 관해서도 아직은 체계적인 설명을 접할 수 없다.

내 주장은 수탈이 자본주의 사회에 실로 필수 불가결하며, 따라서 자본주의와 인종주의의 얽힘에도 필수적인 요소라는 것이다. 뒤에 설명하겠지만, 간단히 말해 자본의 **수탈 대상**이 되는 이들의 예속은 **착취 대상**이 되는 이들의 자유를 가능하게 하는 감춰진 조건이다. 그러므로 전자에 관한 설명이 없다면 후자를 제대로 이해할 수 없다. 또한 자본주의와 인종주의를 역사적으로 얽히게 만드는 구조적 토대 역시 엿볼 수 없게 된다.

이 주장을 풀어놓기 위해 나는 제1장에서 소개한 자본주의에 관한 확대된 인식을 활용하고자 한다. 이는 위에서 이야기한 세 가지 시각 가운데 뒤의 두 가지, 즉 착취의 시각과 수탈의 시각의 요소들을 결합한다. 그리고 이는 마르크스가 익숙한 교환의 수준 이면으로 파고들어가 밝혀낸 **착취**의 '감춰진 장소'를, 훨씬 더 어둠에 가려진 **수탈**의 순간과 결합시킨다. 이렇게 착취와 수탈의 관계를 이론화함으로써 나는 자본주의와 인종주의를 끈덕지게 얽히게 만드는 구조적 토대를 식별해낼 것이다.

축적으로서 수탈:
경제적 논의

'수탈'이 자본주의에 구조를 부여하는 요소라는 정의에서부터 논의를 시작해보자. 앞 장에서 본 대로, 수탈은 다른 수단을 통한 축적이다. 즉, 착취와는 다른 방식을 통한 축적이다. 자본이 임금을 대가로 '노동력'을 구매하는 계약 관계 대신, 수탈은 인간 역량과 자연 자원을 **징발**하여 자본 확장 회로에 **징용**함으로써 작동한다. 징발은 신세계 노예제에서 그랬듯이 뻔뻔스럽고 폭력적일 수도 있고, 우리 시대의 약탈적 대출과 담보물 압류에서 그렇듯이 상거래라는 베일을 뒤집어쓸 수도 있다.

또 수탈당하는 주체는 자본주의 주변부의 농촌이나 토착민 공동체일 수도 있고, 자본주의 중심부의 종속 집단이나 하위 집단 구성원일 수도 있다. 한때 수탈을 당했더라도 운이 좋으면 착취받는 프롤레타리아가 될 수도 있고, 그렇지 않다면 빈민, 슬럼 거주자, 물납 소작인sharecropper[*], '원주민', 노예, 임금 계약 바깥에서 계속 수탈당하는 주체로 끝날 수도 있다. 징발된 자산은 노동, 토지, 가축, 도구, 광산이나 에너지 매장지일 수도 있지만,

---

[*]   sharecropping은 지주가 농민에게 농지 사용권을 주고, 그 대가를 화폐가 아니라 수확물의 일부로 받는 제도다. 일제강점기 한국의 소작제도가 이에 해당한다.

또한 인간, 인간의 성적·생식적 역량, 자녀와 장기臟器일 수도 있다. 하지만 핵심은 징발된 역량들이 자본의 핵심 특징인 가치 확장 과정에 흡수된다는 것이다. 단순한 도둑질이라는 표현만으로는 부족하다. 자본주의가 등장하기 훨씬 전부터 있었던 강탈 같은 행위와는 달리, 내가 말하는 수탈은 **징발과 징용을 통해 축적에 흡수되는 것**이다.

이런 점에서 수탈은 다수의 죄악을 포함하며, 그중 대다수는 인종적 억압과 강한 상관성이 있다. 그 관련성은 영토 정복, 합병, 노예화, 강제 노동, 아동 유괴, 조직적 강간처럼 자본주의 초기 역사(물론 지금도 계속되지만)와 광범하게 결합된 행위들에서는 뚜렷하게 나타난다. 그러나 그보다 더 '근대적인' 형태(이를테면 인종적 억압과도 연관된 수감 노동, 초국적 성매매, 대기업의 땅뺏기, 약탈적 대출에 따른 압류 등)를 취하기도 하며, 현대 제국주의와 함께하기도 한다.

하지만 그 연결이 역사적이거나 우발적이기만 한 것은 아니다. 오히려 자본이 인종화된 수탈에 계속 의존하는 데는 구조적 이유가 있다. 무한한 확장과 잉여가치의 사적 전유에 골몰하는 본성을 가진 자본주의 시스템은, 자본 소유주가 종속적 인구 집단으로부터 노동과 생산수단을 징발할 뿌리 깊은 이해관계를 갖도록 만든다.

수탈은 두 가지 방식으로 생산비용을 낮춤으로써 이윤을 늘린다. 하나는 에너지와 원자재 같은 투입물을 값싸게 공급받는 것이고, 다른 하나는 식량과 의복 같은 생계수단이 저렴하게 제공되도록 함으로써 임금을 더 적게 지불해도 좋도록 만드는 것이다. 즉 자유롭지 못하거나 종속적인 주체로부터 자원과 역량을 징발함으로써, 자본가는 (이중으로) 자유로운 노동자를 착취해 더 많은 이윤을 뽑아낼 수 있게 된다. 말하자면 착취와 수탈은 한데 얽혀 있다. 맨체스터 뒤에는 미시시피가 있었던 것처럼.[5]

'일상' 시기에도 이득을 안겨주는 수탈은 위기 시기에는 더욱 매력을 발산하는데, 위기 시기에 수탈은 비록 일시적으로라도 수익성 하락을 반전시키는 결정적 해법 노릇을 한다. 정치적 위기 시기에도 마찬가지다. 자본에 위협이 되지 못하는 것처럼 보이는 인구집단으로부터 부를 징발해, 자본을 위협하는 것처럼 보이는 인구집단으로 이전함으로써 정치적 위기가 완화되거나 방지되곤 한다. 이는 '인종'과 상관성이 높은 또 다른 차별이다.[6]

이렇듯 일반적으로 수탈은 자본주의의 구조적 특성이며, 지배자가 어떠한 추가 책임도 지지 않으면서 착취를 전개할 수 있게 하는 조건이다. 즉, 착취와 수탈은 서로 평행선을 긋는 별개의 과정이 아니라 체계적으로 중첩돼 있다. 단일한 자본주의 세계체제의 서로 깊이 얽힌 측면들이다. 그리고 둘 사이의 분할은 듀보이스가 대략적이나마 분명하게 '피부색 분할선'이라 부른 것과 상관성이 있다. 이 모두를 종합하면, 인종화된 '타자'의 수탈은 '노동자' 착취의 필수 배경조건을 이룬다.

이는 두 가지 측면에서 마르크스의 '시초' 축적 혹은 '원시' 축적론과 구별된다.[7] 첫째, '원시 축적'은 자본주의 시스템 태동기에 자본이 처음 축적되던 유혈이 낭자한 과정을 나타낸다.[8] 반면에 수탈은 위기에 취약한 시스템에서도 축적이 지속되도록 하는 데 필수적인 **현재진행형**의 징발 과정을 가리킨다. 둘째, 마르크스는 재산이 없는 노동자와 자본주의적 생산수단 소유자 사이의 계급 분할이 역사적으로 어떻게 시작됐는지 설명하기 위해 원시 축적을 끌어들인다. 반면에 수탈은 (이 점 역시 설명하고는 있지만) 더 나아가 이와 마찬가지로 구조적이고 필연적인, 그러나 마르크스가 체계적으로 이론화하지는 못한 또 다른 사회적 분할을 드러낸다. 자본이 임금노동을 통해 착취하는 (이중으로) 자유로운 노동자와, 자본이 다른 수단을 통해 제 살 깎아먹기 대상으로 삼는 부자유한 또는 종속적인 주체 사이의 사회적 분할이 그것이다.

이 두 번째 분할이 지금 우리의 주된 탐구 주제다. 나의 명제는 자본주의의 인종화 역학이 **착취 대상인 자유로운 주체들**과 **수탈 대상인 종속적 주체들**을 구별하는, 구조적 토대를 갖춘 '표식'에 응축돼 있다는 것이다. 이 주장을 전개하려면 이제 초점을 '경제적인 것'에서 '정치적인 것'으로 옮겨야 한다. 오직 자본주의 사회의 **정치 질서**를 주제로 삼을 경우에만 이 구별이 어떻게 구성되는지, 그리고 이를 통해 '인종'의 짜임새가 어떻게 구성되는지를 파악할 수 있기 때문이다.

예속으로서 수탈:
정치적 논의

수탈과 착취의 구별은 경제적이면서 동시에 정치적이다. 경제적으로 봤을 때 두 용어는 (분석상으로는 구분되지만) 서로 뒤얽혀 가치를 확대하는 '자본 축적' 메커니즘들에 붙여진 이름이다. 반면 정치적으로 봤을 때는 '지배' 양식과 관련된 용어들이다. 특히 권리를 보유한 개인·시민과, 예속민·부자유한 노예·하위 집단의 종속적 구성원을 구별하는 지위 위계제와 관련된다.

마르크스가 주장한 대로, 자본주의 사회에서 피착취 노동자는 법률상 자유로운 개인의 지위를 갖고 있어, 임금을 대가로 자기 노동력을 판매할 권한이 있다. 일단 생산수단에서 분리돼 프롤레타리아화하면 노동자는 적어도 이론상으로는 (추가적인) 수탈로부터 보호받는다. 이 점에서 노동자의 지위는, 노동·재산·인격이 **여전히** 자본 측의 징발에 내맡겨져 있는 이들과는 뚜렷이 구별된다. 징발 대상이 되는 집단은 정치적 보호를 누리기는 커녕 수탈하기에 안성맞춤인 무방비 상태가 되며, 이 상태는 끊이지 않고 계속된다. 즉, 이들은 본질적으로 불가침성과는 상관이 없다. 타인이 이들에게 범할 수 있는 행위에 제한을 가할 수 단을 빼앗긴 탓에, 이들은 모든 가해에 속수무책인 상황이다. 이는 제 살 깎아먹기의 가혹한 형태다.

말하자면 일반적으로 수탈과 착취의 구별은 축적의 기능일 뿐만 아니라 지배의 기능이기도 하다. 자본주의 사회에서 보호를 제공하기도 하고 거부하기도 하는 것은 **정치적** 행위자들, 그중에서도 무엇보다 국가다. 시민을 예속민이나 체류 외국인과 구별하고, 권리를 지닌 노동자를 종속적인 상습 채무자와 구별하는 지위 위계제를 법률로 정하고 집행하는 것 역시 국가다. 이러한 국가의 정치적 주체화 기능은 피착취 주체와 피수탈 주체를 구축하고 이 둘을 서로 구별함으로써, 자본의 '자기'-확대에 필수 전제조건을 제공한다.[9]

하지만 이 방면에서 국가는 홀로 역할하지 않는다. 지정학적 제도배열 또한 관련돼 있다. 일국 수준에서 이러한 정치적 주체화가 이뤄질 수 있게 하는 것은, 국가를 '승인'하고 국경 통제권(합법적 주민을 '불법 외국인'과 구별하는)을 인가하는 국제적 시스템이다. 이렇게 지정학적인 권능을 부여받은 정치적 지위 위계제에 얼마나 쉽게 인종적 내용이 각인되는지 확인하려면, 이민과 난민을 둘러싼 최근의 갈등을 떠올려보는 것만으로 충분하다.

이는 세계를 '중심부'와 '주변부'로 나누는, 자본주의의 제국주의적 지리학에 뿌리를 둔 또 다른 지위 위계제 조합의 경우도 마찬가지다. 역사 속에서 중심부는 착취를 상징하는 중심 지역으로 등장한 반면, 주변부가 맡은 배역은 수탈을 상징하는 장소였다. 이 분할은 처음부터 노골적으로 인종화됐다. 즉 '식민 본국 시민' 대 '식민지 예속민', '자유로운 개인' 대 '노예', '유럽인' 대 '원주민', '백인' 대 '흑인'의 대립쌍이 등장했다. 또 이런 위계는 착취에 적합한 인구집단과 지역을, 수탈받도록 점지된 이들과 구별하는 역할도 했다.

그러면 정치적 주체화, 특히 (이중으로) 자유로운 피착취 시민-노동자와 종속적 피수탈 예속민을 구별해온 과정을 좀 더 자세히 살펴보자. 두 지위 모두 정치적으로 구성되지만, 방식은 서로 다르다. 자본주의 중심부에서 생산수단을 박탈당한 장인, 소농, 소작농은 계급 타협의 역사적 과정을 통해 피착취 시민-노동자가 되었는데, 그 과정에서 해방 투쟁은 국민국가의 자유주의적인 법률적 틀 안에서 자본의 이해와 수렴하도록 유도됐다. 반면에 주변부에서든 중심부에서든 영구히 수탈당하는 예속민이 된 이들은, 봉기가 번번이 무력을 통해 분쇄되면서 이러한 타협의 기회를 얻지 못했다. 첫째 부류의 지배가 동의와 합법성으로 은폐되어 있다면, 둘째 부류의 지배는 뻔뻔하게도 노골적인 억압에 의지한다.

게다가 두 지위는 서로를 강력히 상호 규정하며 함께 구성되는 경우가 많았다. 미국에서는 동산 노예와 선주민의 경우, 어떤 제재도 없이 반복적으로 인격과 토지를 징발당했다. 이들의 추락한 상황과는 반대로, 시민-노동자 지위에 있는 이들은 상당한 자유의 아우라를 획득했으며 이것이 착취를 정당화했다.[10] 미국 정부는 동산 노예와 선주민의 종속적 지위를 법제화하는 동시에 표준적인 시민-노동자 지위를 구축했다.

하지만 자본주의 안에서 종속적 주체를 정치적으로 직조하는 일은 결코 지위의 경계선 긋기에만 머물지 않았다. 지정학적 경쟁과 경제적 팽창주의가 서로 얽힌 뿌리 깊은 논리를 바탕으로, 강대국들은 (피수탈 주체를 구성하기 위해) 멀리 떨어진 자본주의 세계체제 주변부로 향했다. 유럽 식민 국가들과 그 뒤를 이은 미합중국 제국주의는 지구상의 가장 먼 곳까지 약탈하며, 수십억 인류를 이런 피수탈 주체로 만들었다. 정치적 보호를 박탈당하고, 징발당할 만반의 준비가 된 주체로 말이다. 이들 강대국이 창조한 수많은 피수탈 주체는 이 국가들이 착취를 위해 '해방시킨' 시민-노동자의 수를 초과했다. 그리고 이 과정은 예속민이 식민 통치에서 해방됐다고 하여 결코 종식되지 않았다. 오히려 지금도 나날이 수많은 새로운 피수탈 주체의 무리들이 창조되고 있다. 과거의 식민 지배국과 포스트 식민 국가들, 그리고 축적 기계에 기름칠을 해주는 글로벌 금융기구를 비롯한 초국적 권력의 합동 작전의 결과다.

이 경우에도 공통된 위협은 바로 정치적인 벌거벗기기다. 즉 한계를 설정하거나, 보호를 기대할 수 없게 만드는 것이다. 이는 실제로 피수탈성의 가장 근본적인 측면이며, 피수탈성을 피착취성과 구분하는 핵심 요소다. 그리고 인종적 억압의 핵심을 이루는 것도 바로 이러한 피수탈성, 즉 아무런 방어 수단 없이 폭력에 노출된 상태다. 한마디로 피착취 주체와 종속적인 피수탈 주체를 구별해주는 것은, 이러한 불가침성에서 벗어나 있다는 신호인 '인종' 표식이다.

이 지점에서 나는 자본주의가 인종적 억압의 구조적 토대를 장착한다고 주장한다. 이 토대는 우리가 자본주의 체제를 시장 교환이나 자유로운 임금노동의 입장에서 너무 협소하게 바라볼 경우에는 눈에 잘 드러나지 않는다. 하지만 시야를 '수탈'이라는 제3의 축으로 확장하면, 그리고 수탈이 착취와 구별되면서도 서로 얽혀 있으며 심지어 착취의 필수조건이라고 이해할 경우에만 비로소 범인이 눈에 들어오게 된다. '경제'뿐만 아니라 '정치'를 포괄하도록 자본주의를 더 확대된 시각으로 바라봄으로써, 우리는 자본주의 시스템이 결코 우발적이지 않은 방식으로 부자유하거나 예속된 민중 집단에게 의존한다는 점을 이해하게 된다. 자본주의가 착취와 수탈의 분리를 자신의 구성요소로 삼는다는 이 사실에, 자본주의와 인종적 억압이 맺는 끈덕진 상호 얽힘의 구조적 토대가 있다.

인종화된 축적의
역사적 체제들

그럼에도 불구하고 지금껏 서술한 구조는 여러 변이를 보인다. 자본주의의 태동기부터 고정된 형태를 취한 것이 아니라, 자본주의 발전 과정에서 여러 번 중대한 변천을 겪은 것이다. 어떤 국면에서는 착취와 수탈이 서로 뚜렷이 분리되어 있었다. 착취는 유럽 중심부에 집중되어 (백인 남성) '노동 귀족' 몫으로 점지된 반면에, 수탈은 주로 주변부에 자리를 잡고 유색인에게 강요되었다. 그러나 또 어떤 국면에서는 이 분리가 모호해졌다. 이러한 변천에 따라 주기적으로 자본주의 사회 내의 인종적 억압 역학이 형태를 바꾸었다. 따라서 인종적 억압의 역학은 이런 변천을 사상捨象한 채로는 이해되기 힘들다. 실제로 자본주의와 인종주의의 관계는 구조적일 뿐만 아니라 역사적이다.

이러한 이중 조건을 해명하기 위해 간략하게나마 자본주의의 역사를 인종화된 축적 체제들이 교체되며 이어지는 과정으로 설명해보고자 한다. 그러면서 논의의 다음 단계로서, 자본주의 발전의 주요 국면마다 그 안에서 나타나는 수탈과 착취의 역사적으로 특수한 관계를 전면에 부각시켜보려 한다. 이를 위해 각 체제마다 수탈과 착취의 지리학과 인구학을 구체적으로 기술할 것이다. 이를 통해 수탈과 착취가 서로 다른 지역에 자리를 잡고 별개의 인구집단에게 배당됨으로써 둘의 분리가 어느 정도로 심화됐는지를 알 수 있을 것이다. 또한 각 체제에서 나타나는 수탈과 착취의 상대적 비중과, 둘이 상호 연결된 독특한 방식에 주목해볼 것이다. 그리고 마지막으로, 각 국면의 특징을 결정한 정치적 주체화의 형태를 식별해보고자 한다.

16세기에서 18세기에 걸쳐 지속된 상업자본주의 혹은 중상주의적 자본주의에서부터 논의를 시작해보자. 이는 마르크스가 '원시 축적'이라는 문구를 처음 만들며 염두에 둔 시대였다. 마르크스는 자본주의의 이 국면에서 축적의 주된 원동력이 착취가 아니라 수탈이었음을 알려주었다. 게임의 이름은 '징발'이었고, 중심부의 토지 인클로저뿐만 아니라 주변부 곳곳에서 벌어진 정복과 노략질, 그리고 "피부색이 검은 이들의 상업적 사냥"[1]으로도 나타난 이 과정은 근대 산업이 대두하기 훨씬 전에 진행되었다. 공장 노동자를 대량 착취하기 이전에 유럽과 특히 아프리카 및 '신세계'에서는 신체, 노동, 토지, 광물 자원의 대규모 수탈이 먼저 등장했다. 상업자본주의에서는 수탈이 글자 그대로 착취를 압도했으며, 이는 지위 위계제에 중대한 영향을 끼쳤다.

확실히 이 체제는 이후 국면들에서도 계속 중요한 의미를 지니게 된 인종적 주체화의 선구적 형태들을 탄생시켰다. 즉 '유럽인' 대 '원주민', '자유로운 개인' 대 '동산 노예', '백인' 대 '흑인'의 구분이다. 그러나 이러한 구분은 사실상 모든 무자산無資産 대중이 (권리를 지닌 시민이 아니라) 신민[예속민]의 지위에 머물러 있던 시대에는 그리 엄격하지 않았다. 이 시기에는 사실상 **모두**가 수탈에 맞설 정치적 보호를 결여하고 있었고, 대다수에게 익숙한 상황은 자유가 아니라 종속이었다. 그래서 아직 특별한 낙인이 피수탈 지위에 찍혀 있지는 않았다. 이 낙인은 중심부에서 다수 민족에 속한 남성 노동자가 정치 투쟁을 통해 자유권을 획득한 이후 국면에서야 피수탈 지위와 결부된다. 즉, 식민 본국이 민주화하고 대규모 공장에 토대를 둔 (이중으로) 자유로운 임금노동의 착취가 나타난 뒤에야 '자유 인종'과 '예속 인종'의 대비가 극명해짐으로써, 오늘날 우리가 근대 자본주의와 결부시키는 완전한 백인 우월주의적 지위가 등장한 것이다.[12]

이것이 바로 19세기에 중상주의적 자본주의가 자유주의적-식민주의적 자본주의로 교체되며 벌어진 일이다. 이 새로운 체제에서 수탈과 착취는 더욱 안정된 균형을 확보하며 상호 연결되었다. 확실히 토지와 노동의 징발은 어지러운 속도로 계속되었으니, 유럽 국가들이 해외 식민 지배를 강화하는 동안에 미합중국은 국내에서 선주민의 자산을 박탈하고 '국내 식민지'를 영구화했다. 처음에는 인종화된 노예제를 확대하는 방식으로, 그리고 노예제 폐지 이후에는 물납 소작제를 통해 해방 노예를 부채 노예로 전락시키는 방식으로 말이다.

하지만 이제는 주변부에서 이뤄지던 수탈이 중심부의 착취와 서로 얽히게 되었다. 새로운 요소는 대규모 공장에 바탕을 둔 제조업의 등장이었다. 이는 마르크스가 머릿속에 그린 프롤레타리아트를 단련시켜 전통적 생활 형태를 전복하고 광범위한 계급 갈등에 불을 댕겼다. 결국 식민 본국의 민주화 투쟁을 통해 피착취 노동자들은 자본주의 시스템에 순응하는 형태의 시민권을 획득했다. 하지만 이와 동시에 반식민 투쟁에 대한 잔혹한 억압을 통해 주변부의 굴종이 확고히 지속되었다. 즉 종속과 자유의 대비가 심화되고 점차 인종화됐으며, 인류는 서로 완전히 다른 '인종'으로 양분됐다. 이런 방식으로, 자유로운 '백인' 피착취 시민-노동자가 자신들을 존재할 수 있게 만드는 참담한 조건(즉 인종화되고 종속적인 피수탈 예속민)과 동전의 양면을 이루며 출현했다. 그리고 현대 인종주의가 자본주의의 심층 구조 속에 굳건히 뿌리를 내렸다.

인종화는 자유주의-식민주의 체제에서 수탈과 착취의 뚜렷한 분리를 통해 더욱 강화됐다. 이 국면에서 수탈과 착취는 서로 다른 지역에 자리를 잡고 다른 인구집단에 배당된 형태로 나타났다. 수탈은 노예화되거나 식민화된 지역과 인구집단에, 착취는 (이중으로) 자유로운 지역과 인구집단에 말이다. 하지만 사실이 분할은 그렇게 경계선이 뚜렷하지는 않았다. 예를 들어, 일부 자원 채굴 산업은 식민지 예속민을 임금노동 형태로 고용했다. 한편 자본주의 중심부에 거주하는 피착취 노동자들 가운데에서는 극히 일부만 당시 계속 진행 중이던 수탈에서 완전히 빠져나오는 데 성공했다. 게다가 외관상 분리된 듯 보임에도 수탈과 착취는 체계적으로 중첩돼 있었다. 가령 값싼 식량, 의복, 광물, 에너지를 공급한 것은 주변부 대중의 수탈이었으며, 이것이 없었다면 식민 본국 산업 노동자의 착취는 수익성이 높지 않았을 것이다. 말하자면 자유주의-식민주의 시기에 수탈과 착취는 단일한 세계자본주의 시스템 안에서 서로 구별되면서도 상호 조율되는 축적 엔진들이었다.

그 다음 시대에 수탈-착취 결합체는 다시금 변천했다. 양차 세계대전 사이의 시기에 시작돼 제2차 세계대전 후에 공고해진 새로운 국가-관리 자본주의 체제는, 수탈과 착취의 분리를 유지하면서도 이를 완화했다. 이제 수탈은 더 이상 착취와 배타적인 관계가 아니었으며, 오히려 직접적으로 결합했다. 자본주의 중심부의 분절화된 노동시장이 그 사례다. 자본은 인종화된 노동자에게 '백인'보다 적은 임금을(심지어는 사회적으로 필요한 재생산 비용보다도 적게) 줌으로써 징발에 따른 추가 수익을 거두었다. 이에 따라 수탈은 착취와 직접적으로 접합됐고, 이중화된 급여 등급 형태를 취하며 임금노동의 내부 구성요소로 포함됐다.

아프리카계 미국인이 그 한 예다. 농업 기계화로 인해 남부를 떠나 북부 도시에 모여든 많은 이들이 산업 프롤레타리아트에 합류했지만, 주로 가장 더럽고 질 낮은 일자리에 충원되는 이류 노동자였다. 이 시기에 자본은 이들의 재생산 비용 전액을 임금으로 지불하지 않았기 때문에 그들의 착취는 수탈과 겹쳐 있었다. 이 제도배열을 보완해준 것은 '짐 크로우' 법 아래에서 그들이 계속 정치적으로 예속되었다는 점이다. 국가-관리 자본주의 시기 내내 미국의 흑인은 인종 분리, 참정권 박탈, 수많은 다른 제도화된 굴욕을 통해 계속 완전한 시민권이 거부된 탓에 정치적 보호를 받지 못했다. 북부 공장이나 서부 해안 조선소에 고용된 경우에조차 그들은 완전히 자유로운 권리의 담지자는커녕 여전히 얼마간은 피수탈자 신세였다. 즉, 그들은 착취당하면서 동시에 수탈당했다.[13]

국가-자본주의 체제는 수탈과 착취의 경계선을 희석시킬 때조차 이와 결부된 차별적 지위를 강화했다. 자본주의 중심부에 새로 수립된 복지국가는 시민-노동자 지위에 상징적·물질적 가치를 덧붙여주었으며, 이에 따라 보호와 이익을 요구할 능력이 있는 이들에게 그것을 확장해주었다. 복지국가는 노동권, 코퍼러티즘적 협상[노사정 협상], 사회보험을 제도화함으로써 축적을 안정시켜 자본에게 이익을 안겨주었을 뿐 아니라, 착취'만' 받는 '노동자'를 정치적으로 흡수했다. 하지만 그 결과 이러한 자격에서 배제된 이들의 처지는 더욱 기분 나쁘게 대비되기 시작했고, 더 나아가 인종화된 '타자'로 낙인찍히게 되었다. 이렇듯 피수탈자들이 계속 폭력에 취약한 상태가 눈에 띄게 비정상적인데다 다들 불의라 느낄 만한 것이었기에, 1960년대에 꾸준히 이어진 전투적 저항의 공격 대상이 되었다. 시민권·블랙파워 운동가들이 거리로 뛰쳐나왔다.

한편 해외 주변부에서는 식민지 해방 투쟁이 폭발하여, 이후 수탈과 착취의 또 다른 접합이 등장하도록 만들었다. 독립은 식민 지배에서 벗어난 이들의 지위가 '종속적 예속민'에서 '권리를 지닌 시민'으로 상승할 것이라고 약속했다. 결과적으로 노동계급의 일부 계층이 어떻게든 신분 상승을 이루기는 했지만, 성취는 불안정했으며 조건 또한 열등했다. 부등가 교환을 전제로 하는 지구 경제 안에서 그들의 착취 역시 수탈로 뒤덮였다. 이에 따라 '가치'는 (식민 지배의 전복에도 불구하고) 그들에게 불리한 무역 체제를 통해 중심부로 빨려나갔다. 게다가 일부가 누린 제한된 성취마저 대다수에게는 불허됐고, 이들은 임금 결합체의 바깥에 방치된 채 노골적으로 징발을 당해야 했다.

그런데 이제 수탈자들의 대열에는 외국 정부나 초국적 기업만이 아니라 포스트 식민 국가도 끼어 있었다. 포스트 식민 국가의 발전 전략은 주로 수입 대체 산업화에 치중하면서 '자국 내' 토착 주민에 대한 수탈을 수반하는 경우가 많았다. 심지어는 농민과 노동자의 처지를 개선하고자 진지하게 노력한 발전국가들조차 온전히 성공하지는 못했다. 한계가 뚜렷한 국가 재원, 신제국주의적 투자·무역 체제, 꾸준히 진행된 토지 자산 박탈이 결합함으로써 포스트 식민 사회에서도 수탈과 착취의 경계선이 애매한 형태로 잔존하게 되었다.

말하자면 국가-관리 자본주의에서 착취는 더 이상 수탈과 분리된 모습을 보이지 않았다. 오히려 수탈과 착취는 한편으로는 인종화된 산업 노동 내부에, 다른 한편으로는 포스트 식민 사회의 시민권을 둘러싼 타협 내부에 접합됐다. 그럼에도 수탈과 착취의 구별은 사라지지 않았으며, 각자의 '순수한' 변형이 중심부와 주변부에서 끈질기게 지속됐다. 상당수 주민은 여전히 순전한 수탈의 대상이었으며, 그들은 거의 예외 없이 유색인이었다. 다른 이들은 착취'만' 당했으며, 그들은 유럽인이고 '백인'일 가능성이 높았다. 하지만 또 하나의 새로운 요소가 있었으니, 일부 대중이 수탈과 착취를 동시에 당하는 혼종적 사례가 출현했다는 점이다. 이들은 국가-관리 자본주의 아래에서 소수에 머물렀지만, 이후 도래할 세상의 전조였다.

현재의 체제로 눈길을 돌려보면, 수탈/착취 혼종의 엄청난 확장을 확인할 수 있다. 내가 '금융화된 자본주의'라 부르는 이 국면은 새롭고 독특한 수탈/착취 결합체에 토대를 두었다. 또한 다른 한편으로, 수탈과 착취의 지리학과 인구학에도 극적인 변동이 있었다. 이제 대규모 산업 착취의 다수는 역사적 중심부 바깥, 한때 반半주변부를 이루었던 이른바 브릭스BRICS 국가들[14]에서 발생한다. 동시에 수탈도 확대되는데, 실제로 이윤의 원천으로서는 착취를 다시 앞설 정도다. 이러한 발전 양상은 서로 긴밀히 연결돼 있다. 산업이 해외로 이전되고 금융이 미친 듯이 확장하자, 수탈은 보편적 양상이 되기에 이르렀다. 전통적인 예속민뿐만 아니라 과거 시민-노동자이자 자유로운 개인의 지위를 통해 보호받았던 이들조차 수탈로 괴로워한다.

여기에서 주범은 부채다. 예를 들면, 국가는 글로벌 금융기관들의 압력 아래, 무방비 대중으로부터 부를 빼앗아 제 살 깎아먹는 짓을 벌이려는 투자자와 결탁한다. 실제로 농민이 자산을 박탈당하고 자본주의 주변부에서 대기업의 땅뺏기가 치열해지는 것은 대개 부채를 통해서다. 하지만 희생양은 이들만이 아니다. 포스트 식민 사회에 사는 사실상 **모든** 무자산 대중이 국가 부채를 통해 수탈을 당한다. 예컨대 국제 채권자에게 담보를 잡히고 '구조조정'의 덫에 갇힌 포스트 식민 국가는 자유화 정책을 지향하지 않을 수 없다. 즉 발전주의를 폐기하고, 대기업 자본과 글로벌 금융에게 부를 이전하게 되는 것이다. 더욱이 이러한 구조조정은 부채를 줄이기는커녕 재조정만 할 뿐이며, 국내총생산GNP 대비 채무상환비율이 천정부지로 치솟게 만든다. 그 결과 수많은 세대가 태어나기도 훨씬 전부터 수탈당할(착취까지 당하게 될지 여부와는 상관없이) 운명을 타고나도록 한다.

역사적 중심부에서 진행되는 축적도 점차 수탈을 통해 이뤄진다. 노동조합으로 조직된 산업 노동을 저임금 불안정 서비스 일자리가 대체하자, 임금은 사회적으로 필요한 재생산 비용 아래로 떨어진다. 착취'만' 당하던 노동자가 이제는 수탈까지 당한다. 이러한 이중 조건은 과거에는 소수 집단의 몫이었지만 점차 일반화하고 있으며, 복지국가에 대한 공격을 통해 더욱 심각해진다. 사회임금이 하락하고 있는 와중에, 이를테면 이전에 공공 인프라와 사회복지 급여에 쓰이던 세수가 이제는 '시장'을 달래려는 목적에서 부채 상환과 '적자 감소'에 사용된다. 실질임금조차 곤두박질치자, 보육처럼 공공이 제공하던 서비스가 가족과 공동체에 떠넘겨진다. 말하자면 주로 불안정 임금노동에 고용 중인 여성에게 떠넘겨지는 것이다.

그리하여 착취와 수탈이 교대로 이어진다. 게다가 중심부에서는 (주변부와 마찬가지로) 밑바닥을 향한 경쟁으로 인해 법인세가 낮아지고, 이에 따라 국고가 바닥이 나 더 심한 '긴축'이 필요해지게 되며, 결국 악순환이 벌어진다. 대기업에 계속 선심을 쓴 결과, 어렵게 획득한 노동권은 뼈대만 남고 한때 보호받던 노동자는 폭력에 방치된다. 하지만 다른 이들과 마찬가지로 노동자들 역시 지구 어딘가에서 만들어진 값싼 물품을 구매하는 처지다. 이런 조건 아래에서 소비자가 지출을 지속하려면 소비자 대출을 확대해야 한다. 그리고 살이 피둥피둥 찐 투자자는 피부색과 상관없이 시민-노동자를 놓고 제 살 깎아먹는 짓을 벌인다. 그중에서도 특히, 극도로 수탈적인 서브프라임 대출이나 고금리 단기 사채payday loans의 유혹을 받는 인종화된 채무자가 희생양이 된다. 즉 모든 수준에 걸쳐, 모든 지역에서, '부채'는 금융화된 자본주의 안에 새롭고 중대한 수탈 물결을 일으키는 엔진이다.

그리하여 현 체제에서 우리는 착취와 수탈의 새로운 얽힘, 그리고 정치적 주체화의 새로운 논리와 만난다. 종속적 피수탈 예속민과 자유로운 피착취 노동자를 확연히 가르던 과거의 분할 대신에 연속체가 등장한다. 한쪽 끝에서는 무방비 상태의 피수탈 주체의 무리가 증가하는 반면에, 다른 쪽 끝에서는 착취'만' 당하는 주체인 보호받는 시민-노동자 계층이 감소한다. 그리고 그 중간에는 새로운 등장인물, 즉 **수탈과 착취를 동시에 당하는 시민-노동자**가 자리한다. 형식적으로는 자유롭지만 너무도 취약한 상태인 이 새 등장인물은 더 이상 주변부 주민이나 인종적 소수집단에 한정되지 않는 표준적 존재가 된다.

그럼에도 불구하고 수탈/착취 연속체는 여전히 인종화된 채 남는다. 미국에서 보듯이, 유색인은 여전히 전체 스펙트럼의 수탈 쪽 가장자리에 과도하게 몰려 있다. 피부색이 검거나 갈색인 미국인은 오랫동안 대출을 거부당했고, 열악하고 격리된 주택에 갇혔으며, 저축을 하기에는 너무나 적은 임금만 받았다. 이들은 새 체제에서는 서브프라임 대출 제공자들의 체계적인 공략 대상이 되며, 그 결과 미국 내에서 가장 높은 비율로 주택을 압류

당했다. 마찬가지로 오랫동안 공적 재정 지원을 받지 못한 소수 집단 밀집지가 특히 공장 폐쇄의 충격을 받아 일자리를 잃었을 뿐만 아니라, 덩달아 세입원도 사라졌다. 이에 따라 학교, 병원, 기본 인프라 보수 등의 예산마저 사라졌고, 결국은 미시건주 플린트나 뉴올리언스의 로우어 나인스 워드* 같은 곳이 붕괴에 이르고 말았다. 마지막으로, 오랫동안 차별적 판결과 가혹한 감금, 강제 노동, 사회적으로 용인된 폭력(경찰에 의한 폭력을 비롯한)에 휘둘리던 흑인은 대거 징용당하는 신세가 됐다. 이른바 비판적 인종이론에서 '감옥-산업 복합체'라 명명한 곳으로 말이다. 이들은 소량의 크랙 코카인**을 타깃으로 삼은 '마약과의 전쟁' 탓에 수용 한계에 도달한 감금 시설에 갇혀 있는데, 수감자들 사이에서는 실업자 비율이 압도적으로 높다. 이렇듯 수탈/착취 결합체 내의 변동에도 불구하고 처벌을 즐기는 수탈 탐식가인 금융화된 자본주의 안에서 인종주의는 건재하다.

---

*   Lower Ninth Ward. 루이지애나주 뉴올리언스 시의 한 구역. 2005년 허리케인 카트리나로 인해 유색인 거주자들이 집중적으로 수해를 당한 곳이다.

**   그냥 '크랙crack'이라고도 불리는 흡연용 저가 코카인. 고가인 코카인은 백인 중산층의 전유물이었으나, 1980년대 초에 크랙 코카인이 등장하면서 유색인 공동체에서 코카인 중독자가 급증했다.

자본주의는 여전히 필연적으로
인종주의적인가?

이런 논의에서 도출되는 반인종주의의 이론과 실천은
무엇일까? 최근 수탈/착취 분할의 완화는 400년 동안 자본주의
의 인종적 억압에서 토대 노릇을 하던 구조가 마침내 해체되고
있음을 뜻하는가? 자본주의는 **더 이상** 인종주의적일 필요가 없
게 되었는가? 그리고 만약 그렇다면, 대중을 분열시키는 인종주
의의 힘 또한 해체되고 있는가?

여기에서 제시한 분석은, 자본주의 사회 안에서 역사적으로
인종주의의 구조적 토대 노릇을 하던 것이 (비록 완전한 소멸까지
는 아니더라도) 분명 무너지고 있음을 시사한다. 처음 등장했을 때
부터 지금까지 줄곧 자본주의에는 수탈과 착취가 모두 필요했
다. 하지만 과거에는 수탈과 착취가 분리돼, (피부색 경계선에 따라
분할된) 서로 구별되는 두 인구집단에게 따로 적용될 필요가 있
었다. 그런데 오늘날에는 이것이 더는 유효하지 않다. 오히려 현
체제는 거의 모든 무자산 상태의 성인을 임금노동에 징용하면
서도, 압도적 다수는 사회적으로 필요한 재생산 비용보다 적은
임금을 받는다. 공적 지원을 해체해 '사회임금'을 줄이는 바람에
막대한 수의 무자산 대중이 부채의 마수에 얽혀든다. 금융화된
자본주의는 이 불안정성을 보편화함으로써 거의 모든 이들을

착취하면서 동시에 수탈한다.

그럼에도 불구하고 자본주의의 이 국면에서도 인종적 억압은 건재하다. 유색인은 여전히 인종화되며, 빈민·실업자·노숙자가 되어 굶주리고 병들 가능성이 다른 이들보다 훨씬 높다. 범죄나 약탈 대출에 희생될 가능성, 감금되거나 사형 선고를 받을 가능성, 경찰이 괴롭히고 살해할 가능성, 총알받이나 성노예로 이용당하며 끝없는 전쟁에서 난민이나 '부수적 피해자collateral demage'*가 될 가능성, 자산을 박탈당하고 폭력·빈곤·기후변화가 야기하는 재앙을 피해 도주할 수밖에 없어 결국 국경 수용소에 갇히거나 바다에서 익사할 가능성 역시 마찬가지다.

이러한 사태 전개를 한데 합치면 한 가지 수수께끼가 제기된다. 한편으로 금융화된 자본주의는 이전 체제들에서 인종적 억압의 토대 노릇을 하던 정치-경제적 구조를 해체하고 있다. 그러나 다른 한편으로는 여전히 인종적 격차를 장착하며, 인종적 적대를 끓어오르게 만든다. 문제는 "왜 그러한가"이다. 왜 인종주의는 수탈과 착취의 엄격한 분리가 사라지는데도 살아남는가? 이제 수탈과 착취가 병행되는 객관적 조건을 공유하게 된 이들이 왜, 서로를 같은 배에 탄 동승자로 여기지 않는가?(그 배는 물

---

* 군사작전 과정에서 발생하는 우발적인 민간인 피해를 일컫는 말. 본래 군사 용어였으나, 현재는 전쟁의 처참한 피해를 가리는 냉담한 '오웰적' 용어로 자주 쓰인다.

이 새서 곧 침몰할 것처럼 보이는데 말이다.) 금융화된 자본주의의 수탈-착취 결합체가 자신에게 해를 끼치는데도 왜, 이에 맞서는 데 함께하지 않는가?

자본주의 역사의 초기 국면에 이런 동맹이 아주 드물었다는 사실은 전혀 놀랍지 않다. 과거에는 수탈과 착취의 인종화된 분리 탓에, 자본주의 중심부의 (이중으로) 자유로운 '노동자'는 자신들의 이익과 목적이 주변부(중심부 내의 주변부를 포함하여)의 종속적 예속민과 다르다고 여겼다. 그 결과 계급투쟁은 노예제나 제국주의, 인종주의에 맞선 투쟁과는 별개로 여겨졌다. 비록 둘이 직접 대립한다고까지 인식되지는 않았지만 말이다. 반대의 경우 역시 횡행했다. 인종적 억압을 극복하려는 운동은 대체로 '노동'과 동맹을 맺는 것은 꿈도 꾸지 못했고, 어떤 경우에는 경멸하기까지 했다. 그 결과 자본주의 역사 내내 해방 세력은 약해져만 갔다.

그러나 이것도 다 지난 일이다. 자본주의 사회 안에서 인종적 억압이 더 이상 엄격하게 필연적이지는 않은 오늘날, 그러면 이러한 동맹의 전망은 어떠할까? 이 책에서 나는 비관과 낙관이 혼재하는 예측을 내놓는다. 객관적으로 보면, 금융화된 자본주의는 과거 인종주의를 뒷받침했던 수탈/착취의 상호 분리를 완화시켰다. 하지만 주체의 측면에서 보면, 실제로는 새로운 형세 배열이 인종적 적대를 악화시킬 수도 있다. 적어도 단기적으로는 말이다. 수백 년간 이어진 인종화된 낙인과 폭력이 착취와 수탈의 대상을 찾는 자본의 걸신들린 욕구를 충족시켜주는 한, 불안정과 광기는 강화되고, 안전을 확보하려는 쟁탈전은 더욱 치열해지며, 인종주의는 더 악화하기 마련이다.

과거에 자본의 포식 행위에 맞설 방패가 있었던 이들의 상당수가 이제는 짐을 함께 들려는 의지를 별로 보이지 않는 것은 분명한 사실이다. 그들이 인종주의적이라서 그런 것은 아니다(물론 그들 가운데 일부가 인종주의적이기는 하다). 그들에게도 정당한 불만이 있다는 점 역시 분명하다. 보편적으로 수탈을 강제하는 사회 시스템을 폐지하려는 인종 교차적 운동이 부재한 상황에서, 이러한 불만은 대개 권위주의적 우익 포퓰리즘이 성장하는 것으로 표출된다. 오늘날 자본주의의 역사적 중심부에 속한 거의 모든 나라에서, 그리고 예전의 주변부에 속했던 몇몇 나라에서도 이러한 흐름이 만개하고 있다.

이 흐름들은 우리 시대의 '진보적 신자유주의'에 대한 예측 가능한 반작용을 보여준다. 진보적 신자유주의를 체화한 엘리트들은 냉소적으로 '공정'에 호소하면서도 수탈을 확대한다. 한때 '백인' 혹은 '유럽인' 지위 덕택에 최악은 면하도록 보호받던 이들에게 이제는 특혜 받는 지위를 버리라고, 불안정성의 증대를 받아들이고 폭력에 굴복하라고 말한다. 그리고 이들의 자산을 투자자에게 몰아주면서도 그 대가로 이들에게는 도덕적 찬사 외

에는 아무것도 주지 않았던 것이다.[15]

이러한 맥락에서 탈인종주의 사회의 정치적 전망은, 인종주의의 구조적 균열 가능성에도 불구하고, 그다지 장밋빛이 아니다. 인종 교차적 동맹은 수탈과 착취의 분리가 완화된 새로운 형세배열이라고 해서 자연발생적으로 출현하는 것은 아니다. 오히려 포식자가 우글거리는 금융화된 자본주의의 사악한 세상에서는 인종적 적대가 늘어난다. 원리상으로는 비인종적 자본주의가 가능할 수도 있겠지만, 오래도록 침전된 성향과 격화된 불만, 냉소적인 교묘한 조작 등의 치명적인 결합 탓에 실제로는 이런 형태의 자본주의의 등장이 차단되는 것으로 보인다.

하지만 이에 대해 비탄에 빠지기 전에, 현 상황에서 비인종적 자본주의가 정확히 무엇을 의미할 수 있는지부터 따져봐야 한다. 어떤 해석에 따르면, 이는 한편으로 유색인이 그 인구수에 비례해 글로벌 금융의 관제고지에 진출하거나 정치적 실력자가 되고, 다른 한편으로는 수탈과 착취를 당하는 이들 사이에서도 인구수에 맞게 포진하는 체제라고 한다. 하지만 이런 가능성은 반인종주의자에게는 그다지 위안거리가 못 되는데, 이 상황에서 유색인 중 대다수는 다른 이들에 비해 생활 조건이 계속 악화할 것이기 때문이다. 이런 유형의 비인종적 자본주의는 급증하는 불평등 안에서 격차를 조절함으로써 기껏해야 (인종적 증오가 치솟는 상황에서) 제 살 깎아먹기의 기회균등을 실현할 뿐이다.

여기에서 내가 전개한 분석은 그보다 급진적인 변혁이 긴급하게 필요함을 보여준다. 진보적 신자유주의자들의 주장과 달리, 인종주의는 제 살 깎아먹기의 기회균등으로는 격퇴되지 못한다. 또 통상적 자유주의자들이 주장하는 것 같은 법률 개정을 통해서도 불가능하다. 마찬가지로, 흑인 민족주의자들에게는 실례되는 이야기이지만, 기업 유치 정책이나 지역사회 통제 혹은 자결권도 해결책이 아니다. 또한 전통적 사회주의자들의 주장처럼 착취에 집중한다고 하여 인종화된 대중을 해방시킬 수 있는 것도 아니며, 어떤 피부색의 노동 대중도 그렇게는 해방되지 못한다. 오히려 앞서 말한 것처럼, 착취와 체계적인 연계를 맺고 있는 수탈까지도 공격 목표로 삼아야 한다. 실제로 우리에게 필요한 것은 자본주의의 강고한 수탈-착취 결합체를 극복하는 일이며, 그 기반 전체를 변형시키는 것이다. 그리하여 수탈-착취 공생을 유발하는 더 큰 시스템을 철폐함으로써 자본주의의 수탈과 착취 모두를 근절하는 것이다.

오늘날 인종주의를 극복하려면, 이런 변혁의 쟁취를 목표로 삼는 인종 교차적 동맹이 필요하다. 이 동맹은 구조 변화의 결과로 저절로 출현하지는 않으며, 꾸준한 정치적 노력을 통해서만 구축될 수 있다. 그러려면 금융화된 자본주의에서는 착취와 수탈이 공생한다는 것을 강조하는 시각이 반드시 필요하다. 이런 시각은 착취와 수탈의 상호 중첩을 폭로하면서, 착취든 수탈이든 홀로 극복될 수 없음을 알려준다. 둘의 운명은 함께 묶여 있다. 한때 뚜렷이 분할되어 있던, 그러나 이제는 불편하게 가까워진 인구집단들의 운명 역시 마찬가지다.

피착취자가 피수탈자이기도 하고 피수탈자가 피착취자이기도 한 오늘날에는 마침내 둘 사이의 동맹을 구상할 수 있을지 모른다. 어쩌면 금융화된 자본주의는 착취와 수탈의 경계선을 희석시킴으로써 이 둘 모두를 폐지할 물적 토대를 창출하고 있을수도 있다. 하지만 그럼에도 불구하고, 이 기회를 놓치지 않고 그 역사적 '가능성'을 현실적인 역사적 '힘'(해방으로 나아가는)으로 전환시키는 것은 우리에게 달려 있다.

이 목적을 달성하기란 어쨌든 쉽지 않을 것이다. 게다가 자본주의 사회의 또 다른 몇몇 구조적 측면을 고려해보면, 이는 더욱 복잡해진다. 제1장에서 본 것처럼, 인종화된 수탈은 자본주의 사회의 뿌리 깊은 지배 형태 중 유일한 예가 아니다. 우리가 찾아낸 다른 감춰진 장소들에, 또 다른 불의들(정치적·생태적·사회-재생산적)이 존재하며, 인종화된 수탈은 이들과 깊이 얽혀 있다. 인종주의를 충분히 이해하려면 그러한 불의들 또한 이해해야 한다. 그러므로 나는 다음 장에서, 생산과 재생산의 구조적 분리에서 비롯된 젠더화된 형태의 제 살 깎아먹기로 눈길을 옮기고자 한다.

3

돌봄 폭식가:
생산과 재생산,
젠더화된 위기

왜 사회적 재생산이
자본주의 위기의 중심 무대인가

자본은 인종화된 인구집단의 부를 먹잇감으로 삼을 뿐만 아니라 '돌봄'을 폭식하기도 한다.[1] 자본의 식인성이 지닌 이 측면은 오늘날 광범한 사회적 탈진과 시간 빈곤을 통해 표출되는데, 이것들은 사회 현실에 구조적 토대를 둔 경험들이다. 실제로 우리의 사회 시스템은 흔히 돌봄 활동이라 일컫는 활동에 필요한 에너지를 갉아먹고 있다. 이를테면 가정에 관심을 기울이고 가계를 유지하며, 공동체를 떠받치고 우애를 꽃피우며, 정치적 네트워크를 구축하고 연대를 다지는 일 등이다. 이런 활동은 사회에 없어서는 안 될 요소다. 일상에서든 세대 간에든, 인간 존재를 보충하면서 동시에 사회적 유대를 유지시킨다. 게다가 자본주의 사회에서는 이를 통해 노동력의 공급이 보장된다. 자본이 잉여가치를 빨아들이는 대상인, 상품화된 노동력 말이다. 그러므로 내가 '사회적 재생산'이라 부르는 이런 활동이 없다면 생산도 이윤도 자본도 없으며, 따라서 경제도 문화도 정치도 있을 수 없다.

실로 어떤 사회도(자본주의 사회든 아니든) 사회적 재생산을 놓고 제 살 깎아먹는 짓을 벌인다면 결코 오래 버틸 수 없다고 장담한다. 하지만 자본주의의 현재 형태가 벌이고 있는 짓은, 남을 돌보는 활동에 쏟아부어야 할 정서적·물질적 자원을 별 필요도 없는 활동에 전용하는 것이다. 물론 대기업에게는 돈 보따리를 안겨주겠지만 말이다. 그 결과 자본주의에 심각한 위기가 나타나고 있으며, 이는 돌봄만이 아니라 더 넓은 의미에서 사회적 재생산의 위기이기도 하다.

이 위기만큼이나 심각한 것은, 이것이 더 거대한 현상, 즉 먹잇감을 향해 달려드는 포식자의 광란이 발현되는 여러 사례 가운데 하나일 뿐이라는 점이다. 오늘날 자본은 사회적 재생산뿐만 아니라 공적 권력과 정치적 역량을 놓고도 제 살 깎아먹는 짓을 벌이며, 자연과 인종화된 대중도 그 대상으로 삼는다. 그 결과는 우리 사회 질서 전체의 전반적 위기다. 그리고 이 위기의 여러 지류支流들이 상호 교차하며 서로를 더욱 악화시킨다.

하지만 현재 대부분의 논의는 주로 자본주의 위기의 경제적 측면이나 생태적 측면에 집중하면서, (그 긴급성과 중요성에도 불구하고) 사회적 재생산의 측면을 무시한다. 이는 분명 성차별과 연관되어 있으며, 우리가 도전에 제대로 맞서지 못하게 가로막는다. '돌봄' 위기는 지금의 광범한 위기에서 너무도 중심적인 측면이라, 이를 생략하고는 다른 어떤 측면도 제대로 이해할 수 없다. 그 역도 마찬가지다. 사회적 재생산의 위기는 외따로 떨어져 있지 않으며, 그것 자체만으로는 온전히 파악될 수 없다. 그럼 어떻게 해야 이를 제대로 이해할 수 있을까?

나는 현재의 '돌봄 긴장'을 자본주의에 내재한 사회-재생산 모순의 첨예한 표현으로 해석하자고 제안한다. 이는 두 가지 발상을 담고 있다. 첫째, 현재의 돌봄 긴장은 우발적인 게 아니라, 앞에서 내가 '금융화된 자본주의'라 칭한 현 사회 질서에 구조적으로 깊이 뿌리내린 것이다. 둘째, 그럼에도 불구하고 작금의 사회적 재생산 위기는 자본주의 시스템의 현재 형태만이 아니라 자본주의 자체에서 뭔가가 썩어가고 있음을 말해준다. 그러므로 현재의 신자유주의만이 아니라 자본주의 자체가 변혁되어야만 한다.

즉, 나는 모든 형태의 자본주의 사회가 심층의 사회 모순이나 위기 경향을 장착하고 있음을 주장하는 것이다. 사회적 재생산은 한편으로는 지속적인 자본 축적의 필수적 배경이며, 다른 한편으로는 무한히 축적하려는 자본의 충동 자체가 (자신이 의지하는 바로 그) 사회-재생산 활동들을 놓고 제 살 깎아먹는 짓을 하게 만든다. 이른바 돌봄 위기의 뿌리에는 이러한 자본주의의 사회적 모순이 내재하고 있으며, 자본주의 사회의 역사적으로 특수한 형태마다 구별되는 독특한 외양을 띤다. 오늘날 우리가 겪는 돌봄 결핍은 이 모순이 자본주의 발전의 현 국면, 즉 금융화된 국면에서 취하는 형태다.

생활세계에
무임승차하기

그 이유를 살펴보려면, 자본주의의 내적 모순에 관한 우리의 인식을 확장해야 한다. 대다수 분석은 자본주의 시스템의 경제에 내재한 모순을 강조한다. 이에 따르면, 자본주의 경제의 핵심에는 '자기 불안정화'의 내적 경향이 있으며, 이는 주기적인 경제 위기, 즉 주식시장 폭락, 경기 순환, 대공황 등으로 표출된다. 이 관점은 그 자체로는 옳다. 그러나 자본주의라는 사회 시스템의 결정적 측면, 즉 경제를 넘어선(혹은 경제 이면의) 영역의 부를 놓고 제 살 깎아먹는 짓을 벌이려는 자본의 충동을 간과한다는 점에서 완전한 그림을 제공하지는 못한다. 하지만 이는 앞에서 제시한 확장된 자본주의관을 받아들이게 되면 곧바로 교정된다. 이 관점은 공식 경제만이 아니라 비-경제적 배경조건들까지 포괄하기 때문에, 사회적 재생산을 포함해 자본주의의 모순을 폭넓게 개념화하고 비판할 수 있게 해준다.

자본주의 경제는 사회적 유대를 생산하고 유지하는 필수재 공급이나 돌봄 제공, 상호작용 등의 활동에 화폐화된 가치를 부여하지 않고 마치 무상인 듯 취급하면서도 이에 의존한다. 아니, 이렇게 말해도 좋다면 무임승차한다. '돌봄', '감정노동', '주체화' 등으로 다양하게 불리는 이 활동은 자본주의의 인간 주체를 형성하고, 이들을 신체화된 자연적 존재로 유지시킴과 동시에 사회적 존재로 구성하여 이들의 아비투스와 문화적 에토스를 형성한다. 이 과정에서는 새 세대를 낳고 사회화하는 일뿐만 아니라, 노인을 돌보고 가계를 유지하며 공동체를 구축해 사회적 협력을 뒷받침하는 공동의 의미·정서·가치 지평을 지탱하는 일 역시 중요하다.

이렇게 광범하게 이해될 경우 사회적 재생산 활동은 모든 사회에 필수적이다. 하지만 자본주의 사회에서 이는 또 다른, 좀 더 특수한 기능을 수행한다. 자본이 잉여가치를 획득하기 위해 착취할 노동력 보유 계급을 생산하고 보충하는 일이 그것이다. 말하자면 아이러니하게도 돌봄 활동은 자본주의 시스템이 '생산적'이라 부르는 노동을 생산하지만, 그 자체는 '비생산적'이라 간주된다. 물론 돌봄 활동의 전부는 아니더라도 다수가 공식 경제의 가치-축적 회로 바깥에 자리하는 것은 사실이다. 이를테면 가정, 마을, 시민사회 기구, 공공기관 등이다. 그리고 돈을 받고 수행하는 경우에조차 자본주의적 의미에서 '생산적'인 돌봄 활동은 상대적으로 적다.

그러나 돌봄 활동이 이뤄지는 장소가 어디인지, 보상으로 돈을 받는지 여부와는 상관없이, 사회-재생산 활동은 자본주의의 작동에 필수적이다. 생산적이라 간주되는 임금노동도, 이로부터 추출되는 잉여가치도, 돌봄 활동이 없다면 있을 수 없다. 자본이 자신에게 필요한 만큼의 양과 질을 갖춘 노동력을 확보할 수 있는 것은 오로지 가사와 육아, 학교 교육, 정서적 돌봄, 그리고 일군의 관련 활동들 덕분이다. 즉, 사회적 재생산은 자본주의 사회에서 경제적 생산의 필수 전제조건이다.[2]

하지만 늦어도 산업화 이후로는 자본주의 사회에서 사회적 재생산 활동이 경제적 생산 활동과 분리됐다. 자본주의 사회는 사회적 재생산 활동은 여성과, 경제적 생산 활동은 남성과 결부시킴으로써 특정한 정서적 분위기가 재생산 활동을 에워싸도록 만들었다. 그 정서란, 사회적 재생산 활동은 그만의 독특한 보상만 있으면 된다거나, 만약 그렇지 못할 경우에도 쥐꼬리만 한 보수만 받으면 된다는 것이다. 직접적으로 자본을 위해 일하면서 (이론상으로는) 노동자가 살아갈 수 있을 만큼 임금을 받는 활동과는 구별되는 것이다.

이런 방식으로 자본주의 사회는 여성 종속의 새로운 근대적 형태를 위한 제도적 토대를 수립했다. 과거 인간 활동의 더 큰 우주에서는 여성의 일이 일정한 지위를 인정받았지만, 자본주의는 여기에서 재생산 노동을 따로 떼어낸 뒤 이를 새롭게 제도화된 가정 공간과 결부시켰다. 이제 이 공간은 사회적 중요성이 탈색된 채, '여성다움'이라는 새로 발명된 관념의 안개에 가려지게 되었다. 그리고 화폐가 권력의 1차적 매체가 된 새 세상에서는, 돈을 받지 못한다거나 적은 돈만 받는다는 점이 중요한 진실을 은폐하는 역할을 했다. 즉 재생산 활동 덕분에 임금노동이 이뤄질 수 있는 것임에도, 이런 필수적인 재생산 활동을 수행하는 이들이 생계임금을 벌어오는 이들(공식 경제에서 잉여가치를 낳는 노동을 하는)에게 구조적으로 종속된다는 진실 말이다.

다시 말해, 일반적으로 자본주의 사회는 사회적 재생산과 경제적 생산을 분리하여, 전자를 여성과 결부시키고 그 중요성과 가치가 눈에 잘 띄지 않게 만든다. 하지만 역설적이게도 자본주의 사회는 바로 그 사회적 재생산 과정에 의존해 공식 경제를 만들어낸다. 이러한 **분할**division + **의존**dependency + **책임 회피** disavowal의 별난 관계야말로 **불안정화**destabilization를 야기하는 비법이다. 실제로 D로 시작하는 이 네 단어는 모순을 압축한다. 자본주의의 경제적 생산이 사회적 재생산에 크게 의존함에도 불구하고, 무한히 축적하려는 자본주의의 충동이 바로 그 재생산 과정과 역량을 불안정하게 만들 위험이 있다는 것이다. 앞으로 살펴보겠지만, 그 장기적 결과는 자본주의 경제에 필수 불가결한 사회적 조건들에 닥치는 주기적 위험이다.

요컨대 여기에 자본주의 사회의 제도적 구조에 깊이 뿌리내린 '사회적 모순'이 있다. 마르크스주의자들이 강조한 경제적 모순과 마찬가지로, 이 사회적 모순 역시 위기 경향의 토대 구실을 한다. 하지만 이 경우에 문제는 자본주의 경제 '내부'가 아니라 생산과 재생산을 분리하는(그러면서 연결하는) '경계'에 위치한다. 이 모순은 경제-내부도 가정-내부도 아닌, 두 영역에 각기 존재 하는 규범적 문법 및 행동 논리 사이에서 충돌을 야기한다. 물론 이 모순은 잘 감지되지 않을 때가 잦으며, 이와 결부된 위기 경 향 역시 눈에 잘 띄지 않는다. 하지만 축적을 확대하려는 자본의 충동이 사회적 토대에서 벗어나 이와 충돌하기 시작할 때 모순 은 첨예해진다. 이런 일이 벌어지면, 경제적 생산의 논리가 사회 적 재생산의 논리를 압도함으로써 자본이 의존하는 바로 그 과 정이 불안정에 빠지며, 장기간 축적을 지속하는 데 필요한 사회 적 역량이 가정 영역에서든 공적 영역에서든 손상을 입는다. 자 본 축적이 이뤄질 수 있게 하는 그 조건을 파괴하면서 자본 축적 역학은 마치 우로보로스를 흉내 내듯 자기 꼬리를 먹는다.

자본주의 돌봄 폭식증의
역사적 발작

이 사회적 모순은 일반적으로 자본주의에 고유한 특징 으로서, 그 DNA에 새겨져 있다. 그러나 이는 자본주의 시스템 발전의 여러 국면마다 다른 형태를 띤다. 실제로 사회적 재생산의 자본주의적 조직화는 중대한 역사적 변천을 겪었으며, 이는 많은 경우 정치적 쟁투의 결과였다. 특히 위기 시기에 사회적 주체들은 경제와 사회, 생산과 재생산, 일과 가족을 나누는 경계선을 둘러싸고 투쟁했으며, 때로 그 경계선을 새롭게 긋는 데 성공했다. 제1장에서 '경계투쟁'이라 이름 붙인 이런 투쟁은 좌파가 자주 특권화한 생산 지점 투쟁만큼이나 자본주의 사회에서 중심을 이루며, 두 투쟁은 서로 뒤엉킨다. 그리고 경계투쟁이 만들어내는 변동은 새 시대를 여는 변혁으로 기록된다.

이런 변동을 중요시하는 시각에 따르면, 우리는 자본주의 역사에서 사회적 재생산 및 경제적 생산의 네 가지 체제를 구별할수 있다. 이들 체제는 제2장에서 탐구한 인종화된 축적 체제들의 연쇄와 조응하며, 둘은 상호 교차하며 중첩된다. 이 장에서도 우리는 16세기에서 18세기에 걸친 중상주의적 자본주의 체제, 19세기의 자유주의-식민주의 체제, 20세기 중반의 국가-관리체제, 우리 시대의 금융화된 자본주의 체제와 만난다. 하지만 여기에서 초점은 사회적 재생산 활동이고, 각 국면마다 이것이 어떻게 조직되며 어디에 위치하는가 하는 것이다. 사회적 재생산 활동을 수행하는 이들의 위상은 가족 구성원인가, 개별 가정에서 일하는 (무급이나 저임금의) 하인인가, 영리기업의 피고용자인가, 지역사회 운동가나 시민사회 자원활동가인가, 월급쟁이 공무원인가?

각 체제마다 이 물음의 대답은 달라졌다. 이에 따라 경제적 생산의 사회-재생산 조건도 각 시기마다 다른 외양을 띠게 되었다. 그랬기에 자본주의의 사회적 모순이 발현되는 계기가 된 위기 현상도 시기마다 달랐다. 결국 각 체제마다 이 모순은 서로 다른 사회적 투쟁을 촉발했다. 이는 물론 계급투쟁이었지만 또한 경계투쟁이기도 했고, 앞으로 살펴보겠지만, 또한 해방을 위한 투쟁이었다.

식민화와 가정주부화

우선 16세기부터 18세기까지 이어진 중상주의적 자본주의 체제를 살펴보자. 막 부상하고 있던 제국-상업 중심부에서 이 체제는 사회적 유대를 창조하고 유지하는 일을 그때까지 해오던 방식 그대로 두었다. 즉 마을·가정·확대된 친족 네트워크를 무대로 삼으며, 관습과 교회에 의해 지역적으로 조절되고, 국민국가 활동과는 멀찍이 떨어져 있으며, 상대적으로 가치 법칙의 영향도 받지 않았다. 하지만 동시에 이 체제는 주변부의 전前자본주의적인 사회적 유대를 폭력적으로 뒤엎어버렸다. 즉 가족·공동체·친족의 정情 따위는 냉혹하게 무시하며, 농민을 약탈하고, 아프리카인을 노예로 삼으며, 토착민에게서 자산을 박탈했다. 이에 뒤따른 저항은 자본주의 역사에서 사회적 재생산을 둘러싼 투쟁의 첫 번째 국면이었다.

주변부의 사회성sociality에 대한 대규모 공격은 19세기의 이른바 자유주의적 자본주의 아래에서도 계속됐으며, 이 시기에 유럽 국가들은 식민 통치를 강화했다. 그러나 식민 본국에서 상황은 극적으로 변했다. 자본주의 중심부의 초기 제조업 중심지에서 공장주들은 여성과 아동의 노동이 저렴하고 다루기 쉽다는 평판에 군침을 삼키며 이들을 공장과 광산에 강제로 몰아넣었다. 쥐꼬리만 한 임금에 비위생적인 환경에서 장시간 일하면서, 아동과 여성 노동자는 자본의 생산성을 떠받쳐주는 사회관계와 역량[사회적 재생산 관련]에 대한 자본의 무시를 상징하게 되었다.[3] 이에 따라 생산과 재생산이라는 두 지상명령은 서로 직접적으로 모순되는 모습을 보였다.

그 결과 최소한 두 차원에서 위기가 발생했다. 하나는 생계를 유지하고 보충하는 역량이 한계점에 도달한 빈민과 노동계급의 사회적 재생산 위기이고, 다른 하나는 가족 파괴와 프롤레타리아 여성의 중성화de-sexing*에 분개한 중간계급 내부의 도덕적 패닉이다. 이 상황이 너무나 긴박했던 탓에, 마르크스

---

* 당시 중간계급 남성들은 노동 현장에 뛰어든 여성들이 '여성다움'을 잃어간다며('중성화') 개탄했다.

와 엥겔스 같은 영민한 비판가들조차 경제적 생산과 사회적 재생산 사이에 나타난 초기의 정면충돌을 철저히 오판했다. 자본주의가 최종적 위기에 진입했다고 상상한 마르크스와 엥겔스는 자본주의 시스템이 노동계급 가족의 골수까지 빨아먹는 과정에서 여성 억압의 토대 또한 근절하리라 믿었다.[4] 그러나 실제 일어난 일은 정확히 그 반대였다. 즉, 오랜 시간을 들여 자본주의 사회는 이 모순을 관리할 자원을 찾아냈다. 근대적인 제한적 형태로 '가족'을 재창조한 것이 그 방법이었고, 젠더 차이의 새롭고 더 강화된 의미를 발명해 남성 지배를 근대화한 것 등도 그런 방법들이었다.

유럽 중심부에서는 그 조정 과정이 '보호입법*'과 함께 시작됐다. 그 의도는 공장 노동에서 여성과 아동의 착취를 제한해 사회적 재생산을 안정화하려는 것이었다.[5] 초창기의 노동자 조직과 동맹한 중간계급 개혁가들이 선두에 서서 추진한 이 '해법'은 다양한 동기의 복잡한 혼합물이었다. 그중 하나는 자유시장주의자와 사회보호주의자가 대립하는 근본적 투쟁(경제사학자이자 인류학자인 칼 폴라니Karl Polanyi가 '이중운동'이라 칭한) 속에서 '사회를

---

* 산업혁명 이후 아동과 여성에 대한 노동 착취가 극심해지자 19세기 벽두부터 영국에서는 노동시간과 노동조건을 법률로 규제하자는 목소리가 높아졌다. 그 결실 중 하나가 여성과 아동의 노동시간을 10시간 이내로 제한한 1847년의 공장법이다. 이런 일련의 개혁을 '노동보호입법'이라 한다.

경제로부터 보호'하는 것이었다.[6] 또 하나의 동기는 '성 평등화'를 향한 불안을 진정시키는 것이었다. 그러나 이런 동기들은 다른 요소와도 뒤엉켰다. 그것은 특히 가족 내에서 여성과 아동에 대한 남성성의 권위를 강조하는 것이었다.[7] 그 결과 사회적 재생산을 흠 없이 유지하려는 투쟁은 남성 지배의 옹호와 얽히게 되었다.

하지만 애초에 의도했던 결과대로, 자본주의 중심부의 사회적 모순이 잘 감지되지 않게 됐고, 심지어 주변부에서 노예제와 식민주의 탓에 모순이 절정으로 치달을 때에도 중심부는 조용했다. 자유주의-식민주의적 자본주의는 식민화의 동전 반대 면으로서 남/녀 영역 분리에 맞는 새로운 젠더상을 정밀하게 구성했다(페미니스트 사회학자 마리아 미즈Maria Mies는 이를 '가정주부화'라 불렀다).[8] 그 주창자들은 여성을 '집 안의 천사'라 표현하며 경제의 변덕스러움에 맞설 안전판을 창조하려 애썼다. '무정한 세상 속의 천국'이 살벌한 생산 세계를 지키기 위해 측면 방어에 나섰다.[9] 사회적 재생산과 경제적 생산이 각각 지정된 영역에 머물며 서로를 보완하는 역할을 하는 한, 둘 사이의 잠재적 갈등은 잘 감추어졌다.

하지만 현실에서는 이 '해법'이 삐걱거리고 있음이 드러났다. 임금이 가족을 지탱하는 데 필요한 수준보다 계속 낮았던 시대, 불결한 환경에 다닥다닥 모여 사는 싸구려 공동주택이 사생활을 방해하고 출산을 위협하며 건강과 수명을 손상시키던 시대, 고용 자체가 파산·시장 붕괴·금융 패닉으로 인한 급격한 경기 변동에 휘둘리던 시대에 보호입법만으로 노동의 재생산을 보장 하기란 불가능했다. 이런 제도배열은 노동자를 만족시키지 못했 다. 노동자는 임금 인상과 노동조건 개선을 선동하며 노동조합 을 결성해 파업에 나섰으며, 노동자 정당 또는 사회주의 정당에 입당했다. 점점 더 격렬하게 확산되는 계급 갈등으로 갈가리 찢 긴 상태에서, 자본주의의 미래는 암울해 보이기만 했다.

영역 분리 역시 문제를 안고 있음이 드러났다. 가난하고 인 종화된 노동계급 여성은 가정생활의 빅토리아 시대식 이상을 충족시킬 처지가 못 되었다. 보호입법이 그들의 직접적 착취 를 완화해주기는 했지만, 저임금에 대한 보상책이나 물질적 지 원은 제공하지 못했다. 그렇다고 빅토리아 시대의 이상을 따를 수 있었던 중간계급 여성이라고 하여 항상 자기 처지에 만족했 던 것은 아니다. 그들이 누린 물질적 안락과 도덕적 위신은 법 률적 소수자성이나 제도화된 종속과 결부돼 있었다. 즉 노동계 급 여성이든 중간계급 여성이든, 영역 분리 '해법'은 많은 부분 여성의 희생을 전제로 한 것이었다. 그러나 이는 노동계급 여 성과 중간계급 여성을 서로 대립시키기도 했다. 빅토리아 시대 중간계급 여성의 박애주의적 관심이 '타락한 자매들'의 물질적 이해관계와 대립했던 19세기 매춘 관련 투쟁이 그 대표적인 사

례다.[10]

주변부에서는 이와는 다른 역학이 펼쳐졌다. 자원 추출 식민주의가 피정복민을 황폐하게 만든 그곳에서는 영역 분리도, 사회적 보호도 통하지 않았다. 토착적인 사회적 재생산 관계를 보호하기는커녕 식민 지배국은 이를 파괴하도록 적극 장려했다. 값싼 식량, 직물, 광물, 에너지를 공급하느라 농민은 노략질당했고 농민 공동체는 망가졌는데, 이런 전리품이 없었다면 식민 본국의 산업 노동자를 착취하더라도 이윤이 시원치 않았을 것이다. 한편 아메리카 대륙에서는 여성 노예의 재생산 능력이 폭력적으로 점유돼 농장주의 이윤 계산에 맞춰 이용됐고, 노예 가족은 각기 다른 소유주에게, 게다가 많은 경우 아주 먼 곳의 소유주에게 팔려나가면서 갈가리 찢기는 것이 다반사였다.[11] 선주민 자녀 역시 공동체에서 유리됐고, 선교사 학교에 징용됐으며, 백인에게 동화되라는 강압적 훈육에 맡겨졌다.[12] 식민 지배 세력의 옹호자들은 이에 대한 합리화의 논리로, 비서구 젠더 관계의 후진적이고 가부장적인 상태와 달리 토착민 여성의 권리가 놀랍도록 향상됐다는 사실을 손쉽게 근거로 들 수 있었다. 이러한 정당화는 박애주의적 영국 여성들이 공적 연단을 확보해 '백인 남성이 갈색 여성을 갈색 남성에게서 구원해야 한다'고 호소한 식민지 인도에서 특히 효과 만점이었다.[13]

중심부든 주변부든 당시 상황에서 페미니스트 운동은 정치적 지뢰밭을 헤쳐가는 처지였다. 자유주의 페미니스트들은 법률상 부인으로 제한된 지위와 영역 분리를 거부함과 동시에 투표권, 섹스를 거부할 권리, 독자적 재산권, 계약 체결권, 전문직에 종사할 권리, 자기가 번 임금은 자기가 통제할 권리를 요구하면서, 여성답다고 치부되던 양육의 이상보다 남성적이라 규정된 자율성을 향한 열망에 더 높은 가치를 부여했다. 그리고 이 점에 관해서는, 다른 쟁점에서는 일치점이 거의 없었던 그들의 경쟁자 사회주의-페미니스트들도 사실상 동의했다. 사회주의-페미니스트들 역시 여성이 임금노동에 진출하는 것을 해방으로 나아가는 여정이라 인식하면서, 재생산이 내포하는 가치보다는 생산과 결부된 가치를 선호했다. 이렇게 젠더화된 연상 작용은 당연히 이데올로기적이었지만, 그 이면에는 심오한 직관이 있었다. 자본주의에서 전개되는 전통적 친족관계의 침식은 비록 새로운 형태의 지배를 수반하기는 하지만 해방적 계기를 담고 있기도 하다는 것이었다.

이 상황에서 페미니스트들은 이중 구속에 봉착했다. 많은 페미니스트들이 폴라니의 이중운동 중 어느 쪽에서도 대단한 위안은 얻지 못했다. 남성 지배가 고착된 사회보호의 축도, 사회적 재생산을 경시하는 시장화의 축도 그들에게 별 도움이 되지 못했다. 자유주의 질서를 단순히 거부할 수도 없고 전적으로 수용할 수도 없었던 일부 페미니스트들은 자기네가 '해방'이라 이름

붙인 제3의 지향을 발전시키려 했다. 페미니스트들이 이 지향을 내실 있게 체현할수록 폴라니의 이원적 도식을 내파하여 삼중 운동으로 변형시키는 효과를 냈다.[14] 이 삼원적 갈등에서 사회보호의 지지자들과 시장화의 지지자들은 서로 충돌할 뿐만 아니라 해방의 지지자들과도 충돌한다. 해방의 지지자에는 물론 페미니스트가 있지만 사회주의자, 노예제 폐지론자, 반식민주의자도 포함되는데, 이들 모두는 서로 대립하는 폴라니 식의 두 축[시장화와 사회보호]과 결승전을 벌이려고 분투하며, 심지어는 해방의 지지자들끼리 서로 충돌할 경우에조차 그러하다.

하지만 이론의 측면에서는 앞길이 탄탄하더라도 실제로 이런 전략을 실행하기란 쉽지 않았다. '경제에 맞서 사회를 보호'하려는 노력이 젠더 위계제 옹호와 동일시될 경우, 남성 지배에 맞서는 페미니스트의 저항은 노동계급과 주변부 공동체를 황폐하게 만드는 경제적 힘을 지지하는 것으로 인식되기 쉬웠다. 놀랍게도 이러한 연상 작용은 이후 오랫동안 지속되었다. 자유주의-식민주의적 자본주의가 자체의 수많은 모순을 이기지 못해 제국주의 국가 간 전쟁, 경제 공황, 국제적 금융 카오스 같은 단말마의 고통 끝에 무너지고 20세기 중반 새 체제에 자리를 내준 뒤까지도 이 연상 작용은 그 내구성을 과시하게 된다.

포드주의와
가족임금

이제 국가-관리 자본주의로 넘어가보자. 대공황과 제2차 세계대전의 잿더미에서 출현한 이 체제는 경제적 생산과 사회적 재생산 사이의 모순을 완전히 새로운 방식으로 진정시키려고 노력했다. 즉, 사회적 재생산에 국가권력을 동원하는 방식을 찾은 것이다. 이후 '사회복지'라 알려지게 될 영역에 대한 일정한 공적 책임을 받아들임으로써, 국가는 착취와 대량 실업이 사회적 재생산에 가하는 부식 효과에 대처하려 했다. 그리고 자본주의 중심부의 민주적 복지국가와 새로 독립한 주변부의 발전국가 모두 이 목표를 수용했다. 물론 이를 실현할 역량에는 큰 격차가 있었지만 말이다.

다시 한 번, 여러 동기들이 한데 섞였다. 개명한 일군의 엘리트들은 이윤을 극대화하려는 자본의 단기적 이해관계가 축적을 오래도록 지속시켜야 한다는 장기적 요청에 종속되어야 한다고 믿었다. 국가-관리 체제의 수립은 대중운동 극성기에 출몰한 혁명의 유령에서 자본주의 시스템을 구해내는 것일 뿐만 아니라, 스스로를 불안정에 빠뜨리는 자본주의 자체의 성향으로부터 구해내는 것이기도 했다. 생산성과 수익성을 실현하려면, 혁명을 부르짖는 오합지졸에 반대하며 시스템에 자기 지분을 지니는,

건강하고 교육받은 노동력의 생명정치적 양성이 필요했다.[15] 노동계급이 더는 독자적인 재생산 수단을 소유하지 못할 정도로 자본주의적 관계가 침투한 시대에는 공공 당국이 보건, 학교, 보육, 노령연금에 투자하고 대기업이 이를 보완하는 것이 반드시 필요했다. 이런 상황에서 사회적 재생산은 자본주의 질서의 공식 관리 영역으로 옮겨져 내부화되어야 했다.

이 프로젝트는 경제적 '수요'라는 새로운 문제설정과 긴밀히 관련되었다. 경제 개혁가들은 자본주의의 고질병인 경기 순환을 완화하려는 목적에서, 자본주의 중심부의 노동자가 '소비자'라는 또 다른 임무를 수행할 수 있게 함으로써 부단한 성장을 보장하려 했다. 노동조합 조직화(임금 인상을 불러온)와 공공부문 지출(일자리를 창출한)을 받아들인 정책 결정권자들은 이제 대량생산된 일상 생활용품의 국내 소비를 위한 사적인 공간으로서 '가계'를 재발명했다.[16] 한편으로는 공장의 조립 라인을 가족 소비주의와 연결하고 다른 한편으로는 국가가 재생산을 지원함으로써, 이러한 포드주의 모델은 전에 없던 시장화와 사회보호의 종합을 만들어냈다. 이 프로젝트는 폴라니가 제시한 도식의 반명제라 할 수 있었다.

그러나 공적 지원을 쟁취하려는 투쟁의 선두에 선 것은 누구보다도 노동계급 여성·남성이었다. 이들은 투쟁에 나설 나름의 이유가 있었다. 노동계급 여성과 남성에게 중요한 과제는 민주적 시민으로서 온전한 사회 구성원이 되는 것이었다. 그러자면 존엄성·권리·존경받을 만한 자격뿐만 아니라 안전과 물질적 안녕이 필요했는데, 이 모두는 안정적인 가정생활을 통해서만 이뤄질 수 있다고 인식됐다. 즉 노동계급은 사회민주주의를 받아들임으로써, 모든 것을 집어삼키는 경제적 생산에 맞서 사회적 재생산의 가치를 지키는 역할을 하기도 했다. 그들은 사실상 공장·시스템·기계에 맞서, 가족·조국·생활세계에 투표한 것이었다. 이전 체제의 보호입법과 달리 국가-관리 자본주의의 해결책은 계급 타협에서 나왔으며, 민주주의의 전진을 대변했다. 또한 이전의 제도배열과 달리 새로운 제도배열은 적어도 일부에게는(그리고 한동안은) 사회적 재생산을 안정시켰다. 자본주의 중심부에서 다수 인종에 속한 노동자들은 이 새로운 제도배열 덕분에 가정생활을 짓누르는 물질적 압박이 경감됐고, 정치적 통합이 촉진됐다.

그러나 성급하게 황금시대라고 단정하기 전에, 우리는 이 성취가 이뤄질 수 있게 한 구성적 배제를 되새겨야 한다. 과거와 마찬가지로 중심부에서 사회적 재생산의 방어는 (신)제국주의와 서로 얽혔다. 포드주의 체제는 사회복지 재원의 일부를 주변부(중심부 내의 주변부를 포함하여)에서 계속 자행하던 수탈로 충당했는데, 이러한 수탈은 식민지 해방 이후에도 낡은 형태로든 새로운 형태로든 끈질기게 이어졌다.[17] 한편 냉전 총구銃口의 사정거리 안에 갇힌 포스트 식민 국가는 이미 제국주의의 포식으로 상당히 줄어든 자원을 대규모 발전 프로젝트에 쏟아부었으며, 이런 프로젝트는 '자국 내' 토착민의 수탈을 수반하는 경우가 많았다. 주변부에서는 사회적 재생산이 대부분 정부-시민사회 협치[거버넌스]의 관할권 바깥에 머물렀는데, 이에 따라 농촌 인구는 오직 자력으로 삶을 꾸려가야 했다.

이전 체제와 마찬가지로 국가-관리 체제도 이미 (제2장에서 봤듯이) 인종적 위계제와 얽혀 있었다. 미국의 사회보험은 가사 노동자와 농업 노동자를 배제했고, 이로써 많은 아프리카계 미국인이 사회복지제도의 혜택을 받지 못했다.[18] 그리고 노예제 시기에 시작된 재생산 노동의 인종적 분할은 '짐 크로우' 법 아래에서 새로운 외양을 띠었다. 예를 들어, 유색인 여성은 '백인' 가족의 아이를 키우며 집안을 청소하는 저임금 일자리에 종사했고, 이로 인해 막상 자기 아이를 키우거나 자기 집안을 청소할 시간은 희생해야 했다.[19]

그리고 제4장에서 살펴보겠지만, 이 무렵 국가-관리 체제는 내연기관과 정제 석유를 중심으로 한 새로운 산업-에너지 복합체에 의존했다. 이로써 북반구에서 거둔 사회적 재생산의 성과는 대규모 생태 파괴에 토대를 둔 셈이 되었다. 물론 그 피해는 북반구와 남반구를 가리지 않았지만, 가장 큰 피해를 입은 것은 남반구였다.

젠더 위계제 역시 이러한 제도배열에서 빠지지 않았다. 페미니스트 운동이 널리 주목받지는 못했던 대략 1930년대부터 1950년대 말에 이르는 시기에는, 노동계급이 존엄한 삶을 누리려면 '가족임금', 남성의 가족 내 권위, 젠더 차이에 관한 완고한 의식이 필요하다는 시각에 토를 다는 이가 거의 없었다. 그 결과 중심부 국가의 국가-관리 자본주의에서는 남성이 생계비를 벌고 여성이 집안일을 하는, 젠더화된 가족의 이성애 규범적 모델이 안정된 지위를 구가하는 광범한 경향이 나타났다.

사회적 재생산에 대한 공적 투자가 이런 규범을 더욱 강화했다. 미국에서는 복지 시스템이 이원적 형태를 띠었는데, 한편에는 남성이 받는 임금에 접근할 길이 없는 (대개 '백인'인) 여성과 아동을 위한 낙인 효과를 동반한 빈곤구제제도가 있었고, 다른 한편에는 '노동자'로 구축된 (대개 '백인' 남성인) 이들을 위한 존경받을 만한 사회보험제도가 있었다.[20] 반면에 유럽식 제도배열은 유급 일자리와 연계된 복지제도와 어머니연금Mütterrente*을 분리함으로써 다른 방식으로 남성 중심 위계제의 토대를 굳혔다. 많은 경우에 이는 국가 간 경쟁에서 비롯된 출생률 증가 지지 여

---

* 유럽의 대표적 복지국가 중 하나인 독일에서는 2014년부터 어머니연금이 시행됐다. 1994년 이전에 자녀를 출산·양육한 여성에게 연금을 지급하는 것이 주 내용이다. 자녀 양육 탓에 경력이 단절되고 상당 기간 소득도 없이 복지기금을 납부하지도 못한 여성에게 뒤늦게 사회적으로 보상한 제도라고 할 수 있다.

론을 등에 업은 결과였다.[21] 두 모델 모두 가족임금을 승인했고, 당연시했으며, 장려했다. 또한 가족과 일에 관한 남성 중심 인식을 제도화함으로써 이성애 규범성, 젠더 이분법, 젠더 위계제를 자연 법칙인 양 설파했고, 이와 결부된 불평등을 대부분의 정치적 쟁투의 의제에서 지워버렸다.

이 모든 측면에서 사회민주주의는 사회보호와 시장화의 동맹에 '해방'을 희생시켰다. 심지어는 수십 년간 자본주의의 사회적 모순을 완화하는 와중에도 마찬가지였다. 그러나 국가-자본주의 체제는 흔들리기 시작했다. 우선은 1960년대에 전 지구적으로 신좌파가 들고 일어나 제국주의적·젠더적·인종적 배제뿐만 아니라 그 관료적 가부장주의에 해방의 이름으로 맞서자 정치적으로 격동했다. 다음으로 1970년대에 스태그플레이션, '생산성 위기', 제조업 이윤율 하락이 시장화에 채워진 족쇄를 풀려는 신자유주의의 시도를 북돋자 경제적으로 요동쳤다. '해방'과 '시장화'라는 두 항이 손을 잡은 상황에서 희생된 것은 '사회보호'의 항이었다.

맞벌이 가구,
'진보적 신자유주의'의 탄생

이전의 자유주의-식민주의 체제와 마찬가지로, 국가-관

리 자본주의 질서는 기나긴 위기를 거치며 해체되었다. 1980년 대 무렵 선견지명이 있는 관찰자라면, 우리 시대의 금융화된 자본주의로 귀결될 새로운 체제의 윤곽이 출현하고 있음을 알아챌 수 있었다. 신자유주의 지구화를 추진한 이 체제는 국가와 대기업이 사회복지 투자에서 철수함과 동시에 여성을 유급 노동력으로 대거 충원하고, 결국 돌봄 활동을 가족과 공동체에 떠넘겨 외부화하면서 가족과 공동체의 역량을 위축시키도록 조장했다.

그 결과 새롭게 이원화된 사회적 재생산의 조직화가 나타났다. 지불 능력이 있는 이들을 위해서는 사회적 재생산을 상품화하고, 그렇지 못한 이들을 위해서는 이를 사유화하는 것이었다. 예를 들어, 두 번째 범주에 속한 이들은 첫 번째 범주에 속한 이들에게 돌봄 활동을 제공하면서 그 대가로 (저)임금을 받는다. 한편 페미니즘적 비판을 몇 방 맞은 데다 탈산업화가 덮친 결과로 가족임금은 완전히 신뢰를 잃어버렸다. 이 사회-민주적 이상은 오늘날 '맞벌이 가족'이라는 신자유주의적 규범에 자리를 내주었다.

이러한 발전의 주된 원동력이자 이 체제의 결정적 특징은 '부채'의 새로운 중심성이다. 제5장에서 살펴보겠지만, 부채는 글로벌 금융기관들이 국가를 압박해 사회적 지출을 삭감하고, 긴축을 시행하며, 무방비 상태의 인구집단에게서 가치를 추출하는 과정에서 투자자와 전반적으로 협력하게 하는 수단이다. 남반구의 농민이 수탈당하는 것도 주로 부채를 통해서다. 그들은 대기업이 에너지, 물, 경작 가능한 토지, '탄소 상쇄배출권' 등을 독점하기 위해 벌이는 땅뺏기의 새로운 물결에서 자산을 박탈당하고 있다.

역사적 중심부의 축적 역시 점차 부채를 통해 이뤄진다. 예를 들면, 노동조합으로 조직된 제조업 일자리를 저임금 불안정 서비스 일자리가 대체함에 따라, 임금은 사회적으로 필요한 재생산 비용 아래로 떨어진다. 이러한 '긱geek 경제'*에서는 계속 소비에 지출하려면 소비자 대출을 늘려야 하며, 이로써 부채가 기하급수적으로 늘어난다.[22] 달리 말하면, 오늘날 자본이 노동을 놓고 제 살 깎아먹기를 벌이고 국가를 규율하며 주변부에서 중심부로 부를 이전해 가계·가족·공동체·자연으로부터 가치를 빨아들이는 것은 점점 더 부채를 통해서 이뤄지고 있다.

그 결과 자본주의에 내재한 경제적 생산과 사회적 재생산의 모순이 첨예해진다. 이전 체제는 사기업의 단기적 이해관계를 축적 지속이라는 장기적 목표에 종속시키기 위해 국가 역량을 강화했는데, 그 방법 중 하나가 공적 지원을 통한 재생산의 안정

---

* geek은 본래 재즈 공연을 뜻하는데, 재즈 공연 때마다 연주자를 모아 임시로 악단을 구성하던 방식에 빗대 최근의 새로운 고용 관행을 '긱 경제'라 부른다. 불안정 고용이 극단화돼 아예 정규직을 채용하지 않고 임시직으로만 사업을 운영하는 방식을 가리킨다.

화였다. 이에 반해 현 체제는 사적 투자자의 즉각적 이익을 위해 국가와 공중公衆을 규율할 권한을 금융자본에게 부여했는데, 그 한 방법이 사회적 재생산에서 공적 투자를 철수하도록 요구하는 것이었다. 그리고 이전 체제가 해방에 맞서 시장화와 사회보호의 동맹을 구축한 데 반해, 현 체제는 해방이 시장화와 힘을 합쳐 사회보호를 밑에서부터 허물어뜨리는 훨씬 더 심술궂은 형세배열을 탄생시킨다.

새 체제는 두 가지 투쟁 쌍의 불길한 교차를 통해 출현했다. 하나는 자본주의 경제의 자유화와 지구화에 골몰하는 상승 세력인 자유시장주의자들과, 중심부 나라들에서 쇠퇴하는 노동운동이 대립하는 구도다. 한때 사회민주주의의 가장 강력한 지지 기반이었던 노동운동은 이제 철저한 패배까지는 아니어도 수세적 입장에 있다. 또 하나는 젠더, 성, '인종', 종족, 종교의 위계 구조에 맞서는 진보적인 '신사회운동'과, 기성 생활세계(최근 새로운 경제의 '세계시민주의cosmopolitanism'로부터 위협받고 있는)와 특권(대단치도 않은)을 방어하려는 인구집단이 대립하는 구도다.*

---

*　이 대립항에서 후자는, 이민 증가, 다문화주의, 낯선 외국 문화 유입 등에 반발하면서 동시에 기존의 정규직 고용이나 복지 혜택을 지키기 위해 여성의 진출이나 소수자 권리 확대 등에 반대하는 목소리를 높이고 극우 포퓰리즘을 지지하는 이들을 가리킨다. 대표적으로 트럼프를 지지하는 러스트벨트의 백인 남성 노동계급 유권자들을 들 수 있겠다.

이 두 투쟁 쌍의 충돌에서 충격적인 결과가 나타났다. '다양성', 능력주의, '해방'을 칭송하면서 동시에 사회보호를 해체하고 사회적 재생산을 다시 외부화하는 **진보적 신자유주의**가 그것이었다. 그 결과 무방비 상태의 대중이 자본의 포식에 방치됐을 뿐만 아니라, 해방이 시장의 맥락에서 재규정되었다.[23]

이 과정에 해방운동들이 동참했다. 반인종주의, 다문화주의, LGBTQ* 해방, 환경주의를 비롯한 모든 운동이 친시장적인 신자유주의 조류들을 세상에 낳아 퍼뜨렸다. 그러나 자본주의에서 오랫동안 지속된 젠더와 사회적 재생산의 얽힘을 감안하면, 가장 치명적인 것은 페미니즘의 궤적이었다. 과거의 모든 체제들과 마찬가지로 금융화된 자본주의는 젠더화된 토대 위에서 생산/재생산 분할을 제도화했다. 하지만 과거의 체제들과는 달리 현 체제에서 지배적인 형상은 '자유주의적 개인주의'와 '젠더 평등주의'를 표방한다. 여성은 모든 영역에서 남성과 평등하며, 재능을 실현할 기회를 균등하게 보장받아야 하고, 그런 영역 중에는 생산 영역도, 아니 생산 영역이야말로 포함되어야 한다고 전

---

* 성소수자 운동을 일컫는 말. L은 레즈비언Lesbian, G는 게이Gay, B는 양성애자Bisexual, T는 성전환자Transgender, Q는 다양한 성소수자Queer 혹은 자신의 성적 정체성을 두고 갈등하는 사람Questioning을 뜻한다. Q 뒤에 '플러스+'를 덧붙이면, 앞의 범주들만으로는 자신의 성적 정체성을 담을 수 없는 사람들의 존재를 가정하고 그들까지 포함함을 의미한다.

제된다. 반면에 재생산은 후진적인 잔여 영역이자, 해방으로 나아가는 길에서 어떻게든 치워야 할 진보의 장애물로 나타난다.

페미니즘의 아우라에도 불구하고, 아니 어쩌면 그것 때문에, 이 해방 이데올로기는 새롭게 강도를 더해가는 자본주의 내 사회적 모순의 현재 형태를 전형적으로 보여준다. 금융화된 자본주의는 공적 지원을 축소하고 여성을 유급 일자리로 충원할 뿐만 아니라 실질임금을 낮췄고, 이로써 가족을 지탱하려면 각 가정마다 유급 노동에 보내는 시간을 늘리지 않을 수 없게 만들었다. 이는 돌봄 활동을 타인에게 맡기려는 필사적인 쟁탈전을 부채질했다.[24]

이 돌봄 간극을 해소하기 위해 현 체제는 가난한 나라에서 부유한 나라로 이주 노동자를 수입했다. 과거에는 좀 더 특권을 지닌 여성이 수행하던 재생산·돌봄 노동을 떠맡게 된 것은 대개 인종화되고 많은 경우 농촌 출신인 여성이다. 그러나 이를 위해서는 이주민이 자신의 가족·공동체 책무를 다른 이에게, 더 가난한 돌봄 제공자에게 떠넘겨야 하며, 그러면 이 돌봄 제공자 역시 같은 선택을 해야 하고, 이는 꼬리에 꼬리를 물어 결국 유례없는 전 지구적 '돌봄 사슬'이 등장하게 된다. 돌봄 간극을 해소하기는커녕 최종 결과는 부유한 가족에서 가난한 가족으로, 북반구에서 남반구로 이 간극을 치환하는 것이다.[25]

이 시나리오는 외채를 짊어진 채 재정난에 처해 국제통화기금IMF의 구조조정 프로그램에 내맡겨진 포스트 식민 국가의 젠더화된 전략과 맞아떨어진다. 필사적으로 경화硬貨[달러]를 필요로 하는 이들 국가 중 일부는 여성 이민을 적극 장려함으로써, 이들이 해외에 나가 유급 돌봄 활동을 수행하고 국내로 송금하도록 유도한다. 또 어떤 국가는 여성 노동자 고용을 선호하는 섬유나 전자제품 조립 같은 산업이 주종을 이루는 수출가공구역을 창설해 해외직접투자를 유치한다.[26] 어떤 경우든 사회적 재생산 역량은 더 큰 압박을 받게 된다.

미국에서 최근 전개된 두 양상이 상황의 심각성을 잘 보여준다. 첫째는 난자 동결의 인기가 급증하는 현상이다. 난자 동결은 보통 1만 달러가 소요되는 값비싼 시술이지만, 이제는 고학력·고임금 여성 피고용자의 부가급여로서 IT 기업들에 의해 무료로 제공된다. 이 노동자들을 유치해 계속 고용하고 싶어 하는 애플, 페이스북 같은 회사들은 실제로 다음과 같이 말하며 출산을 연기할 강력한 유인책을 제공한다. "기다렸다가 40대, 50대, 아니 60대에 아이를 가지세요. 여러분의 강력한 에너지, 생산적 시기를 회사에 바치세요."[27]

두 번째 현상 역시 이와 마찬가지로 생산과 재생산 간 모순의 징후를 드러낸다. 모유를 짜내는 값비싼 첨단 유축기의 확산이 그것이다. 이는 여성의 노동시장 참여율은 높지만 의무 유급 출산휴가도, 육아휴가도 없이 테크놀로지와 사랑에 빠진 나라에서 선택함직한 해결책이다. 이 나라는 또한 모유 수유가 필수사항이지만 그 외양이 도저히 알아볼 수 없게 변해버린 나라이기도 하다. '모유 수유'는 더 이상 아이에게 젖을 물리는 일이 아니라, 기계를 사용해 모유를 짜서 보관해놓았다가 나중에 육아도우미를 시켜 젖병으로 먹이는 일이 되었다. 심각한 시간 빈곤 상황에서 더블컵에 완전 자동인 유축기는 가장 바람직한 해법으로 여겨지는데, 예를 들면 이 기구 덕분에 고속도로에서 차를 운전하면서도 양쪽 가슴에서 모유를 짤 수 있다.[28]

이렇게 압박을 받는 상황에서 최근에 사회적 재생산을 둘러싼 투쟁이 폭발한 것이 어찌 놀랄 일이겠는가? 북반구 페미니스트들은 자신들의 초점이 '가족과 일의 균형'이라고 표현하곤 한다.[29] 그러나 사회적 재생산을 둘러싼 투쟁은 훨씬 더 많은 것을 포괄한다. 주거·보건·식품안전·기본소득·생활임금을 위한 지역사회 운동, 이주민·가사도우미·공공부문 피고용자의 권리를 위한 투쟁, 영리형 요양원·병원·보육원의 서비스부문 노동자를 노동조합으로 조직하는 캠페인, 아동 돌봄과 노인 돌봄 같은 공공 서비스를 위한 투쟁, 노동시간 단축을 위한 투쟁, 유급 출산휴가와 육아휴가 확대를 위한 투쟁 등등이 이에 속한다.

이 요구들을 한데 합치면 생산과 재생산의 관계를 대폭 재편하라는 요구와 다를 바 없다. 즉 계급, 젠더, 성적 지향, 피부색에 상관없이 누구나 안전하고 흥미로우며 보수가 넉넉한 노동의 형태로 사회적 재생산 활동을 수행할 수 있게 해주는 사회적 제도배열을 요구하는 것이다.

사회적 재생산을 둘러싼 경계투쟁은 경제적 생산을 둘러싼 (협소하게 정의된) 계급투쟁만큼이나 현 정세에서 중심적이다. 무엇보다도 이 투쟁은 금융화된 자본주의의 구조적 역학에 뿌리를 둔 '돌봄 위기'에 대처한다. 지구화를 추구하며 부채를 원동력으로 삼는 이 자본주의는 사회적 연결을 지속시키는 데 쓰일 수 있는 역량을 둘러싸고 체계적으로 제 살 깎아먹는 짓을 벌인다. 금융화된 자본주의는 '맞벌이 가족'이라는 새로운 이상을 선포함으로써 해방을 지향하는 운동에 다시 활력을 불어넣는다. 그리고 이 운동은 시장화의 지지자들과 합작하면서, 최근 점점 더 원한에 사무쳐 국수주의적 성격마저 보이는 사회보호의 지지자들에 맞서고 있다.

또 다른 자본주의인가, 새로운 사회주의 페미니즘인가?

이 위기에서 과연 무엇이 출현할 수 있을까? 자본주의 사회는 역사적으로 여러 차례 자신을 재발명했다. 특히 다양한 모순들(정치적·경제적·생태적·사회 재생산적)이 수렴하는 전반적 위기 국면에는, 자본주의를 구성하는 제도적 분할이 이뤄지는 장소에서 경계투쟁이 분출했다. 그 장소란, 경제가 정치와 만나고, 사회가 자연과 만나며, 수탈이 착취와 만나고, 생산이 재생산과 만나는 곳이다. 이러한 경계선에서 사회적 주체들은 자본주의 사회의 제도적인 지형을 재편하기 위해 세력을 결집했다.

이런 노력은 처음에는 초기 근대의 중상주의적 자본주의에서 19세기 자유주의-식민주의 자본주의로 나아가는 변동을, 다음에는 20세기 국가-관리 자본주의로 나아가는 변동을, 마지막에는 현 시기의 금융화된 자본주의로 나아가는 변동을 추동했다. 또한 역사적으로 자본주의의 사회적 모순은 위기를 재촉하는 중대한 흐름을 형성했는데, 예컨대 사회적 재생산과 경제적 생산을 분할하는 경계선이 투쟁의 주된 장소이자 관심사로 부상했다. 각각의 경우마다 자본주의 사회의 젠더 질서가 쟁투의 대상이 됐으며, 그 결과는 삼중운동의 기본 축, 즉 시장화, 사회 보호, 해방 사이에 만들어진 동맹에 달려 있었다. 이 역학이 처음에는 성별 영역 분리에서 가족임금으로 나아가는 변동을, 다음에는 맞벌이 가족으로 나아가는 변동을 추동했다.

현 정세의 뒤를 이어서는 무엇이 나타나게 될까? 금융화된 자본주의의 현재 모순이 너무도 심각하여 결국 전반적 위기로 이어질 것인가? 그래서 자본주의 사회의 또 다른 중대한 변천을 내다봐야 하는가? 현 위기가 촉발하는 투쟁이 현존 체제를 변혁할 만큼 넓은 폭과 비전을 보여줄 것인가? 새로운 형태의 사회주의 페미니즘이 주류 운동과 시장화 사이의 밀회를 깨뜨리고, 해방과 사회보호 사이의 새로운 동맹을 만들어내는 데 성공할 수 있을까? 성공한다면, 그 종착지는 무엇일까? 오늘날 생산/재생산 분할은 어떤 형태로 재발명될 수 있으며, 무엇이 맞벌이 가족을 대체할 수 있을 것인가?

내가 이 장에서 분석한 내용만으로 이런 물음들에 직답을 할 수는 없다. 그러나 나는 이런 물음들을 제기할 수 있게 해주는 토대를 놓는 과정에서 현 정세를 떠받치는 구조적·역사적 기반을 해명하고자 했다. 특히 당면한 '돌봄 위기'의 뿌리가 자본주의에 내재한 사회적 모순, 아니 더 정확히 말해 이 모순이 오늘날 취하고 있는 첨예한 형태인 금융화된 자본주의에 있다고 제시했다. 이 주장이 옳다면, 이 위기는 사회 정책에 의한 땜질로는 해결될 수 없을 것이다. 해결은 오직 현 사회 질서의 심대한 구조적 변혁을 거쳐야만 가능하다.

무엇보다 필요한 것은 재생산을 탐욕스럽게 생산에 종속시키는 금융화된 자본주의의 극복이다. 다만 이번에는 해방도, 사회보호도 희생시켜서는 안 된다. 이는 생산/재생산 분할을 재발명하고 젠더 질서를 새롭게 구상해야 함을 뜻한다. 그 결과가 자본주의와 어떻게든 조화를 이룰지 여부는 두고 봐야 할 문제다.

또한 우리가 자연을 놓고 제 살 깎아먹기를 하지 않으면서도 사회적 재생산에 양분을 공급하는 새로운 사회 질서를 과연 기

획할 수 있을지, 있다면 어떻게 해야 할지도 두고 봐야 한다. 이
는 다음 장에서 무엇보다 먼저 다룰 중심 쟁점이다.

꿀꺽 삼켜진 자연:
수탈·돌봄·정치와 얽혀 있는 생태 위기

왜 생태정치는 환경을 넘어
자본주의에 맞서야 하는가

기후정치가 무대의 중심에 등장했다. 기후위기 부정론이 소수나마 잔존하기는 하지만, 다양한 색깔의 정치적 주체들이 녹색으로 전향하고 있다. 새 세대의 젊은 운동가들은 지구 온난화로 인한 치명적 위협이 우리를 덮치고 있다고 외치는 중이다. 이 투사들은 나이 든 세대가 젊은이들의 미래를 도둑질했다고 책망하며, 지구를 구하기 위해 필요한 모든 조치를 취할 권리와 책임을 부르짖는다. 동시에 탈성장을 주장하는 운동도 힘을 얻고 있다. 소비주의 라이프 스타일이 우리를 나락으로 몰고 가고 있다고 확신하는 탈성장론자들은 생활양식의 변혁을 촉구한다. 또한 북반구와 남반구의 토착민 공동체가 벌이던 투쟁은 최근에 들어서야 생태적이라 인식되기 시작하며 새삼 지지를 늘려가고 있다. 그들은 식민 침략과 대기업 주도 추출주의extractivism[*]에 맞

---

[*] 이 말은 주로 천연자원 채굴과 수출에 의존하는 경제를 가리키며, 라틴아메리

서 자신들의 생활 터전, 생계, 생활양식을 지키는 활동을 오랫동안 펼쳐왔으며, 오늘날은 자연과 비도구적인 관계를 맺으려 하는 이들 사이에서 새로운 동맹 세력을 발견하고 있다. 페미니스트들 역시 오랫동안 견지해온 생태적 관심을 좀 더 긴급한 의제로 새롭게 부각시키는 중이다. 그들은 여성공포증과 지구 멸시 사이에 심리-역사적 연결을 상정하면서, 사회든 자연이든 재생산을 지속하게 하는 생활 형태를 주창한다. 한편 반인종주의 운동의 새로운 물결은 공격 대상에 환경적 불의를 포함시킨다. '흑인의 생명은 소중하다Black Lives Matter' 운동*은 '경찰 예산 폐지'의 의미를 폭넓게 해석하여, 유색인 공동체의 재원을 사용하는 방향을 대거 재조정해 그 일부를 건강을 해치는 유독물질을 정

카를 비롯한 남반구 국가들의 경제 구조를 비판할 때 자주 사용된다. '채굴주의'로도 번역되지만, 이 책에서는 '추출주의'를 택했다. 이 번역어가 경제적 가치를 획득하는 상반되는 두 방식, 즉 생성적generative 방식(가치를 새로 창출)과 추출적extractive 방식(기존 가치를 소모)의 구분을 연상시키기 때문이다.

* 2012년 2월 26일 미국 플로리다주 샌퍼드에서 흑인 소년 트레이번 마틴이 히스패닉계 자경단원에게 무고하게 총격 살해당한 사건 이후 지금까지 미국 전역에서 계속되는 사회운동. 흑인 대통령(오바마) 취임 이후에도 여전한 아프리카계 미국인에 대한 인종차별과, 흑인에 집중되는 경찰 폭력에 항의해왔다. '흑인의 생명은 소중하다'는 이 운동의 핵심 구호이자 운동 자체의 이름이기도 하다. 2020년 5월 25일 미네소타주 미니애폴리스에서 또 다른 흑인 조지 플로이드가 경찰 폭력에 희생되는 사건이 벌어지자 '흑인의 생명은 소중하다' 운동이 다시 격렬하게 타올랐으며, 경찰 예산 폐지를 통한 기존 경찰기구 해체를 주된 요구로 내걸기 시작했다.

화하는 데 쓰자고 요구한다.

근래 신자유주의와 결탁하거나 이로 인해 의기소침해 있던 사회민주주의조차 기후정치에서 새 생명을 얻고 있다. 그린뉴딜 지지자로 거듭난 사회민주주의자들은 재생가능에너지로 전환하는 과업을 노동조합이 조직된 고임금 일자리와 연결함으로써 잃어버린 노동계급 지지를 되찾으려 한다. 홀로 따돌림당하기 싫어서인지 여러 성향의 우익 포퓰리즘 역시 녹색화하고 있다. 그들은 생태-민족주의적 국수주의를 수용하면서, (인종화된) '타자'의 배척을 통해 '조국'의 녹색 공간과 자연 자원을 지키자고 주장한다. 남반구 세력들도 여러 전선에 개입하고 있다. 일부는 200년 동안 온실가스를 방출해온 북반구 강국들이 기후변화 완화의 부담을 짊어져야 한다고 주장하며 '발전의 권리'를 요구하고, 또 일부는 커머닝이나 사회적경제, 연대경제를 주창한다. 하지만 어떤 이들은 여전히 환경주의의 외투를 두른 채로 신자유주의적 탄소 상쇄 계획을 활용해 토지 인클로저를 추진하고, 그 토지에 사는 이들의 자산을 박탈하며 새로운 형태의 독점 지대를 차지한다. 마지막으로 대기업과 금융의 이해관계 역시 이 판에 끼어들고 있음을 잊지 말자. 그들은 생태-상품 투자 호황에서 상당한 이윤을 뽑아내면서, 글로벌 기후 체제가 친기업·시장 중심 성격을 굳건히 유지하도록 하는 정치적 투자를 경제적 투자와 병행한다.

한마디로, 도처에 생태정치가 등장했다. 기후변화는 더 이상 환경운동만의 고립된 배타적 소유물이 아니며, 이제는 모든 정치적 주체가 입장을 표명해야 하는 긴급한 사안인 것만 같다. 경쟁하는 숱한 의제들에 포함된 이 주제는 이와 한 쌍을 이루는 대의가 무엇인지에 따라 다양하게 굴절된다. 그 결과는 표면적인 합의 이면의 떠들썩한 의견 불일치다. 한편에서는 점점 더 많은 사람들이 지구 온난화를 지구 위 뭇 생명에 대한 위협으로 바라본다. 그러나 다른 한편으로 그들은 이러한 각성 과정을 추동하는 사회 세력들의 공통 시각을 공유하지는 않으며, 지구 온난화를 중단시키기 위해 필요한 사회 변화에도 동의하지 않는다. 과학의 측면에서는 (어느 정도) 의견이 같지만, 정치의 측면에서는 (상당한 정도로) 다른 것이다.

실은 '의견 일치'와 '불일치' 같은 말은 상황을 제대로 포착하기에는 너무 무덤덤한 말이다. 우리 시대의 생태정치는 획기적 [시대를 가르는] 위기 안에서, 이 위기의 표식이 선명히 찍힌 채 펼쳐진다. 이는 물론 생태 위기이지만, 경제·사회·정치·공중보건의 위기이기도 하다. 즉, 기존 세계관과 지배 엘리트에 대한 신뢰를 뒤흔드는 **전반적 위기**로서 그 효과가 모든 곳으로 전이되는 위기다. 그 결과는 헤게모니의 위기이며, 공적 공간의 야만화다.

정치적 공간은 더 이상 지배적인 상식에 의해 길들여지지 못하며, 이제는 더 나은 정책뿐 아니라 새로운 정치적 프로젝트와 생활양식을 미친 듯이 찾아 헤매는 공간이 되었다. 이런 심란한 분위기는 코비드-19 돌발 이전에도 증대하고 있었지만 팬데믹을 통해 급격히 강화됐으며, 이런 분위기를 무대 삼아 전개될 수밖에 없는 생태정치 안에 스며들어 있다. 따라서 기후 의견 불일치가 실로 우려되는 현상인 이유는, 지구의 운명을 알 수 없게 됐기 때문만도 아니고 시간이 부족하기 때문만도 아니다. 정치의 기후 역시 격변에 흔들리고 있기 때문이다.

이런 상황에서 지구를 지키려면 대항헤게모니를 구축해야 한다. 달리 말하면, 현재의 시끄러운 의견 불일치를, 광범하게 공감하는 변혁 프로젝트로 나아갈 수 있는 생태정치적 상식으로 바꿔나가야 한다는 것이다. 물론 이러한 생태정치적 상식이라면 서로 충돌하는 관점들의 얽힌 타래를 단번에 끊어내고, 지구 온난화를 막기 위해 사회에서 바뀌어야 하는 것이 정확히 무엇인지 식별해야만 한다. 즉 기후과학의 권위 있는 발견을, 기후변화를 추동한 사회역사적 힘에 관한 권위 있는 설명과 연결해야만 한다.

하지만 진정한 대항헤게모니가 되려면, 이 새로운 생태정치적 상식은 '단지 환경적이기만 한' 수준을 넘어서야 한다. 전반적 위기를 빠짐없이 다룸으로써 생태적 진단을 다른 중대한 관심사들과 연결해야 한다. 이를테면 생계 불안정과 노동권의 부정, 사회적 재생산에 대한 투자 철수와 돌봄 활동에 대한 오래된 저평가, 종족적-인종적-제국주의적 억압과 젠더·성 지배, 이주민의 박탈·추방·배제, 정치적 권위주의, 정치적 야만성 등과 연결해야 한다. 이런 관심사들은 분명히 기후변화와 얽혀 있으며, 이를 통해 악화된다.

또한 새로운 생태정치적 상식은 환원론적인 '생태지상주의 ecologism'를 피해야 한다. 지구 온난화를 전가의 보도처럼 다루기보다는 현 위기의 다른 지류들까지 추동하는 근원적 사회 역학에 대한 위협을 추적해야 한다는 것이다. '환경적'이든 '비환경적'이든 이 위기의 **모든** 주요 측면을 다뤄야만, 그리고 환경적 측면과 비환경적 측면 사이의 연계를 드러내야만, 우리는 공동 프로젝트를 뒷받침하면서 동시에 이를 효과적으로 추진할 정치적 무게를 지닌 대항헤게모니 블록을 기획할 수 있다.

물론 이는 무리한 요구다. 그러나 '행운의 일치' 덕분에 실현 가능한 과제가 된다. 그 '행운의 일치'란, 모든 길이 하나의 개념, 즉 자본주의로 통한다는 것이다. 자본주의는 기후위기의 사회역사적 조종자이며, 따라서 기후위기를 중단시키기 위해 해체해야 할 핵심적인 제도적 역학이다. 그러나 이렇게 정의된 자본주의는 계급 착취와 인종적-제국주의적 억압, 젠더·성적 지배에 이르는 외관상 비환경적인 사회 불의의 형태들과 깊이 중첩되기도 한다. 그리고 자본주의는 외관상 비생태적인 사회적 곤경에서도 중심적인 면모를 보인다. 돌봄과 사회적 재생산의 위기, 금융·공급망·임금·일자리 위기, 거버넌스와 탈민주화 위기 등이 그러한 사례다. 따라서 반자본주의는 새로운 생태정치적 상식의 중심적인 조직화 동기가 될 수 있으며, 그렇게 **되어야** 한다. 이 새로운 생태정치적 상식은 불의와 비합리성의 다양한 흐름들 사이의 연결을 드러냄으로써, 생태-사회 변혁의 강력한 대항헤게모니적 프로젝트를 발전시키는 데 핵심적인 요소가 된다.

이것이 이 장에서 내가 주장할 명제다. 나는 세 가지 수준에 걸쳐 이를 전개하고자 한다.

첫째로, 구조적 수준에서는 자본주의에 관한 정확한 이해를 전제로, 자본주의가 심층적인 생태적 모순의 터전이며 이 모순이 환경 위기로 나타나는 경향이 있음을 주장할 것이다. 그러나 이 모순은 자본주의의 또 다른 고질병들인 다른 여러 모순과도 얽혀 있으므로, 그 모순들을 생략해서는 제대로 다뤄질 수 없다.

다음으로, 역사적 목록으로 시야를 옮겨, 현재에 이르기까지(그리고 현재까지 포함하여) 자본주의 시스템 발전의 다양한 국면에서 자본주의의 생태적 모순이 취한 특수한 형태들을 정리해보고자 한다. 이는 환경만을 쟁점으로 삼는 생태지상주의와 달리, 생태-위기와 생태-투쟁이 또 다른 지류의 위기·투쟁들과 끈질기게 얽혀 있으며 자본주의 사회에서는 이들이 완전히 분리된 적이 한 번도 없음을 드러낼 것이다.

마지막으로, 정치적 수준으로 관심을 이동하여, 오늘날 생태

정치는 총체적인 반-시스템 성격을 갖춰야 하며 이를 통해 '단지 환경적이기만 한' 수준을 극복해야 한다고 주장할 것이다. 지구 온난화가 전반적 위기의 다른 긴급한 측면들과 뒤엉켜 있음을 전면에 드러냄으로써, 녹색운동이 **환경을 넘어** 반자본주의에 중심을 둔 더 광범한 대항헤게모니 블록에 참여해야 하며, 그래야 일단 원리상으로 지구를 구해낼 수 있다고 주장할 것이다.

자본주의의 생태적 모순:
수도꼭지와 하수구로 전락한 자연

자본주의가 지구 온난화의 주된 사회역사적 조종자라는 것은 무슨 뜻일까? 이는 어느 정도는 경험적 주장이며, 인과관계에 관한 진술이다. '인류세의 기후변화'라는 통상적인 모호한 언급과 반대로, 자본주의를 지목하는 논의는 '인류' 전체가 아니라 이윤을 좇는 기업가 계급에게 책임을 묻는다. 온실가스를 대기 중에 잔뜩 방출하는 화석 연료 기반의 생산·교통 시스템을 운영하는 이들 말이다. 나는 이 논의 중 역사적인 부분을 다루면서 이를 경험적 차원에서 방어하고자 한다. 그러나 역사적 인과관계만이 이 장의 작업 과제는 아니다. 자본주의가 지구 온난화를 조종하는 것은 우발적인 게 아니라, 다름 아닌 자본주의의 구조 탓이다. 그러므로 여기에서 내가 풀어놓으려는 것은 경험적 차원의 단순한 논의가 아니라 이런 강력한 시스템 차원의 주장이다.

한 가지 오해를 불식하며 논의를 시작하고자 한다. 자본주의가 우발적이지 않은 방식으로 기후변화를 조종한다고 해서 생태 위기가 자본주의 사회에서만 발생한다는 것은 **아니다**. 오히려 많은 전자본주의 사회가 환경적 곤경에 빠진 결과로 소멸했는데, 그중 일부는 자업자득이었다. 이를테면 고대 제국이 숲을 벌채하거나 윤작을 하지 않아 그들의 생명줄인 경작지를 황폐하게 만든 사례에서 보듯이 말이다. 이와 마찬가지로, 일부 자칭 탈자본주의 사회는 끝없는 일상적 석탄 연소와 체르노빌 같은 극적인 일회적 참사를 통해 심각한 환경 파괴를 저질렀다. 이런 사례들은 생태 유린이 자본주의에만 있는 일은 아님을 보여준다.

그렇다면 **자본주의에만 있는** 것은 무엇일까? 바로 생태 위기와 자본주의 사회 사이의 연결에서 나타나는 구조적 성격이다. 전자본주의 생태-위기는 그 시절의 '자연 친화적' 세계관에도 불구하고 주로 무지 때문에 발생했다. 예를 들면, 삼림 파괴와 과밀 경작의 결과를 예측하지 못한 것 등이다. 이런 위기는 사회적 실천이 바뀌도록 자극하는 사회적 학습을 통해 방지될 수 있는 것이었고, 때로는 실제로 그런 방식을 통해 방지됐다. 이 사회들의 내부 역학에서는 파괴를 낳는 행위가 필연적일 이유가 전혀 없었다.

자칭 탈자본주의 사회들에서도 마찬가지다. 대표적으로 소비에트연방 같은 '현실사회주의'는 지속 불가능한 농업·공업 군대를 운영했고, 화학 비료로 토지를 오염시켰으며, 이산화탄소를 대기에 내뿜었다. 물론 과거의 전자본주의 사회들과 달리 현실사회주의의 행위들은 전혀 '자연 친화적'이지 않은 세계관에 맞춰져 있었고, 그 행동에 형태를 부여한 것은 '생산력 발전'을 누리자는 이데올로기적 약속이었다. 하지만 결정적인 점은 이런 세계관도, 이데올로기적 약속도 사회주의에 **내재하는** 역학에서 비롯되지는 않았다는 것이다. 오히려 그 뿌리는 이 사회주의 국가들이 싹을 틔운 지정학적 토양에 있었다. 그 토양이란, 자본주의 사회와 벌이는 경쟁, 이러한 환경이 북돋은 '추격' 중심 추출주의 사고방식, 이 경우 주된 선호 방식인 화석 연료 기반의 중화학공업 중심 산업화 모델 등에 의해 구조가 형성된 세계체제였다.

그렇다고 해서 이 사회주의 국가들의 통치자들에게 면죄부를 주자는 것은 아니다. 그들은 공포로 가득 차고 비밀주의에 사로잡힌(이는 통치자들이 의식적으로 키운 자질이다) 관료주의적-권위주의적 환경에서 악몽 같은 결정들을 내린 데 대해 영원히 책임을 져야 할 것이다. 요점은 다만, 사회주의 사회의 본성 중에는 이러한 환경이나 결정이 필연적일 이유가 전혀 없었다는 것이다. 만연한 대외적 제약과 내부의 변질이 없었다면, 사회주의 사회들은 원리상으로는 비인간 자연에 대해 지속 가능한 상호작용 패턴을 발전시킬 수 있었을 것이다.

그러나 자본주의 사회의 경우에는 이렇게 말할 수 없다. 생태 위기로 나아가는 심층적 경향을 자신의 핵심에 단단히 고정시키고 있다는 점에서, 자본주의 사회는 이제껏 알려진 사회 시스템 가운데 유일무이하다. 앞으로 설명하겠지만, 자본주의 사회는 그 역사 내내 주기적인 환경 위기를 발생시킬 준비가 되어 있었다. 다른 사회들의 생태 위기와 달리 자본주의 사회의 생태적 곤경은 지식 증대나 녹색 선의善意로는 해결될 수 없다. 필요한 것은 심원한 구조적 변혁이다.

그 이유를 확인하려면, 자본주의 개념을 다시 살펴봐야 한다. 앞 장들에서 본 것처럼, 자본주의는 단순한 경제 시스템이 아니라 그보다 더 큰 무엇이다. 자본주의는 경제적 생산과 교환을 조직하는 방식 그 이상으로서, **생산·교환이 이뤄질 수 있게 하는 비-경제적 조건**에 대해 생산·교환이 맺는 **관계**를 조직하는 방식이기도 하다. 자본주의 사회가 전적으로 경제적인 영역, 즉 '가치'라 알려진 특별한 추상의 영역을 제도화한다는 점은 널리 잘 알려져 있다. 이 영역에서는 상품이 (사적으로 소유된 생산수단을 통해) 피착취 임금 노동자에 의해 생산되고, (시장의 가격 결정 메커니즘을 통해) 사기업에 의해 판매되며, 이 모두가 이윤 획득과 자본 축적을 목적으로 이뤄진다. 하지만 자주 간과되는 것이 있다. 이러한 영역이, 자본주의 사회에서 비-경제적이라 규정되는 일군의 사회 활동과 정치적 역량, 자연 과정에 구성적으로 의존한다(기생한다고 해도 무방하다)는 사실이다. 이런 요소들은 '가치'를 부여받지도 못하고 경제 바깥에 배치되지만, 경제에 없어서는 안 될 전제가 된다.

제3장에서 주장한 것처럼, 임금노동을 수행할 인간 존재를 형성하고 지속시키는 사회적 재생산을 비임금 노동을 통해 실행하지 않는다면 상품 생산은 꿈도 꿀 수 없다. 또한 제5장에서 살펴보겠지만, 이러한 생산은 사적 소유와 계약을 통한 교환을 떠받치는 법질서, 억압 기구, 공공재가 없어도 존재할 수 없다. 마지막으로 이 장에서 상술할 내용처럼, 원자재와 에너지원 등의 핵심 투입물을 확보할 수 있게 해주는 자연 과정 없이는 이윤도 자본도 있을 수 없다.

자본주의 경제에 꼭 필요한 조건인 이러한 '비-경제적' 심급들은 자본주의에 외재적인 게 아니라 그 자체로 필수 불가결한 요소다. 이들을 삭제한 자본주의관은 이데올로기적이다. 자본주의를 경제와 동등하게 취급한다면, 이 시스템의 경제주의적 자기 인식을 앵무새처럼 따라 할 뿐 이를 비판적으로 따져 물을 기회를 놓치게 된다. 그러므로 비판적 시각을 확보하기 위해서는 자본주의를 더욱 폭넓게 이해해야만 한다. 즉 '경제'만이 아니라, 비-경제적이라 규정되지만 경제를 가능하게 만드는 이런 활동과 관계, 과정까지 포괄하는 '제도화된 사회 질서'로 이해해야만 한다.

이런 인식의 수정을 통해 얻을 수 있는 것은 **자본주의 사회에서 '경제'와 그 '타자' 사이에 수립된 관계**(이것이 핵심적인 요소다)를 검토할 수 있는 능력이며, 여기에는 '자연'이라 알려진 핵심적 타자도 포함된다. 이 관계는 그 중심에서부터 모순적이며, 위기로 기우는 성향이 있다. 한편으로 자본주의 시스템의 경제는 자연에 구성적으로 의존한다. 생산적 투입물을 뽑아낼 수도꼭지로서든, 폐기물을 처분할 하수구로서든. 동시에 자본주의 사회는 두 '관할영역'의 선명한 분할을 만들어낸다. 즉 가치를 발생시키는 창조적 인간 행동의 장場으로서 경제를 구축하는 반면에, 스스로를 무한히 보충하며 상품 생산 과정에 쉽게 투입될 수 있는 사물(가치가 없는)의 영역으로서 자연을 구축한다.

이 존재론적인 깊은 골은 자본이 그 둘의 혼합물에 다가갈 경우에는 미친 듯이 타오르는 지옥이 된다. '자기 확장'하도록 조작된, 화폐화된 추상인 자본은 끝없는 축적을 명한다. 그 결과 이윤 극대화에 골몰하는 소유주가 '자연의 선물'을 최대한 싸게 징발하는 게 칭찬받을 일이 되고, 그러면서도 사용한 만큼 보충하거나 해를 끼친 만큼 수선할 의무는 모조리 면제받게 된다. 피해는 이윤의 동전 반대 면이다. 생태적 재생산 비용을 할인받은 덕에 자본주의 생산과 유통에 투입되는 모든 주요 요소는 값이 엄청

깎인다. 원자재나 에너지, 교통만이 아니라, 노동도 값이 형편없게 매겨진다. 자본이 자연에서 식량을 헐값에 뽑아내면 생활비와 더불어 임금도 떨어지기 때문이다. 어떤 경우든 자본가는 절감액을 이윤의 형태로 전유하며, 그 부산물과 함께 살아가야 할 (또한 그 때문에 죽어가야 할) 이들에게 환경 비용을 전가한다. 여기에는 미래 인간 세대도 포함된다.

즉, **자본은 노동과 관계를 맺을 뿐만 아니라 자연과도 관계를 맺는다.** 그리고 이 관계는 식인적이고 추출적인 관계다. 더 많은 '가치'를 쌓아올리기 위해 더 많은 생물물리학적* 부를 먹어 치우면서도 생태적 '외부성externalities'**에 대한 책임은 부정한다는 점에서 그렇다. 이와 동시에 필연적으로 쌓아올리는 게 하나 더

---

* 　생물물리학(혹은 생물리학)은 물리학 방법론을 적용해 광범위한 생명 현상을 연구하는 최신 생물학 연구 경향이다. 여기에서 저자가 말하는 '생물물리학적 부'란, 석탄·석유를 비롯해 다양한 생물종에 이르기까지 생물물리학의 연구 대상이자 주로 남반구에서 추출돼 자본 축적의 연료와 재료로 사용되는 모든 자원을 일컫는다.

** 　'외부효과'라고도 하며, 소비자나 기업 같은 경제 주체가 가격을 지불하지 않고도 다른 경제 주체의 행동에 직간접적으로 영향을 받는 것을 말한다. 즉, 특정한 경제 활동이 의도치 않게 제3자에게 편익이나 비용을 발생시키지만 그 대가는 지불되지 않을 때 이를 '외부성'이라 한다. 가령 공해 기업이 하천에 폐수를 방류하면, 인근 주민들이 질병이나 농산물 오염 탓에 비용을 지불해야 한다. 그러나 정작 해당 기업은 폐기물 처리 비용을 아낄 뿐 오염에 대한 비용은 지불하지 않는다. 이에 따라 그 기업이 생산하는 제품 가격에는 오염 비용이 합산되지 않는데, 이를 '외부'성이라 한다.

있으니, 그것은 더욱더 산처럼 솟아오르기만 하는 생태-피해다. 인간이 배출한 탄소로 뒤덮인 대기, 기온 급상승, 사라지는 극지방 빙상, 플라스틱 섬이 곳곳을 뒤덮은 바다, 대량 멸종, 종 다양성 감소, 기후변화로 인한 생물체와 병원균의 이동, 치명적 바이러스의 인간-야생동물 간 전파 증가, 초강력 폭풍, 심각한 가뭄, 거대 메뚜기 떼, 초대형 산불, 초대형 홍수, 데드 존dead zones*, 유독물질로 오염된 땅, 호흡 불가능한 공기 등등이 그러한 생태-피해다. 스스로를 무한히 보충할 수는 없는 자연에 체계적으로 무임승차할 태세를 갖춘 자본주의 경제는 자신을 가능케 하는 바로 그 생태적 조건을 늘 불안정에 빠뜨리려 한다.

자본주의 사회의 핵심에 도사린 생태적 모순은 바로 여기, 즉 자본주의 사회가 경제와 자연 사이에 수립한 관계 속에 있다. 자본주의 시스템의 구조 속에 깊이 뿌리 박은 이 모순은 D로 시작하는 네 단어, 즉 의존, 분할, 책임 회피, 불안정화로 요약된다. 간략히 정리하면 다음과 같다. 자본주의 사회는 '자연'에 **의존**해 '경제'를 만들면서 둘을 존재론적으로 **분할**한다. 이 제도배열은

---

* 바닷물에 용해된 산소량이 줄어들어 어떤 생물도 살 수 없게 된 곳. 2019년 유엔 기후변화협약 당사국총회에 발표된 보고서에 따르면, 1960년에서 2010년까지 전 세계 바다의 산소가 약 1-2%가량 감소했으며, 데드 존은 현재 무려 700곳까지 늘어났다. 데드 존이 생기는 원인으로는 지구 온난화와 농업 활동에 쓰인 비료 등의 유입이 지목된다.

가치의 최대 축적을 즐기면서도 자연을 손님으로 초대하지는 않으며, 이로써 경제가 (자신이 유발한) 생태적 재생산 비용에 대해 **책임을 회피**하도록 프로그램화한다. 그 결과 이 비용이 기하급수적으로 늘어날수록 생태계가 **불안정**에 빠지며, 주기적으로 자본주의 사회의 날림 건축물 전체에 균열을 일으킨다. 자연을 필요로 하면서도 하찮게 여김으로써 자본주의는 자기 신체의 필수 기관을 먹어 치우는 식인종이 된다. 자본주의는 우로보로스처럼 자기 꼬리를 먹는다.[1]

이 모순은 계급 권력의 맥락에서 정식화될 수도 있다. 애초 그 정의에 따라 자본주의 사회는 생산을 조직하는 임무를 '자본'에, 아니 더 정확히 말해 자본 축적에 헌신하는 이들에게 맡긴다. 원자재를 추출하고, 에너지를 발생시키며, 토지 사용을 결정하고, 식량 시스템을 운영하며, 자연에서 신약 후보 물질을 찾아내고, 폐기물을 처리하는 등의 독점적 권한이 자본주의 시스템에 의해 자본가 계급에게 부여된다. 사실상 공기, 물, 흙, 광물, 식물군과 동물군, 숲, 대양, 대기, 기후 등 지구 위 뭇 생명의 기본 조건 일체를 마음대로 통제할 권한이 양도되는 것이다. 자본주의 사회는 인간과 자연의 관계를 관리하는 권력을 통해 자연을 완전히 쓰레기더미로 만들 강력한 동기를 지닌 계급에게 전권을 부여하는 셈이다.

물론 정부가 사후에 피해를 줄이기 위해 개입할 때도 있지만,

항상 뒤늦게 만회하는 식으로 소유주의 특권을 침해하지 않으며 대응한다. 정부는 늘 온실가스 배출자보다 한 발자국 뒤에 있기 때문에 환경 규제는 대기업의 회피 수단에 의해 쉽게 무력화된다. 게다가 정부는 사기업에게 생산을 조직하는 독점적 권한을 부여하는 구조적 조건에는 손을 대지 않는다. 그 결과 자본주의 시스템이 자본가에게 지구를 짓밟을 동기와 수단, 기회를 부여한다는 근본적인 사실은 바뀌지 않는다. 이렇듯 지구 온난화를 야기한 것은 인류 전체가 아니라 바로 이들 자본가들이며, 이는 우연이나 단순한 탐욕의 결과가 아니다. 아니, 자본가의 행동을 지배하고 이런 결과를 낳도록 만드는 역학은 자본주의 사회의 바로 그 구조 안에서 단단히 굳어진다.

우리가 어떻게 논의를 시작하든 결국 도달하는 결론은 같다. 자본주의적으로 조직된 사회는 그 DNA 안에 생태적 모순을 담고 있다. 이런 사회는 '자연의 파국'을 재촉하는데, 이 파국은 자본주의의 전 역사에 걸쳐 주기적이며 필연적으로 발생한다. 즉, 자본주의 사회는 생태 위기를 몰고 오는 내적 경향을 장착하고 있다. 자본주의 사회는 그 작동 방식의 본질적 부분으로서 생태계의 취약성을 유발하며, 이는 현재진행형의 토대 위에 있다. 이 취약성은 항상 극적인 형태를 띠거나 분명히 드러나는 것은 아니지만, 오랜 시간에 걸쳐 누적된다. 그리고 결국 임계점에 도달하면 피해가 분출해 드디어 우리 시야에 들어오게 된다.

서로 얽힌
모순들

자본주의의 생태 문제가 구조적이라 함은 어떤 의미일까? 우리 사회 질서의 특징을 규정하는 어떤 핵심을 무력하게 만들지 않고는 지구를 구할 수 없다는 말이다. 무엇보다 먼저 필요한 것은, 현재 자연을 독점하고 있는 계급으로부터 그 권력을 쟁취하는 것이다. 이로써 우리가 자연과 맺는 관계를 송두리째 재발명하는 길에 나설 수 있다. 그러나 이를 위해서는 자본가 계급의 권력을 떠받치는 시스템을 해체해야 한다. 그 시스템이란, 군대, 소유 형태, '가치'의 파괴적 존재론, 무한한 축적의 역학이다. 이 모두가 힘을 합쳐 지구 온난화를 이끈다. 요약하면, 생태정치는 반자본주의적이어야만 한다.

이 결론은 그 자체만으로도 개념상 강력하다. 그러나 아직도 전체 내용을 다 이야기한 것은 아니다. 그림을 완성하려면, 자연과 이를 둘러싼 투쟁에 영향을 미치는 자본주의 사회의 또 다른 구조적 측면을 고찰해야 한다. 여기에서 핵심적인 것은 자연이 자본주의 경제의 유일한 비-경제적 배경조건이 아니며, 자본주의 사회에서 위기의 유일한 무대도 아니라는 점이다. 이미 지적한 것처럼, 자본주의적 생산은 사회-재생산과 정치적 필요조건에도 의존한다. 그리고 이 제도배열 역시 모순적이며, 그 모순의 정도는 자연을 둘러싼 제도배열 못지않다. 이와 마찬가지로 중요한 점은, 사회-재생산이나 정치적 필요조건과 관련된 제도배열이 자연을 둘러싼 제도배열과 상호작용한다는 것이다. 이제까지 논의에서는 위험을 무릅쓰고 이를 생략했지만, 실은 사회-재생산과 정치적 필요조건을 둘러싼 제도배열 역시 자본주의 사회의 생태비판이론에 포함되어야만 한다.

자본주의 사회의 사회-재생산 조건을 살펴보자. 여기에서도 자본주의는 생산만을 조직하지 않는다. 제3장에서 이야기한 것처럼, 자본주의는 공동체와 가족이 수행하는(대부분을 여성이 떠맡는) 다양한 형태의 돌봄 활동이 생산과 맺는 관계를 결정하기도 한다. 돌봄 활동은 '노동'을 구성하는 인간 존재를 떠받치고 협력이 이뤄질 수 있게 하는 사회적 유대를 형성한다는 점에서, 어떠한 사회적 필수재 공급 시스템에도 없어서는 안 된다. 그러나 이를 조직하는 자본주의만의 독특한 방식은 자연을 조직하는 방식만큼이나 철저히 모순적이다.

여기에서도 자본주의 시스템은 분할을 통해 작동하는데, 생산을 재생산에서 분리해 생산만을 가치의 무대로 취급한다. 그 결과 백지 위임장을 받은 경제는 사회에 무임승차하고, 돌봄 활동을 보충하지 않은 채 제 살만 깎아먹으며, 돌봄 제공에 필요한 에너지를 고갈시킨다. 그리고 결국은 자본주의 자체를 존립하게 하는 핵심 조건을 위험에 빠뜨린다. 따라서 여기에서도 위기를 낳는 경향(즉 사회적 재생산의 위기를 낳는 경향)은 자본주의의 바로 그 핵심에 자리한다.

자본주의 사회 안에서 '경제적인 것'과 '정치적인 것'의 관계에도 유사한 모순이 따라다닌다. 한편으로 자본주의 경제는 일군의 정치적 기둥에 필연적으로 의존한다. 이견을 억누르고 질서를 관철하는 억압 기구, 사적 소유를 보장하고 축적을 인가하는 법률 시스템, 사기업이 수익성을 유지할 수 있게 해주는 다양한 공공재 등등. 이런 정치적 조건이 없다면 자본주의 경제는 존립할 수 없을 것이다. 그러나 자본주의가 경제와 정치를 연결하는 방식은 스스로를 불안정에 빠뜨리기도 한다. 이 제도배열은 자본의 사적 권력을 국가의 공적 권력에서 분리함으로써, 사적 권력이 공적 권력을 형해화하도록 조장한다. 무한한 축적이 존재 이유인 기업들은 조세를 회피하고, 규제를 약화시키며, 공공재를 사유화하고, 사업을 해외로 이전함으로써 결국은 자기 존속의 정치적 필요조건을 스스로 갉아먹을 만한 충분한 이유가 있다. 이 경우에도 기꺼이 제 꼬리를 먹으려 드는 자본주의 사회는 정치적 위기를 낳는 심층적 경향 역시 장착하게 된다(이에 관해서는 다음 장에서 더 자세히 다룰 것이다).

이를테면 자본에게는 생태적 모순 외에도 사회-재생산·정치적 필요조건과 관련한 두 가지 모순이 더 있으며, 이 모순들 역시 분할, 의존, 책임 회피, 불안정화의 4D 논리를 따른다. 이런 견지에서 보면, 분석적 추상의 수준에서 이 모순들은 생태적 모순과 긴밀한 평행 관계에 있다. 그러나 이런 정식화는 자칫 잘못된 방향으로 인도할 수도 있다. 세 가지 모순은 실은 평행을 이루며 작동하는 게 아니라 서로 **상호작용**하며, 마르크스가 진단한 경제적 모순과도 상호작용한다. 사실 이 모순들 사이의 상호작용은 너무도 밀접하고 상호 구성적이어서, 이들 가운데 어느 것도 따로 떼어놓은 채로는 제대로 이해될 수 없다.

사회적 재생산 활동이 삶과 죽음의 문제와 깊이 관련돼 있다는 점을 고찰해보자. 어린이 돌봄은 사회화, 교육, 정서적 양육뿐만 아니라 임신, 출산, 산후조리, 지속적인 신체 관리를 아우른다. 마찬가지로 환자 돌봄과 임종 돌봄은 몸을 치료하고 고통을 줄이는 것뿐만 아니라 위안을 주고 존엄성을 보장하는 데 초점을 맞춘다. 그리고 젊든 연로하든, 아프든 건강하든, 모든 사람은 육체적 안녕과 사회적 연결 모두를 위한 쉼터, 영양 공급, 위생을 유지해주는 돌봄 활동에 의존한다. 즉, 일반적으로 사회적 재생산 활동은 자연적이면서 동시에 문화적인 존재를 떠받치는 것을 목적으로 삼는다. 사회적 재생산 활동은 자연/문화 구별을 넘나듦으로써 사회성과 생물학, 공동체와 생활 터전이 상호작용하도록 만든다.

말하자면 사회적 재생산은 생태적 재생산과 긴밀하게 얽혀 있다. 수많은 사회적 재생산 위기가 또한 생태적 재생산 위기인

이유, 그리고 자연을 둘러싼 수많은 투쟁이 생활양식을 둘러싼 투쟁인 이유가 여기에 있다. 인간의 생활 터전을 떠받치는 생태계를 자본이 불안정에 빠뜨리면, 이와 동시에 돌봄 제공이 위험에 빠질 뿐만 아니라 이를 지탱하는 생계와 사회관계 역시 위험에 빠진다. 역으로 민중이 투쟁으로 맞서면, 마치 자본주의적 분할의 권위를 거부하기라도 하는 것처럼 생태사회적 결합체 전체를 한꺼번에 방어하게 되는 경우가 많다.

생태비판이론가들은 이런 사례를 유념해야 한다. 자본주의의 생태적 모순을 사회-재생산 모순과 함께 사고하지 않는 한, 우리는 생태적 모순을 제대로 이해할 수 없다. 자본주의 시스템은 자연과 돌봄 모두를 경제에서 분리하려고 애쓰지만, 동시에 이들 사이의 폭넓은 상호작용에 불을 댕긴다. 이러한 상호작용은 자본주의 사회에 관한 생태비판이론에서 중요한 위치를 차지할 만하다.

자본주의 사회에서 역시 긴밀하게 연결돼 있는 생태적인 것과 정치적인 것의 관계에도 같은 점이 있다. 자본이 자연의 부를 무상으로 혹은 헐값에 수탈할 수 있게 해주는 법률적·군사적 힘을 제공하는 것은 대개 국가로 나타나는 공적 권력이다. 그리고 생태적 피해가 너무나 직접적인 위협을 가하여 더는 무시할 수 없게 되면 사람들이 찾는 것 역시 공적 권력이다. 달리 말하면, 자본주의 사회가 경제와 자연의 경계선을 안정적으로 유지하는 임무, '발전'을 촉진하거나 억제하는 임무, 탄소 배출을 규제하거나 규제를 완화하는 임무를 맡기는 것은 국가다. 유독 폐기물을 어느 장소에 버릴지, 그 후과를 경감할지 말지, 경감한다면 어떤 방식으로 할지, 누구를 보호할지, 누가 피해를 입을지를 결정하는 것 역시 국가의 임무다.

즉 경제와 자연의 관계를 둘러싼 투쟁은 어쩔 수 없이 정치적이며, 여기에서 '정치적'이라는 말의 뜻은 단지 한 가지가 아니다. 이 투쟁은 대개 자연을 경제로부터 보호하기 위해 국가가 하고 있거나 추진해야 할 구체적 정책에 초점을 맞추면서, 사적 (대기업) 권력을 제어하는 과정에서 나타나는 공적 권력의 한계·권한·역량을 둘러싸고 갈등에 돌입하는 경우가 많다. 사법권 역시 이런 투쟁에서 중요한 쟁점이다. 즉, 애초에 그 정의定義에서부터 초영토적인 성격을 지니는 지구 온난화 같은 사안에 개입하는 적절한 주체와 범위가 무엇이냐는 것이 쟁점이 된다. 또한 자연의 문법, 즉 자연과 결부된 사회적 의미, 자연 안에서 우리의 위치, 자연과 우리의 관계도 쟁점이 된다. 마지막으로 제5장에서 살펴보겠지만, 모든 생태-논쟁 이면에서 모습을 드러내는 것은 가장 중요한 정치철학적 질문이다. 정확히 누가 이 사안들을 결정해야 하는가? 말하자면 어떤 차원에서든 자연/경제 결합체는 정치적이다. 생태 위기와 정치 위기의 상호작용을 파악하지 않는 한, 우리는 현 자본주의 위기의 생태적 차원을 이해할 수 없다. 또한 정치 위기를 함께 해결하지 않고는 생태 위기를 해결할 가망도 없다.

마지막으로, 생태적인 것은 착취/수탈을 나누는 자본주의의 구성적 분할과도 얽혀 있다. 제2장에서 살펴봤듯이, 이 분할은 대략 피부색 분리선과 조응한다. 즉 자본이 생활임금 지불을 통해 사회적 재생산 비용을 충당해주는 인구집단과, 자본이 그 노동과 부를 보상도 거의 없이 그저 빼앗아가는 이들을 구별한다. 첫째 집단은 (적어도 일정한 수준으로는) 정치적 보호를 받을 수 있는, 자유롭고 권리를 지닌 시민의 위상을 갖지만, 둘째 집단은 노예이거나 식민화되어 국가의 보호를 요청할 수 없고 자기방어 수단을 모조리 빼앗긴, 종속적이거나 자유롭지 못한 예속민이 된다. 인종화된 신세계 노예제 시기부터 직접적 식민 통치를 거쳐 (포스트 식민 국가에 대한) 신제국주의와 금융화에 이르기까지, 자본주의 발전에서는 늘 이런 구별이 중심을 이뤘다. 어떤 경우든 일부의 수탈은 다른 일부를 착취해 이윤을 뽑아낼 수 있게 하는 조건 역할을 했다. 이런 무대배열에 대한 책임 회피는 자본주의의 자기 서사에서 중심을 이루며, 자본주의가 존속하도록 돕는다.

수탈은 자본이 에너지와 원자재를 무상까지는 아니어도 저렴하게 획득할 수 있게 해주는 수단이 되기도 했다. 자본주의 시스템이 발전하는 이유의 일부는 재생산 비용을 지불하지 않아도 되는 자연의 막대한 부분을 합병하는 데 있다. 하지만 자연을 전유함으로써 자본은 인간 공동체도 함께 수탈한다. 징발된 물질과 오염된 주위 환경을 생활 터전이자 생계수단, 사회적 재생산의 물적 기초로 삼는 공동체들을 말이다. 즉, 이 공동체들은 전지구적 환경 부담 중에서 그들의 책임에 비해 너무도 많은 몫을 짊어진다. 이 공동체들의 수탈은 다른 ('상대적으로 더 백색인') 공동체들에게, 자연을 둘러싼 자본의 제 살 깎아먹기가 끼치는 최악의 후과를 잠시나마 피할 기회를 준다. 말하자면 생태 위기를 낳는 자본주의 시스템의 내적 경향은, 수탈을 위해 인종적으로 구별된 인구집단을 창조하는 내적 경향과 밀접히 연결돼 있다. 이경우에도 생태비판이론은 인종화된 자본주의의 수탈 경향을 제쳐놓고는 자본주의의 생태 관련 경향을 제대로 이해할 수 없다.

종합하면, 자본주의의 생태적 모순은 이 시스템의 다른 구성적인 비합리성이나 불의와 깔끔하게 분리될 수 없다. 환경만을 쟁점으로 삼는 환원론적 생태지상주의 시각으로 다른 모순들을 무시한다면, 자본주의의 독특한 제도적 구조를 놓치게 된다. 자본주의 사회는 경제를 자연만이 아니라 국가, 돌봄, 인종적·제국주의적 수탈과도 분리함으로써, 함께 상호작용하는 모순들의 얽힘을 제도화한다. 그리고 이것이야말로 비판이론이 단일한 틀안에서 동시에 추적해야 할 주제다.

우리의 초점을 역사로 옮기면, 이 결론은 더욱 설득력을 갖게 될 것이다.

'자연'을 말하는
세 가지 방식

하지만 그보다 먼저 '자연'이라는 단어를 짚어보자. 의미가 유동적인 이 단어는 이 책 앞부분에서는 서로 다른 두 가지 의미를 띠었는데, 세 번째 의미를 소개하기 전에 이 두 의미를 명확히 구분하는 게 좋겠다.

지구 온난화가 잔혹한 현실이라고 말하며 나는 기후과학이 연구 대상으로 삼은 자연의 개념을 취했다. 그것은 탄소가 대기 중에 넘쳐날 경우 인간의 인식 여부와는 상관없이 우리 등 뒤에서 전개되는 생물물리학적 과정을 통해 움직이며 '반격'하는 자연이다. 자연Ⅰ이라 부를 이 과학적-실재론적 자연은 내가 자본주의의 생태적 모순을 설명하며 환기시킨 또 다른 의미와 충돌한다.

이 두 번째 맥락에서 '자연'은 자본의 관점에서 '인류'의 존재론적 '타자'로 언급된다. 즉 가치가 없으면서도 가치 확장이라는 자본주의 시스템의 목적에 수단으로 전용될 수 있는, 스스로를 보충하는 사물의 집합이다. 자연Ⅱ라 부를 이 개념은 자본주의의 구성물로서, 역사적으로는 자본주의에 특수한 것이지만 그렇다고 단순한 허구나 관념만은 아니다. 역시 인간의 인식과 상관없이 체계적으로 전개되는 자본 축적 역학 안에서 조작할 수 있게 돼 있는 자연 II는, 자연 I에 중대한 실천적 영향을 끼치는 강력한 힘이 되었다. 지금껏 내 논의는 자본주의 사회 안에서 자연 II가 자연 I을 비극적으로 납치한다는 사실을 드러내려는 시도였다.

하지만 이제 역사로 주제를 옮기면서, 우리는 자연의 또 다른 개념과 만날 준비를 해야 한다. 이 개념, 즉 자연 III은 역사유물론의 연구 대상이다. 이 맥락에서 자연은 구체적이며, 오랜 시간에 걸쳐 변화하고, 인간적 요소와 비인간적 요소가 벌이는 물질 대사적 상호작용이 늘 이미 각인돼 있다. 이는 인간 역사와 얽혀 있고 인간 역사에 의해 형태가 만들어진, 또한 인간 역사의 형태를 만드는 자연이다. 우리는 도처에서 인간 역사와 자연의 얽힘을 확인할 수 있다. 생물 다양성이 넘치던 초원을 단일경작용 농지로 변형시키고, 오래된 나무들로 이뤄진 숲을 외래종 수목 이식지로 대체하며, 광산 개발과 소 방목을 위해 열대우림을 파괴하고, '야생보호구역'을 보존하며, 습지대를 간척하고, 동물을 사육하며, 유전자 변형 종자를 개발하고, 기후와 '발전'으로 인한 생물종 이동 탓에 바이러스의 인간-야생동물 간 전파가 촉발되는 것 등을 들 수 있다. 여기에 언급한 것들은 지구 역사의 (상대적으로 짧은) 자본주의 국면에서 나타난 이런 얽힘의 사례들이다.

마르크스주의 생태사상가인 제이슨 무어Jason W. Moore는 대문자 '자연'을 복수의 소문자 '역사적 자연들'로 대체하자고 제안하면서 자연Ⅲ의 발상을 환기시킨다.[2] 이제 나는 쌍방향의 역사적 결합체로서 사회/역사 상호작용을 그려내기 위해, '사회생태적'이라는 형용사와 더불어 무어의 '역사적 자연들'이라는 표현을 사용하고자 한다.

인간 역사와 밀접하게 얽힌 이 세 번째 자연 개념은 자본주의의 생태적 모순을 역사 속에 자리매김하는 다음 단계의 논의에서 무엇보다 먼저 다루는 중심 주제가 될 것이다. 그러나 이를 강조한다고 하여 자연Ⅰ과 자연Ⅱ를 배제하거나 무효화하는 것은 결코 아니다. 무어의 주장과는 반대로, 두 개념 모두 정당하며 자연Ⅲ과 양립할 수 있다.[3] 그리고 두 개념 모두 인류의 등 뒤에서 움직이는 객관적인 역사적 힘이자, 인간 행위에 동기를 부여하는 (상호)주관적 믿음들이다. 또한 이 믿음들은 자연Ⅲ과만 충돌하는 것이 아니라, 역시 '반격'(이 경우에는 사회적 투쟁과 정치적 행동을 거쳐)할 역량을 지닌, 자연에 대한 다른 서발턴subaltern*적 인식과도 충돌한다는 것을 확인할 것이다. 요약하면, 자본주의의 생태적 모순의 역사적 이력을 정리하려면 우리에게는 자연

---

* '하층민' '하층집단' '하위주체' 등으로 번역되며 그냥 '서발턴'으로 표기되는 경우도 많은데, 이 책에서는 '서발턴'으로 통일하여 옮겼다. 안토니오 그람시가 처음으로 중요하게 사용한 개념으로, 이후 탈식민주의 이론가들에 의해 확산됐다. 단순히 사회경제적 지위가 낮거나 상황이 열악한 집단이 아니라, 이에 더해 자신의 불만이나 분노를 표출할 언어나 문화적 수단조차 지배집단에게 장악된 이들을 뜻한다.

의 세 개념의 합주合奏가 필요하다.

사회생태적 축적의
역사적 체제들

지금까지 나는 생태 위기를 낳는 자본주의의 경향을 구조적 맥락에서만 상술했다. 마치 그것이 시간 바깥에 존재하기라도 하는 듯이 말이다. 하지만 현실에서 이 경향은 오직 역사적으로 구체적인 형태로만 표출된다. 여기에서는 이를 '사회생태적 축적 체제'라 표현하겠다. 나는 이 문구를 자본주의 역사에서 교대로 이어진 다양한 국면을 지칭하는 데 사용하고자 한다.

자본주의의 각 체제는 경제/자연 관계를 조직하는 서로 다른 방식을 보여준다. 각 체제마다 에너지를 발생시키고 자원을 추출하며 폐기물을 처리하는 독특한 수단이 중심을 이룬다. 또한 각 체제는 서로 다른 확장 경로(즉 정복, 도둑질, 상품화, 국유화, 금융화)의 역사적으로 특수한 혼합을 통해, 과거에는 외재적이었던 자연의 막대한 부분을 새로 합병하는 방식을 보여준다. 마지막으로 각 체제는 자연을 외부화하고 관리하는 독특한 전략을 발전시킨다. 그 수단은 정치적 영향력이 없는 가족과 공동체에 피해를 떠넘기는 것이고, 그 방안은 피해 경감의 책임을 국가와 정부조직, 시장에 분배하는 것이다. 즉, 각 체제의 차별성을 만들어내는 것은 경제와 자연 사이의 선을 어디에 긋는가, 이 분할을 어떻게 작동하게 만드는가 하는 것이다. 그리고 또 한 가지 중요한 것은, 앞으로 살펴보겠지만, 각 체제가 이론을 통해서든 실천을 통해서든 자연에 부여한 구체적 의미다.

이 문제들 가운데 어떤 것도 자본주의의 출현과 더불어 단번에 정착된 것은 없다. 오히려 역사적으로 변천을 하며, 특히 위기 시기에 더욱 그러하다. 위기 시기에는 자본주의의 생태적 모순이 오랫동안 숙성된 결과가 너무나 선명하고도 완강하게 드러나기 때문에, 더 이상 책략을 통해 은폐되거나 무시될 수 없다. 이런 일이 벌어지면, 기존의 경제/자연 관계를 고수하는 조직은 이제 기능 장애에 빠진, 더 이상 충분한 이익을 내지도 못하고 지속 불가능한 잘못된 조직으로 보이게 된다. 결국 이들은 쟁투에 휘말리게 된다. 그 결과 기존의 경제/자연 관계를 방어하려하거나 변혁하려 하는 경쟁적 프로젝트를 내세우는 라이벌 정치 블록 사이에서 광범한 투쟁이 촉발된다.

그리고 일단 새 체제가 수립되면, 어느 정도 잠정적 구제책을 제공하면서 적어도 이전 체제의 곤경 중 일부를 극복한다. 그러나 동시에 새 체제 나름의 곤경을 품고 있으며, 그 결과는 나중에 체제가 원숙기에 접어들고 나서야 눈에 드러난다. 새 체제가 생태 위기를 낳는 자본주의의 내적 경향을 극복하지 못하는 한, 또는 만약 창의성을 발휘하더라도 위기 경향을 단지 완화하거나 치환하기만 한다면, 유감스럽게도 이런 결과는 피할 수 없다.

어쨌든 이것이 지금까지 세상을 지배해온 시나리오다. 그 결과 이제 우리는 자본주의의 역사를 '사회생태적 축적 체제'의 연속으로 볼 수 있게 되었다. 이 연속은 체제마다 서로 다른 발전 위기에 의해 단절되며, 각각의 위기는 후계 체제에 의해 잠정적으로 해소되고, 그러다가 또 때가 되면 그 체제 나름의 발전 위기가 발생하고 만다.[4] 나중에 우리는 이러한 축적 체제의 연쇄가, 이제는 이런 패턴을 넘어서는 더 심층적인 역학 탓에 종말에 다다른 것은 아닌지 살펴볼 것이다. 그 심층적 역학이란, 체제 수준을 넘어 전혀 새로운 시대를 열 정도로 진전된 지구 온난화다. 지구 온난화는 꾸준히 고조되는 중이며, 무자비한 모습으로 모든 것을 끝장내겠다고 위협한다. 어떻게 표현하든, 자본주의 역사 속에서 자연을 조직하며 몇 차례에 걸쳐 경제/자연 분할이 변화했음은 부정할 수 없다. 여기에서 나의 주된 목적은 이 변동과 이를 추동하는 위기 역학을 정리하는 것이다.

자본주의의 생태적 모순의 역사적 이력은 앞 장들에서 만났던 것과 같은 네 가지 축적 체제로 이뤄진다. 즉 16-18세기의 중상주의-자본주의 국면, 19세기와 20세기 초의 자유주의-식민주의 체제, 20세기 중반의 국가-관리 국면, 현재의 금융화된 자본주의 체제다. 이러한 각 국면마다 경제/자연 관계는 서로 다른 외양을 띠었고, 이를 통해 유발되는 위기 현상 역시 달랐다. 또한 각 체제는 자연을 둘러싸고 서로 다른 유형의 투쟁들을 촉발했다. 하지만 한 가지만은 체제를 가리지 않고 쭉 이어졌다. 각 경우마다 생태-위기와 생태-투쟁은 (생태적 모순과 마찬가지로) 자본주의 사회의 구조적 모순에 토대를 둔 위기 및 투쟁의 다른 흐름들과 깊이 얽혀 있었다.

동물의 근력

먼저 중상주의적 자본주의와 에너지 문제로 논의를 시작해보자. 이 국면의 초기에는 배가 풍력으로 항해했고, 어떤 곳에서는 풍차와 수차로 곡식을 빻았다. 그러나 농업과 제조업은 수천 년 동안 그랬듯이 인간이든 아니면 다른 짐승(황소, 말 등)이든 주로 동물의 근력을 바탕으로 굴러갔다. 중상주의적 자본주의는 이 점에서 전자본주의 사회를 그대로 이어받았다. 그래서 환경사학자 맥닐J. R. McNeill은 이를 '육체somatic' 에너지 체제라 불렀다. 화학 에너지를 기계 에너지로 변환하는 과정이 대개 생명체로부터 비롯된 먹잇감을 소화하는 생물의 몸 안에서 발생한 것이다.[5]

그랬기에 초기에는 주로 정복을 통해 가용 에너지를 증가시켜야 했다. 중상주의-자본주의 권력은 토지를 합병하고 노동을 징발해 추가 공급해야만 생산력을 늘릴 수 있었다. 앞 장들에서

본 것처럼, 그들은 오랜 세월 동안 유효성을 증명한 이런 수단을 마음껏 활용했지만, '구'세계뿐만 아니라 '신'세계까지 아우르면서 그 규모가 엄청나게 확대됐다.

즉, 중상주의-자본주의 주체들은 주변부에 사회생태적 추출주의의 잔인한 시스템을 정착시켰다. 포토시의 은광*에서 생-도맹그의 노예제 플랜테이션 농장**에 이르기까지, 그들은 토지와 노동을 기력이 고갈될 때까지 부려먹었다. 그러면서도 자기네가 소모한 것을 보충하려는 노력 따위는 하지 않았다.[6] 오히려 그들은 '외부'로부터 강제로 흡수한, 전에 없던 인간 및 비인간 '투입물'을 먹어 치우기로 했고, 모든 대륙 곳곳에 환경적·사회적 피해의 자취를 남겨놓았다.

---

* 포토시는 볼리비아의 포토시주에 소재한 도시다. 스페인인들이 이 지역을 점령한 뒤인 1545년에 거대 은광이 개발됐다. 스페인 점령자들은 선주민들에게 강제 노동을 시켜 다량의 은을 채굴한 뒤, 이를 중국 등과의 무역에 경화(국제결제통화)로 사용했다. 이로 인해 선주민들은 인종 학살 수준의 고난을 겪은 반면에 유럽에는 다량의 은이 유입돼 초기 상업자본주의가 순항할 수 있었다.

** 생-도맹그는 카리브해의 현 아이티공화국을 일컫던 옛 지명이다. 카리브해에서 쿠바 다음으로 큰 섬인 히스파니올라의 동쪽을 점령한 스페인인들은 이 지역을 산토도밍고라 불렀고, 섬 서쪽을 식민지로 만든 프랑스인들은 자기 지역을 생-도맹그라 칭했다. 바로 이곳에서 번성한 사탕수수 플랜테이션 농장(한때 프랑스 국부의 1/4에 달했다는 보고도 있다)에 노동력을 공급하기 위해 서부 아프리카 해안에서 주민들을 납치·매매하면서 근대 노예제가 대두했다. 1791년에 프랑스대혁명에 화답하며 근대 노예제 철폐의 첫 막을 연 위대한 흑인 혁명도 다름 아닌 이곳(현 아이티)에서 시작됐다.

피해를 입는 쪽에 있던 이들은 반격에 나섰고, 전투 결과는 다양하게 나타났다. 생활 터전과 공동체, 생계에 대한 전면 공격에 맞선다는 대의 아래 이러한 저항은 종합적인 면모를 보이지 않을 수 없었다. 공동체주의적이든 대항-제국주의적이든 공화주의적이든, 이런 저항은 현재 우리가 '환경' 투쟁이라 부르는 바를 노동, 사회적 재생산, 정치권력을 둘러싼 투쟁과 결합했다.

한편 식민 본국에서는 자본이 다른 수단을 통해 규모를 불렸다. 영국에서 강제로 추진된 토지 인클로저는 농지를 양 방목지로 바꾸었고, 기계화가 진전되지 않은 상황에서도 방직산업이 확장될 수 있게 만들었다. 토지 사용과 소유권 체제의 이러한 변동은 16세기에 전개된 행정국가 건설의 중대한 물결, 그리고 세상을 뒤바꾼 17세기의 과학혁명과 수렴했다. 과학혁명은 자연에 관한 기계적 관점을 선보였는데, 이는 자연Ⅱ를 탄생시키는 수단이 된 자연Ⅰ의 초기 버전이었다. 기계적 자연관은 그리스 철학과 기독교로부터 물려받은 자연/인간 구별을 더욱 강화했고, 자연을 '의미'의 우주에서 추방했다. 이로써 자연과 사회가 밀접한 관계에 있다는 추정 대신 둘 사이에 깊은 존재론적 간극을 파놓았다.

대상화되고 외부화된 자연은 이제 인간의 반명제로 등장했으며, 어떤 이들은 이 관점을 자연을 '강간'해도 좋다는 뜻으로 받아들였다.[7] 알다시피 이런 종류의 철학적 발상은 근대 과학의 핵심 요소가 아님이 드러났으며, 자연 I 의 이후 버전에서는 결국 탈락되었다. 그러나 자본의 형이상학 안에서 기계적 자연관은 제2의 삶을 살게 된다. 자본은 자연 II 를 그저 목석처럼 무감하고 가져가는 사람이 임자인 사물들로 가정했다.

말하자면 일반적으로 중상주의적 자본주의는 주변부에서는 정복과 추출주의를 접합했고, 중심부에서는 박탈과 근대 과학을 접합했다. 후세대의 시각에서 보면, 이 시기에 자본은 생명의 힘과 지식의 힘을 축적하기 시작했다고 할 수 있다. 이 힘들은 나중에야 새로운 사회생태적 축적 체제가 도래하면서 그 생산적 잠재력이 분명히 드러나게 된다.

석탄왕[*]

새 체제는 화석 에너지의 세계사적 전환을 선도한 19세기 초 잉글랜드에서 모습을 갖추기 시작했다. 제임스 와트가 석탄을 때는 증기기관을 발명하자 세계 최초로 '탈육체exosomatic' 에너지 체제로 나아가는 길이 열렸다. 처음으로 지표면 밑에서 탄화된 태양 에너지를 캐내어 **살아 있는 육체 외부에서** 기계 에너

---

[*] 1913-1914년 콜로라도 탄광 파업을 다룬, 미국의 사회주의 소설가 업튼 싱클레어의 소설《석탄왕King Coal》(1917년)에서 따온 표현.

지로 전환시켰던 것이다.

이런 식으로 자유주의-식민주의 체제는 생물 자원에 간접적으로만 결박되어 있었기 때문에 토지와 노동의 제약으로부터 생산력을 해방시키는 것으로 보였다. 동시에 이는 새로운 역사적 자연을 창조했다. 과거에는 특정 지역에서만 난방용 연소 물질로 관심을 끌었던 석탄이 이제는 국제적으로 거래되는 상품이 되었다. 수십억 년에 걸쳐 형성된 에너지층이 (징발당한) 토지에서 추출돼 먼 거리를 대량으로 운송됐고, 기계화된 산업에 동력을 부여하기 위해 눈 깜짝할 새에 소모됐다. 그 과정에서 이를 보충해야 한다거나 공해를 염려하는 고민 따위는 없었다.

여기에서 중요한 것은 화석화된 에너지 덕분에 자본가가 생산관계의 틀을 자신에게 유리하게 다시 짤 수단을 갖게 됐다는 점이다. 1820년대와 1830년대에 작업장에서 벌어지는 파업에 휘청거리던 영국 방직산업 공장주들은 작업 공정의 대부분을, 장소에 묶여 있는 수력에서 이동이 쉬운 증기력으로 전환했다. 이로써 작업장 또한 시골에서 도시로 옮기게 됐다. 이런 식으로 그들은 프롤레타리아화된 노동의 집중적 공급에 수도꼭지를 달아 마음껏 끌어 쓸 수 있게 됐다. 반면에 도시에서 고용된 노동자는 농촌의 노동자에 비해 생계수단을 획득할 기회는 줄고, 공장 규율을 참아야 할 이유는 늘어나게 됐다.[8] 강화된 착취로 거둔 이익은 석탄의 비용(석탄은 물과는 달리 돈을 주고 사야 했다)을 명백히 압도했다.

석탄으로 가열된 증기가 생산 영역에서 산업혁명의 동력이 되었다면, 이는 교통에서도 혁명을 일으켰다. 철도와 증기선은 공간을 압축하고 시간을 단축했으며, 아주 먼 거리를 가로지르는 원자재와 공산품의 이동 속도를 높였다. 이로써 자본의 회전율을 가속하고 이윤을 불렸다.[9] 농업에 끼친 영향도 심대했다. 굶주린 프롤레타리아트가 도시로 모여들자 시골에서는 이윤이 주도하는 지속 불가능한 농업으로 돈을 벌어들였다. 그러나 물론 이런 제도배열은 도시와 농촌의 물질대사 균열을 크게 악화시켰다. 농촌의 토양에서 약탈된 영양분은 추출이 발생한 그 지점으로 돌아오지 않고, 도시의 수로에 유기성 폐기물로 방출됐다. 결국 석탄을 땐 자유주의-식민주의 체제는 농지를 소진시켰고, 단번에 도시를 오염시켰다.[10]

이러한 토양 영양분 순환의 대량 파괴는 자유주의-식민주의 국면에 벌어진 자본주의의 생태적 모순을 집약적으로 보여준다. 그만큼이나 상징적이었던 것은 이에 대한 대응이었는데, 유럽의 토양 소모 위기를 해결하겠다는 해법은 이를 다른 곳으로 옮기거나 더 덧나게 할 따름이었다. 믿기 힘들지만, 수익성이 높았던 한 사업이 구아노*를 중심으로 벌어졌다. 페루 해안의

* 비가 적게 오는 건조한 지역에서 새들의 배설물이 굳어 화석화된 것으로, 질

깎아지른 암벽에서, 반은 노예 신세인 중국인 노동자들을 시켜 구아노를 긁어낸 다음 유럽행 배에 선적해 비료로 팔았고, 이는 영국 투자자들의 배를 불려주었다. 그 결과 중 하나가 무역 통제를 둘러싼 잇따른 반제국주의 전쟁과 제국주의 국가들 간 전쟁이었다.[11] 한편 수백 년 동안 형성된 자연이 몇 십 년 만에 퇴락하기 시작한 또 다른 사례는 화학 비료의 발명과 광범한 사용이었다. 화학 비료가 끼친 연쇄 효과downstream effect[*]에는 토양 산성화, 지하수 오염, 대양의 데드 존, 대기 중 아산화질소[**] 농도 증가 등이 있으며, 이 모두는 인간과 다른 동물에게 극히 해로웠다.

게다가 더 심한 아이러니도 있다. 자본주의 중심부의 화석 연료 기반 생산은 자유주의-식민주의 시기에 확장됐다. 그러나 구아노라는 잔꾀가 보여주듯이, 땅과 동물 근력에서 해방된 것 같은 외관은 허상이었다. 유럽, 북미, 일본의 탈육체 에너지 산업화

소와 인을 풍부하게 함유하고 있다. 에콰도르, 페루 등 남미 대륙 서부 해안에는 다량의 구아노가 퇴적돼 있었는데, 19세기 중반에 식물을 키우는 주된 영양분이 질소임을 발견한 유럽인들이 비료로 사용하기 위해 이를 대거 수입했다. 20세기 중반에 화학 비료가 개발되고 나서야 구아노 수요는 급감했다.

[*]   상류에 투기한 쓰레기들이 모여 하류에서 심각한 식수 오염을 초래하는 것처럼, 인간의 애초 의도와 상관없이 생태계 순환에 따라 오염이 심화·확대되어 인간 자신을 위협하는 결과를 낳는 현상을 말한다.

[**]   질소산화물 중 하나. 오존층을 파괴하고 지구 온난화를 악화시키는 물질로, 온난화 기여도는 이산화탄소의 약 300배에 달한다.

는 주변부에 육체 에너지에 바탕을 둔 추출주의의 감춰진 장소가 없었다면 존립할 수 없었다. 맨체스터의 공장들이 콧노래를 부르게 만든 것은 자유롭지 못하고 종속적인 거대한 군중의 노동을 통해 식민화된 땅에서 쥐어짜낸 '값싼 자연들'[12]의 대량 수입이었다. 예컨대 탐욕스런 공장의 식욕을 채워준 값싼 면화, '일손'들의 흥분제가 된 값싼 설탕·담배·차, 노동자에게 먹을거리를 주는 토양에게 먹을거리를 주는 값싼 새똥이 그것들이었다. 따라서 노동과 토지의 절약처럼 보였던 것은 실은 환경 부담 전이轉移의 한 형태, 즉 생물 자원에 대한 수요를 중심부에서 주변부로 옮긴 것이었다.[13] 식민 국가들은 식민지에서 고의적으로 제조업을 쓸어버림으로써 이 과정을 더욱 촉진했다. 영국은 이집트와 인도에서 면직물 생산을 의도적으로 파괴한 뒤에 이 지역들을 영국 내 공장을 위한 면화 공급지이자 영국산 면직물의 전속 시장으로 전락시켰다.[14]

생태-제국주의의 이론가·역사가들은 이제야 이러한 비용 전가의 전체 규모를 제대로 평가하고 있으며[15], 또한 반식민주의와 원시 환경주의 사이의 긴밀한 관계를 드러내고 있다. 자유주의-식민주의적 포식에 맞선 농촌 투쟁은 '가난한 이들의 환경주의'이자, 글자 그대로 선구적인 환경정의 투쟁이기도 했다.[16] 또한 이는 자연의 의미와 가치를 둘러싼 투쟁이기도 했다. 이를테면 자연과 문화를 구별하는 과학적 인식에 따라 교육받은 유럽 제국주의자들이, 자연과 문화를 그렇게 선명히 구별하지 않는 공동체들을 예속시키려 했던 것이다.

사람들이 이런 구별을 **그대로** 따르는 자본주의 중심부에서는 (원시)환경주의는 이와는 다른 모습을 보였다. 마치 자본이 자연을 판타지로 만들어버린 것처럼, '인간의 타자'로 보이되 숭고하며 값을 매길 수 없는, 그리하여 경외와 보호를 요구하는 '자연'을 불러낸 것이다. 자연Ⅱ의 동전 반대 면인 이 자연 역시 이데올로기적이었다. 그러나 이는 추출주의에 백지 위임장을 준 당대의 주류 자연관과는 달리, 산업사회에 대한 낭만적-보수적 비판의 재료가 됐다. 본래 전원 취향인데다 복고풍이었던 '숭고한 자연'론은 야생보호에 초점을 맞추는 고고孤高한 '부자들의 환경주의'[17]의 재료가 되었다.

사실 이 시기의 (원시)환경주의는 이것으로 끝이 아니다. 자연에 대한 자본의 공격을 계급적 불의와 연결한 또 다른 시각이 공존했다. 이러한 시각의 핵심 주창자로는 윌리엄 모리스William Morris와 프리드리히 엥겔스가 있다. 모리스는 강력한 미적 차원을 자신의 생태사회주의에 포함시켰으며, 엥겔스는 사회적 환경주의를 통해 산업화가 도시 노동계급의 건강에 끼치는 유해한 영향을 최초로 강조하고 나중에는 '자연의 변증법'에 초점을 맞추었다(지금에 와서는 자연의 변증법을 공-진화론과 생물학적 창발주의 biological emergentism*라 부를 수 있을 것이다). 두 사상가 모두 풍

요로운 사회주의적 생태주의 전통의 씨를 뿌렸다. 이러한 시각
은 이후 환경주의에 대한 편협한 단일쟁점적 인식에 가려졌지
만 지금은 복원되고 확대되는 중이다.[18]

자동차 시대

그러나 물론 자유주의-식민주의적 자본주의의 최대 유
산은 (환경주의가 아니라) 탈육체 에너지를 향한 경천동지할 치명
적인 전환이었고, 이는 수억 년 동안 지구 표면 아래에 안전하게
격리돼 있던 화석화된 탄소 비축분을 '해방'시켰다. 지구 온난화
를 초래한 이 유산은 그 다음의 국가-관리주의 시기에 이르러,
새로운 지구 패권국이 용의주도하게 엄청난 온실가스 배출을
추진함에 따라 계승·확대됐다.

대영제국을 대체한 미합중국은 내연기관과 정제 석유를 중
심으로 전에 없던 탈육체 에너지-산업 복합체를 구축했다. 그 결

---

*   창발주의는 생물학에서 비롯된 '창발emergence' 개념을 중심으로 자연 현상
    이나 사회 현실을 설명하는 입장이다. 여기에서 '창발'이란, 하위 수준에는 없
    는 특성이나 행동이 상위 수준에서 자발적으로 돌연히 출현하는 것을 일컫는
    다. 자연과학과 사회과학을 가로지르는 최근의 복잡계 접근법은 전통적 과학
    방법론, 즉 상위 수준의 현상을 항상 하위 수준의 특성이나 행동으로 '환원'해
    설명하는 방법론의 대안으로 이 '창발' 개념을 통해 자기 조직화 현상 등을 설
    명한다. 저자는 엥겔스가《자연 변증법》에서 인간 역사를 넘어 자연에까지 변
    증법을 적용하려 한 시도가 창발주의의 선구적 사례라 본다.

과 자동차 시대가 열렸다. 자동차는 소비주의적 자유의 상징일 뿐 아니라 고속도로 건설의 촉매, 교외화의 원동력, 이산화탄소를 내뿜는 원천, 그리고 지정학의 틀을 다시 짠 계기였다. 이로써 석탄을 때던 '탄소민주주의'는 석유를 태우는 '탄소민주주의'의 다른 변형에 길을 내주었다.[19]

정제 석유는 사회민주주의에 힘을 보태기도 했다. 자동차 및 유관 제조업체가 획득한 이윤은 부유한 국가들의 세수를 크게 늘렸으며, 이는 전후 사회복지의 재정을 뒷받침했다. 그러나 그 아이러니를 눈치 챈 이들은 많지 않았다. 북반구에서 사회복지의 공적 지출이 늘어날 수 있게 해준 것은 남반구에서 더욱 강화된 자연의 사적 약탈이었다. 자본이 사회적 재생산 비용 청구서를 일부나마 계산해주었다고 한다면 이는 오직 저 먼 곳에서, 액수가 훨씬 더 큰 자연의 재생산 비용 청구서를 나 몰라라 할 수 있었던 덕분이라는 점은 명약관화하다.[20] 이 모든 것에 연결고리 노릇을 한 것은 석유였으니, 이게 없었다면 모든 활동이 가루처럼 부서지며 중단됐을 것이다.

미국은 석유의 공급과 통제를 확고히 하기 위해 페르시아만과 라틴아메리카에서 숱한 쿠데타를 후원했으며, 이를 통해 석유 대기업과 과일 대기업의 이윤과 입지를 보장해주었다. 과일 대기업 역시 다른 일반적인 식품 대기업처럼 제 살 깎아먹는 짓을 벌였다. 대기를 더 오염시키는 지속 불가능한 식량산업 시스템을 국경 너머 권역으로 확대하기 위해 석유를 과다 사용하고, 오존층을 파괴하는 냉동 운반 기술을 개발한 것이다.[21] 종합하면, 석유를 연료로 삼은 국내 사회민주주의는 군대를 통해 강요된 해외 과두 정치에 의존했다.[22]

동시에 미국은 강력한 환경운동을 낳기도 했다. 이전 체제의 자연-낭만주의를 이어받아 19세기에 시작된 한 조류는 금지구역과 국립공원 창설을 통한 '야생보호'에 집중했는데, 이런 조치들은 선주민의 강제 이주를 수반하는 경우가 많았다.[23] 복고풍에 반대하는 '혁신파'라 자처한 이런 '부자들의 환경주의'는 기존 체제를 보완하는 조치에 주력했는데, (일부) 미국인들이 산업문명에서 일시적으로 탈주할 수 있게 하는 것이 목적이었을 뿐 산업문명과 대결하거나 이를 변혁하려고 하지는 않았다.

하지만 국가-관리 자본주의가 발전하자 체제의 산업적 중핵을 공략하는 또 다른 환경주의가 알을 깨고 나왔다. 생물학자이자 환경보호론자인 레이첼 카슨Rachel Carson의 1962년작《침묵의 봄Silent Spring》으로 불이 붙은 이 조류는 국가가 대기업발 공해를 줄이기 위해 행동에 나서도록 압박했다. 그 결과는 환경보호국Environmental Protection Agency, EPA의 설립이었고, 이는 사회적 재생산을 지원한 뉴딜 기관의 환경판이었다. 1970년에 창설된 EPA는 환경 문제를 국가 규제 대상으로 삼아 '외부성을 내부화함으로써' 시스템 위기를 진정시키려던, 국가-관리 체제의 마지막 주요 시도였다. 그중에서도 백미는 슈퍼펀드Superfund였다. 미국 내 유독 폐기물 오염지를 자본의 비용 지불로 정화하고자 한 것이다. 슈퍼펀드는 주로 석유화학산업에 과세하여 자금을 조달했고, 자본주의 국가의 강압적 기관을 통해 '오염자 부담' 원칙을 실행했다. 이는 채찍을 당근으로 대체하며 시장에 의존하는 요즘의 탄소거래제도와는 다른 모습이었다.

자연에 대한 국가-자본주의적 규제는 이런 점에서 진보적이었지만, 그 근저에는 (사회적 재생산의 경우와 마찬가지로) 비용 전가를 통한 책임 회피가 있었다. 이 체제는 생태적-'외부성'을 중심부의 가난한 공동체들(전부는 아니지만 다수는 유색인 공동체였다)에게 압도적으로 떠안겼고, 주변부에서는 추출주의와 환경 부담 전이를 급증시켰다. 게다가 미국 환경주의의 산업 감시 진영은 대기업발 공해라는 핵심 쟁점의 틀을 잘못 짰다. 생태-정치의 집행 단위로 국민-영토국가를 상정하는 바람에, 산업 폐기물 배출이 본질적으로 국경을 넘어서는 특성을 갖는다는 점을 놓치고만 것이다.[24] 이렇게 '못 보고 놓친' 것이 얼마나 치명적인 결과를 낳았는지는 그 효과가 본래 전 지구적일 수밖에 없는 온실가스와 관련하여 드러나게 된다. 당시에는 이 과정이 제대로 이해되지 못했지만, 국가-관리 체제가 그 존속 기간 내내 이산화탄소를 쉬지 않고 만들어냄으로써 이 시한폭탄의 폭발은 급격히 당겨졌다.

새로운 인클로저, 금융화된 자연, 그리고 '녹색자본주의'

금융화된 자본주의 시대인 오늘날 이 모든 '비재화 bads'[*]는 비록 기반은 바뀌었지만 어쨌든 약 기운을 빌려 지속된다. 남반구로 제조업 입지가 이동한 결과, 이전의 에너지 지리학이 혼란에 빠졌다. 이제는 아시아와 라틴아메리카 전역, 아프리카 남부 일부 지역에 '육체 에너지 형성체formation'와 '탈육체 에너지 형성체'가 나란히 공존한다.

한편 북반구는 점차 정보통신IT·서비스·금융의 '탈물질화' 삼각형에 특화하고 있다. 이를테면 구글, 아마존, 골드만삭스 등이다. 그러나 이번에도 자연에서 해방된 듯한 외양은 진실과는 다른 방향으로 이끈다. 북반구의 '탈물질주의'는 남반구의 물질주의(광업, 농업, 제조업)에 의존할 뿐만 아니라, 북반구 내 후미진 곳의 프래킹[**]과 해양 굴착에도 의존한다. 마찬가지로 중요한 것은 북반구 내 소비의 탄소 집약도[***]가 점점 높아진다는 점이다. 가

[*] '재화goods'의 반대말. 양의 가치로 거래되는 재화와 반대로, 비재화는 음의 가치로 거래된다. 가장 상식적인 사례는 폐기물이다.

[**] 수압파쇄법. 고압의 액체를 분사해 광석을 파쇄하며 채굴하는 방법이다. 기존에는 채굴이 불가능했던 오일샌드 등을 캐내는 데 사용하는데, 지하수와 표층수 오염, 지진 유발 등의 심각한 위험을 수반한다.

령 항공 여행, 육식, 시멘트 포장, 총 물질 처리량의 가파른 증가를 떠올려보자.

한편 자본은 빠른 속도로 새로운 역사적 자연들을 계속 발생시키고 있다. 여기에는 리튬과 콜탄처럼 반드시 새롭게 확보해야 하는 광물이 포함되는데, 콜탄은 휴대전화의 필수 원료로서 이윤이 엄청난 상품이다. 중앙아프리카공화국 내전의 원인이자, 노예화된 콩고 어린이들에 의해 채굴되는 상품이다. 또 다른 신자유주의적 자연들로는 새롭게 인클로저 대상이 된 낯익은 대상들이 있다. 그중 가장 중요한 사례는 물인데, 물의 사유화는 대중의 격렬한 저항에 부딪히고 있다. 이들 대중은 '물질적 이해관계'만이 아니라 '삶의 원천', 그리고 이와 연관된 자연/상품 결합체에 대한 서발턴적 관점을 지키는 데 전념할 수밖에 없기 때문이다.[25]

인클로저는 자본주의의 어떤 국면에서든 필수 요소였지만, 현 체제는 교활하고도 독창적이기까지 한 새로운 인클로저 형태들을 탄생시키고 있다. 새로운 독점 지대를 뽑아내기 위해 최첨단 생명공학이 최신형 지적재산법과 결합한다는 사실은 이미 널리 알려져 있다. 종종 제약 대기업은 토종 식물에 기반한 신약

***　에너지 소비에서 발생한 이산화탄소량을 총에너지소비량으로 나눈 값이다. 가령 탄소 집약도가 높다고 하면, 탄소 함유량이 높은 에너지를 상대적으로 많이 사용했다는 뜻이다.

성분의 소유권을 주장하는데, 그 한 사례로 인도멀구슬나무(최근에 게놈을 해독했다)에서 추출한 성분을 들 수 있다. 문제의 성분은 이미 그 치료 효과가 남아시아 전역에 잘 알려져 있어서 여러 세기에 걸쳐 사용되던 것이었다. 유사한 사례로 농업 대기업의 곡물 품종 특허권을 들 수 있다. 이들은 유전자 '개선'이라는 개념을 근거로 바스마티 쌀* 같은 곡물 품종의 특허권을 확보하려 하는데, 그 목적은 이를 개발한 영농 공동체의 자산을 박탈하려는 데 있다.

반대로, '자연에서는' 발생하지 않는 새로운 역사적 자연들을 생명공학을 통해 발생시키는 경우도 있다. 악명 높은 사례로 몬산토Monsanto의 터미네이터 씨앗**이 있다. 농가에서 매년 종자를 구매할 수밖에 없도록, 의도적으로 열매가 열리지 않게 고안된 씨앗이다. 다국적기업이 자본의 자기 재생산 경로가 되는 인공적인 생명-소진 과정을 탐식하기 위해, 씨앗이 재생산되는 자연스러운 생명-소생 과정을 고의로 죽여 없애는 것이다.[26] 이제 자본은 자신이 늘 의지해온 바로 그 '무상의 선물'(즉 스스로를 보

---

* 인도 아대륙이 원산지인 길쭉하고 찰기가 적은 쌀.

** terminate는 '끝낸다'는 뜻이며, 터미네이터 씨앗은 다음 세대에서는 발아가 되지 않는, 한 세대로 끝나는 불임 종자다. 농산물 다국적기업들이 매년 종자를 팔기 위해 유전공학으로 이런 씨앗을 개발했고, 국제 농민운동 세력은 이를 금지시키기 위해 노력하고 있다.

충하는 자연의 역량)을 다른 이들이 사용하지 못하도록 가로막음으로써, 사실상 자신의 자연Ⅱ 개념을 거꾸로 뒤집는다.

그 결과는 극도의 이윤과 다양한 고통의 얽힘이며, 이를 통해 환경적인 것과 사회적인 것이 한데 뒤엉킨다. 농민의 부채가 급증해 농민들 사이에서 자살이 유행하고, 더 나아가 전 지구적 환경 부담에서 짊어져야 할 몫이 증가해(도시의 극단적인 공해, 시골의 과잉 추출주의, 점점 더 치명적인 충격을 안겨주는 지구 온난화에 유독 취약한 상태) 이미 허리가 휠 지경인 지역들이 더욱 빈궁해진다.

이런 비대칭 상태는 새로운 신자유주의적 자연Ⅱ 개념을 전제하는, 금융화된 새 규제 양식을 통해 더욱 심해진다. 공적 권력의 권위가 실추되자, 시장이 효과적인 거버넌스의 주된 기제 역할을 할 수 있다는 새로운/오래된 생각이 등장하고, 이제는 시장이 온실가스 배출을 줄이고 지구를 구하는 과제까지 떠맡는다. 그러나 탄소 배출권거래제는 세계 경제를 화석 연료 중심 체제에서 이탈시키거나 에너지 기반을 전환하는 데 필요한 대규모 합작 투자에서 자본을 멀찍이 떼어놓을 따름이다. 대신에 돈은 탄소 할당배출권과 상쇄배출권, 생태계 서비스, 환경 파생상품 등의 투기적 거래로 흘러들어간다.

이런 '규제'가 이뤄질 수 있게 하는 것, 그리고 역으로 이를 통해 조장되는 것은 새로운 녹색자본주의의 상상이다. 녹색자본주의는 자연 전체를 직접 상품화하지는 않더라도, 추상적인 경제화 논리에 종속시키려 한다. 이곳의 공장이 내뿜는 탄소를 다른 곳에 나무를 심음으로써 '상쇄'할 수 있다는 생각은, 대체 가능하고 비교 가능한 단위로 구성된 자연을 전제한다. 여기에서 장소-특수성, 질적 특성, 체험으로 형성된 의미 따위는 무시해도 된다.[27]

환경경제학자들이 애호하는 가설적인 경매 시나리오의 경우도 마찬가지다. 이 시나리오의 주창자들은 '자연 자산'에 가치를 할당하되, 다양한 주체들이 이것과 관련된 (서로 경합하는) '선호'를 실현하기 위해 얼마나 많이 지불할 용의가 있는지를 가치 평가의 기준으로 삼자고 제안한다. 가령 토착 공동체는 어족자원 고갈의 위협을 가하는 대기업 어선들을 경매에서 물리치기 위해 지역 양식장에 얼마나 '투자'하고 있는가? 만약 이들이 충분히 투자하지 않는다면, 토착 공동체의 몫을 대기업이 상업적으로 착취하도록 허용하는 것이 '자산'을 합리적으로 사용하는 길이 된다.[28]

이 녹색-자본주의 시나리오는 자연을 내부화하는 새롭고 세련된 방식으로, 지식의 추상화를 거의 초월적인 수준으로까지 끌어올린다. 그러나 몇 가지 사항은 절대 변하지 않는다. 자연 II의 이전 변형들과 마찬가지로, 금융화된 자연 역시 제 살 깎아먹기의 수단이다.

이런 조건 아래에서 생태정치의 문법이 변화하고 있다. 화학적 오염 대신 지구 온난화가 핵심 쟁점으로 부상하자, 국가 강제력 대신 탄소 배출권 시장이 신뢰할 만한 규제 기제의 자리를 차지하게 됐다. 아울러 일국적 차원 대신 국제적 차원이 생태-거버넌스의 사랑받는 무대가 되었다.

이에 따라 환경운동도 변천했다. 야생보호의 흐름은 그 한 지류가 녹색-자본주의의 권력 중심에 끌려들어간 반면 다른 지류는 점차 환경정의를 고수하는 운동이 되면서 분열되고 약화됐다. 현재 환경정의의 흐름에는 광범위한 서발턴이 포함된다. 남반구에서 인클로저와 땅뺏기에 맞서 저항하는 '가난한 자들의 환경주의', 독성물질 노출에서 나타나는 불평등을 공격하는 북반구 반인종주의자, 송유관과 싸우는 선주민운동, 삼림 파괴와 전투를 벌이는 에코페미니스트 등등. 이들 중 다수는 초국적 네트워크 안에서 서로 중첩되고 상호 연결된다.

이와 동시에 다른 한편으로는, 최근까지 이 무대에서 보기 힘들었던 국가 중심 프로젝트가 이제 새로운 활력을 내뿜으며 다시 부상하고 있다. 좌우 양쪽에서 포퓰리즘의 반란이 일어나 '자유시장'이라는 요술 방망이에 대한 믿음을 분쇄하자, 일부는 국가권력이 생태-사회 개혁의 주된 수단이 될 수 있다는 생각으로 돌아가고 있는 것이다. 가령 한편에는 마린 르펜의 '새 생태주의'*가 있고, 다른 한편에는 그린뉴딜이 있다. 또한 노동조합 역시 녹색 인프라 프로젝트를 통한 일자리 창출에 기대를 건다(이들은 오랫동안 조합원의 산업 보건과 작업 안전을 위해 헌신했지만 '발전'을 제한하는 데는 조심스러웠다). 마지막으로 스펙트럼의 반대쪽 끝에서는 탈성장 흐름이 젊은이들 사이에서 새로운 참여자를 발견하고 있다. 이들은 물질 처리량 급증과 소비자 라이프 스타일에 대한 대담한 문명 비판에 끌리고, 또한 채식주의, 커머닝, 사회적경제·연대경제를 통한 '부엔 비비르buen vivir'**의 약속에 매혹되고 있다.

그러나 이 모두를 종합한 결과는 과연 무엇인가? 그리고 그것은 우리를 어디로 이끌 수 있을까?

---

* 프랑스의 극우정당 '국민전선' 지도자 마린 르펜은 2010년대 초부터 "현실주의적이고 애국주의적인" '새 생태주의'를 주창했다. 이는 르펜이 페미니즘과 같은 진보적 사회운동의 요소를 이슬람 이민 배척('히잡 착용 반대')과 결합해 '현대화된' 극우파 이미지를 만들려 하는 것과 같은 맥락에 있다 할 수 있다. 겉으로는 탈탄소화에 동의한다고 하지만, 이를 위한 국제적 협력을 거부하며 프랑스의 비대한 핵발전소 산업을 계속 유지하려 한다.

** '부엔 비비르'는 '좋은 삶'이라는 뜻인데, 라틴아메리카에서 특히 선주민운동과 환경운동을 중심으로 신자유주의 질서에 맞서는 대안의 기본 방향이자 가치로 제시되었다. 이들이 발전시킨 '부엔 비비르'라는 말에는 인간이 서로, 그리고 자연과 함께 조화롭고 지속 가능하게 사는 삶의 여러 면모와 이와 관련된 다양한 관심사들이 집약돼 있다. 2008년에 에콰도르의 좌파 라파엘 코레아 정부 아래에서 채택된 에콰도르 헌법은 '부엔 비비르'를 경제사회 질서의 기본 원리로 천명했다.

시공간 속에서 자연을 통해
제 살 깎아먹기

지금껏 나는 두 가지 명제를 지지하며 구조적 논의와 역사적 성찰을 제시했다. 첫째 명제는 자본주의가 이 시스템을 필연적으로 환경 위기로 이끄는 심층적인 생태적 모순을 장착하고 있다는 것이다. 둘째 명제는 이 역학이 다른 '비-환경적' 위기 경향들과 얽혀 있으며, 이들과 따로 떼어놓고는 해결될 수 없다는 것이다. 여기에서 도출되는 정치적 함의는 실천하기에는 간단하지 않아도 개념상으로는 단순하다. 지구를 구할 수 있는 생태정치가 되려면, **반자본주의적**이면서 또한 **환경의 차원을 넘어서야** 한다는 것이다.

이 장에서 제시한 역사적 성찰은 이 명제를 더욱 심화시킨다. 내가 처음에 추상적인 4D 논리로 제시한 내용, 즉 자본이 자신의 의존 대상인 자연 조건을 불안정에 빠뜨리도록 프로그램화되어 있다는 것은 이제 시간과 공간 속에서 펼쳐지는 구체적인 과정으로 나타난다. 그 궤적은 대략 다음과 같을 것이다.

중심부에서 비롯된 사회생태적 곤경은 주변부에서 약탈의 물결을 촉발하며, 노략질 대상은 정치적 자기방어 수단을 빼앗긴 인구집단의 자연적 부다. 또한 매번 생태적 곤경에 대한 해법은 새로운 역사적 자연을 불러내는 마법과 그 전유를 포함하는

데, 이러한 새로운 역사적 자연은 과거에는 가치 없는 것이었으나 갑자기 황금처럼 떠받들어지면서 반드시 가져야 할 전 세계적 상품이 되고, 주인이 없기에 잡는 사람이 임자라고 편의적으로 간주된다. 결국에 가서 매번 나타나는 것은 걷잡을 수 없는 연쇄 효과이며, 이는 새로운 사회생태적 곤경을 촉발해 순환이 계속되도록 만든다. 그리고 이런 과정이 거듭 반복된다.

각 체제마다 되풀이되는 이 과정은 세계적 규모로 확대되며 전개된다. 설탕과 은, 석탄과 구아노, 정제 석유와 화학 비료, 콜탄과 유전자 조작 씨앗을 헤쳐나가며 이 과정은 정복에서부터 식민화로, 신제국주의로, 금융화로 단계를 밟아나간다. 그 결과는 중심부/주변부 지리학의 진화로서, 서로를 구성하는 이 두 공간 사이의 경계선은 경제/자연의 경계선이 변동하는 것에 발맞춰 주기적으로 변동한다. 이런 변동을 낳는 과정은 자본주의 사회의 독특한 공간성을 발생시킨다.

또한 이 과정은 자본주의의 역사적 시간성을 형성하기도 한다. 각 체제의 곤경은 서로 다른 시간 척도에 따라 작동하는 세 가지 자연 사이의 충돌에서 비롯한다. 각 에피소드마다 자본은, 영원히 주기만 하면서도 끝없이 스스로를 보충할 수 있다는 자연 II의 판타지에 사로잡힌 채, 생태-재생산에는 최소로 지출하고 회전 속도는 최대로 가속하라는 그만의 설계 명세서에 맞춰 자연 III을 재설계한다. 한편 '자기 나름의' 시간 척도에 따라 전개되는 자연 I 은 자본이 만들어낸 결과를 생물물리학적으로 새겨 넣으며 '반격한다'. 머지않아 그에 따른 생태-피해는 자본주의 사회의 다른 '비-환경적' 모순들에 뿌리를 둔 다른 '비-환경적'인 피해들과 수렴한다.

이 지점에서 문제의 체제는 발전상의 위기에 진입하며, 이는 후속 체제를 형성하려는 노력으로 이어진다. 후속 체제가 일단 들어서고 나면, 이 체제는 특정한 장애물은 치워버리지만 가치 법칙(자본을 최고 속도로 최대한 확장하라고 명령하는)은 보존하는 방식으로 자연/경제 결합체를 재편한다. 즉, 자본주의의 생태적 모순은 극복되기는커녕 시간상으로나 공간상으로나 반복적으로 치환된다. 그리고 그 비용은 현존하는 주변화된 인구집단에 '만' 전가되는 게 아니라 미래 세대에게도 전가된다. 미래 세대의 삶 역시 헐값으로 매겨짐으로써 자본이 무한히 방해받지 않고 생존할 수 있게 된다.

마지막에 제시한 정리는 자본주의의 생태적 모순의 시간성이 발전적이지 '만'은 않음을 시사한다. 각 체제에 특수하게 나타나는 위기의 끝없는 연쇄를 촉발하는 자본주의 시스템의 경향 이면에는 더욱 심층적이고 훨씬 더 불길한 뭔가가 있다. 그것은, 수백 년 동안 증가일로에 있었으며 이제는 그 규모가 지구의 탄소 격리 용량을 넘어선 온실가스 배출량에 바탕을 둔 **획기적 위기**의 전망이다. 체제를 넘어 진전된 지구 온난화는 전혀 다른 질서의 위기를 예고한다. 체제들과 역사적 자연들의 행렬 전체에 걸쳐 무자비하게 누적된 기후변화가 우리에게 펼쳐 보이는 것은 시한폭탄의 끈덕진 연속성이며, 이것은 인간 역사 자체는 아니더라도 인간 역사의 자본주의 국면에 비참한 종말을 초래할 수 있다.

하지만 획기적 위기를 말한다고 하여 붕괴가 임박했다고 선언하는 것은 **아니다**. 현 위기를 잠정적으로 관리하거나 일시적으로 지연시킬 새 축적 체제의 도래를 배제하는 것도 아니다. 진실은, 자본주의에 과연 지구 온난화를 잠시나마 지체시킬 묘수가 남아 있는지조차 알 수 없다는 것이다. 그런 묘수가 있더라도 얼마나 오래 지체시킬 수 있을지 역시 알 수 없다. 자본주의 시스템을 지지하든 안 하든, 모든 인간이 자연 I 과 경주를 벌이는 처지에서 자본주의 시스템 지지자들이 과연 이런 묘수를 발명하고 판매하며 실행할 수 있을지도 알 수 없다. 그러나 다음 명제만은 꽤 분명하다. 일시적 미봉책 이상의 해법이 되려면, 자본의 지배권을 (철저히 폐지하지는 않더라도) 엄격하게 제약하는 방향에서 경제/자연 결합체를 심층적으로 재편해야 한다.

서로 얽힌 투쟁들

이 결론은 나의 주된 명제가 틀리지 않음을 입증한다.

파국을 막으려 하는 생태-정치는 반자본주의적이어야 하며, 환경을 넘어서야 한다는 명제 말이다. 첫 번째 수식어['반자본주의적']의 논리적 근거가 이미 분명하다면, 두 번째 수식어['환경을 넘어서는']의 정당화는 생태 파괴와 자본주의 사회에 내재한 다른 형태의 기능 장애 및 지배 사이의 긴밀한 연결에 근거한다.

우선 자연 오염과 인종적·제국주의적 수탈의 내적 연계부터 살펴보자. 무주공산이라는 주장과는 반대로, 자본이 전유하는 자연의 막대한 부분은 실은 늘 어떤 인간 집단의 생활 조건, 즉 생활 터전, 의미 충만한 사회적 상호작용의 장소, 생계수단, 사회적 재생산의 물적 기초다. 게다가 자본의 공략 대상이 된 인간 집단은 실은 늘 자기방어 능력을 빼앗긴 이들이고, 전 지구적 피부색 분리선의 불리한 쪽에 관련된 이들이다. 이 점은 교대로 이어진 사회생태적 축적 체제들 속에서 반복적으로 증명되었다. 이는 생태 문제가 한편으로는 정치권력 문제와 분리될 수 없으며, 다른 한편으로는 인종적 억압, 제국주의의 지배, 토착민 자산 박탈, 인종 학살과 분리될 수 없음을 보여준다.

자연의 재생산과 긴밀히 중첩된 사회적 재생산의 경우에도 비슷한 명제가 들어맞는다. 대부분의 시간 동안, 대다수 민중에게 생태계 손상은 돌봄 제공, 사회적 필수재 공급, 몸과 마음 다스리기 같은 활동에 무거운 스트레스를 주며, 때로 이는 사회적 유대가 파괴될 수준에까지 이른다. 또한 대부분의 경우에

이 스트레스는 가족과 공동체의 안녕에 1차적 책임을 짊어지는 여성을 가장 가혹하게 짓누른다. 그러나 모든 규칙에는 예외가 있는 법이다. 권력 비대칭 때문에 일부 집단이 '외부성'을 다른 이들에게 전가할 수 있을 때 이런 예외가 대두하는데, 예를 들면 국가-관리 자본주의 시기에 부유한 북반구 복지국가는 해외 추출주의 강화를 통해 국내에서 (다소) 후한 사회복지의 재정을 마련했다. 국내 사회민주주의를 해외 지배와 연결한 정치 역학 덕분에 사회적 재생산과 생태 파괴의 인종화·젠더화된 맞교환이 이뤄질 수 있었던 것이다. 이 맞교환은 이후에 자본의 지지자들이 사회적 재생산과 생태의 파괴를 동시에 추진할 수 있게 해주는 새로운 금융화된 체제를 설계하자 폐지되고 말았다.

즉, 자연을 둘러싼 투쟁이 자본주의 발전의 어떤 국면에서든 늘 노동, 돌봄, 정치권력을 둘러싼 투쟁과 깊이 얽혀 있었다는 것은 놀랄 일이 아니다. 단일쟁점에만 집중하는 환경주의가 역사 속에서는 오히려 예외이며, 따라서 정치적으로 문제가 많다는 것 역시 놀랄 일이 아니다. 사회생태적 체제들의 행렬 속에서 환경 투쟁의 형태와 정의定義가 어떻게 변천했는지 기억해보자. 중상주의 시기에 은 채굴로 페루 해안과 강이 오염되는 동안 토지 인클로저로 잉글랜드 삼림 지대도 파괴됐고, 둘 모두는 상당한 반격을 불러일으켰다. 그러나 이 투쟁에 참여한 이들은 자연이나 생활 터전의 보호를 생계 및 정치적 자율성 혹은 공동체의 사회적 재생산을 방어하는 것과 분리하지 않았다. 아니, 그들은 이 모든 요소를 위해, 그리고 이 요소들을 한데 아우르는 생활 형태를 위해 투쟁했다. 반면 자유주의-식민주의 시기에 '자연 보호'가 **비로소** 독립적인 대의로 떠오를 무렵, 이를 지지한 이들은 자신들의 생계, 공동체, 정치적 권리가 생사존망의 위험에 처한 사람들이 **아니었다**. 그들의 고고한 환경주의는 이런 여타 관심사에 얽매여 있지 않았으며, 따라서 '부자들의 환경주의'일 수밖에 없었다.[29]

이런 환경주의는 동시대 중심부의 사회적 환경주의, 주변부의 반식민주의적 환경주의와 극명히 대비됐다. 사회적 환경주의와 반식민주의적 환경주의는 모두 서로 얽혀 있는 자연의 피해와 인간의 피해를 공격 대상으로 삼았으며, 오늘날의 생태사회주의나 환경정의를 위한 투쟁을 예고했다. 그러나 환경운동이 단일쟁점 운동이라는 정의를 떠받드는 환경주의의 공식 역사에서 이러한 운동들은 삭제되고 말았다.

이후의 국가-관리주의 시기에는 야생보호론자 말고도 대기업발 공해에 맞서 국가권력을 직접 활용하자고 주창한 운동가들이 등장한 사례에서 볼 수 있듯이, 환경운동의 공식적 정의가 조금 넓어졌다. 이 체제가 거둔 생태적 성공은 국가권력의 활용 덕분이었지만, 실패는 환경을 넘어서는 모순들의 얽힘을 진지하게 고민하지 않은 탓이었다. 즉 국경을 넘어서는 온실가스 배출의 본성, 국내에서 대두한 환경 인종주의 세력, 로비·차선책·규제 포획regulatory capture*을 통해 규제를 뒤집을 수 있는 자본의 힘, 화석 연료로 굴러가는 소비주의 경제의 정상적·합법적 작동을 당연시하면서 생태계 남용만 지적하는 시각의 한계 등을 고민하지 않았던 것이다. 금융화된 자본주의 시대인 오늘날, 이 모든 회피 수단은 여전히 잘 작동하며, 대혼란을 불러들이고 있다. 그때나 지금이나 특히 문제적인 것은, 자본주의 사회의 제도적 골격과 구조적 역학을 침해하지 않고도 '환경'을 충분히 보호할 수 있다는 중심 전제다.

환경을 넘어서는 반자본주의적
생태정치를 향해

오늘날에도 이런 실패가 반복될 것인가? 환경을 넘어서

---

* 특정 집단의 이익을 대변하는 자가 행정 책임자나 입법자로 선택돼 그 집단에게 이익이 되는 방향으로 규제 정책을 왜곡시키는 현상. 미국의 시카고학파 경제학자 조지 스티글러가 처음 제시했는데, 그는 산업계가 일반 시민과 달리 로비에 막대한 자금을 투입하기 때문에 결국은 규제 시행자가 다수 시민의 이익을 고려하기보다는 산업계에 '포획'되는 현실을 지적하며 이 용어를 사용했다. 그러나 스티글러는 그 결론으로 정부와 산업계의 유착을 해체해야 한다는 것이 아니라, 규제 자체를 줄여야 한다는 '작은 정부'론을 내세웠다.

는 반자본주의적 생태정치를 구축하는 데 실패하여 지구를 구할 기회를 놓치게 되지는 않을까?

이런 정치의 토대를 구축하려는 중대한 시도가 이미 이러저러한 형태로 존재한다. 환경정의 운동은 이미 원리상으로는 생태 피해가 환경을 넘어서 다수의 지배 축(흔히 젠더, 인종, 민족, 국적)과 뒤엉켜 있는 상황을 공격하고 있으며, 이 운동의 일부 흐름은 명백히 반자본주의적이다. 마찬가지로 노동운동, 그린뉴딜 주창자, 일부 생태-포퓰리스트들도 지구 온난화에 맞설 계급적 필요조건(의 일부)을 파악하고 있다. 그중에서도 두드러진 것은 재생가능에너지로 나아가는 전환을 친노동계급적인 소득·일자리 정책과 연결할 필요성, 대기업에 맞서는 국가의 힘을 강화할 필요성이다. 마지막으로 탈식민주의·토착민 운동은 추출주의가 제국주의와 한데 얽혀 있음을 간파하고 있다. 탈성장 흐름과 더불어 이들은 우리가 자연과 생활방식을 관련짓는 방식을 심각하게 재고해야 한다고 촉구한다. 이런 생태정치 시각들 모두가 나름대로 진솔한 통찰을 담고 있다.

그럼에도 불구하고 이 운동들의 현 상태는, 개별 운동으로 보든 다 모아놓고 보든, 임박한 과업을 수행하는 데 (아직은) 충분하지 않다. 환경정의 운동이 서발턴이 겪는 생태적 위협의 불평등에만 주로 초점을 맞추는 데 머물러 있는 한, 이 운동은 사회적 시스템의 근원적인 구조적 역학에 충분히 귀 기울이지 못하게 된다. 즉 소득 불평등을 낳을 뿐만 아니라 지구는 말할 것도 없고 만인의 안녕을 위협하는 **전반적 위기**를 낳는 시스템 말이다. 따라서 환경정의 운동의 반자본주의는 아직은 충분히 실질적이지 못하며, 환경주의를 넘어서려는 입장 역시 아직은 충분히 심층적이지 못하다.

국가에 초점을 맞춘 운동의 경우에도 비슷한 점이 있다. 특히 (반동적인) 생태-포퓰리스트들이 그러하지만, (진보적인) 그린뉴딜 주창자들과 노동운동도 예외는 아니다. 이 주체들이 녹색 인프라 프로젝트를 통한 일자리 창출과 국민-영토국가의 틀을 특권화하는 한, 이들은 '노동계급'을 전제하면서도 노동계급을 충분히 광범하고 다양한 시각으로 바라보지 못하게 된다. 사실 노동계급에는 건설 노동자만이 아니라 돌봄 제공자와 서비스 노동자가 포함되며, 임금을 받으며 일하는 이들만이 아니라 일을 하면서도 돈을 받지 못하는 이들이 포함된다. 또 '국내에서' 일하는 이들만이 아니라 해외에서 일하는 이들이 포함되며, 착취당하는 이들만이 아니라 수탈당하는 이들이 포함된다. 또한 국가 중심 흐름들이 고전 사회민주주의의 전제, 즉 자본을 철폐하지 않고 길들이기만 해도 지구를 구할 수 있다는(국가가 두 주인을 섬길 수 있다는) 전제를 고수하는 한, 이들은 상대 계급[자본가 계급]의 입장과 힘을 제대로 판단하지 못한다. 따라서 국가에 초점을 맞춘 운동의 흐름 역시 적어도 지금까지는 충분히 반자본주의적이지 못하고 환경을 넘어서지도 못한 상태다.

마지막으로, 탈성장 운동가들은 자본주의에서 **성장하지 않을 수 없는** 것과, **성장해야 하지만 그러지 못하는** 것을 뒤섞는 통에 정치적 명확성을 해치는 경향이 있다. 전자는 '가치'이며, 후자는 지구 전역에서 충족되지 못하고 있는 인간 필요의 엄청난 부분을 만족시키는 데 필요한 재화, 관계, 활동이다. 진정으로 반자본주의적인 생태정치는 첫째로 완고한 성장의 지상명령을 해체해야 하지만, 둘째로는 어떻게 지속적으로 성장할 것인가의 문제를 정치적 사안으로 다루면서 민주적 숙고와 사회적 계획을 통해 결정되게 만들어야 한다. 또한 라이프 스타일 환경주의나 커머닝의 미래 예시적 실험 같은 탈성장의 지향들은 자본주의 권력과 대결할 수밖에 없다는 사실을 회피하는 경향이 있다.

게다가 종합적으로 보면, 이 운동들의 진솔한 통찰들을 다 합한다 해도 새로운 생태정치적 상식이 만들어지지는 못한다. 또한, 적어도 원리상으로는 지구를 구할 수 있을 생태-사회 변혁을 위한 대항헤게모니 프로젝트로 수렴하지도 못한다. 물론 환경을 넘어서는 핵심 요소들은 이미 존재한다. 노동권, 페미니즘, 반인종주의, 반제국주의, 계급의식, 친민주주의, 반소비자주의, 반추출주의 등등. 그러나 이것들은 아직은 현 위기의 구조적이면서 동시에 역사적인 뿌리에 대한 확고한 진단으로 통합되지 못하고 있다. 우리가 지금까지 갖추지 못한 요소는, (생태적인 것이든 다른 것이든) 현재 우리의 모든 고통의 뿌리를 동일한 사회적 시스템에서 찾아내고 이를 통해 각 고통을 서로 연결 짓는 선명하고 확신에 찬 시각이다.

나는 이 책에서 이 시스템에 이름이 있다고 주장했다. 자본주의 경제의 모든 필수 배경조건들(비인간 자연, 공적 권력, 수탈, 사회적 재생산)을 포함하도록 확대 인식된 자본주의 사회가 그것이다. 이 배경조건들은 모두 자본의 제 살 깎아먹기에 필연적으로 종속되어 있으며, 현재 산산이 부서지며 흔들리는 중이다. 그러므로 이 시스템에 이름을 붙이고 폭넓게 인식하는 것은 우리가 완성해야 할 대항헤게모니 퍼즐의 또 다른 한 조각을 찾아내는 일이다. 이 조각은 우리가 다른 퍼즐 조각들을 맞춰보고 그것들 사이의 긴장과 잠재적 시너지를 밝혀내며 다들 어디에서 비롯됐고 다 함께 어디로 가게 될지 해명하도록 도와줄 수 있다. '반자본주의'라는 이 퍼즐 조각은 환경주의를 넘어서는 정치적 지향과 비판 세력을 제시한다. 비판 세력을 통해 생태정치는 더 큰 세계에 개방되며, 정치적 지향을 통해서는 주적을 집중 공략하도록 훈련을 받는다.

말하자면 반자본주의는 모든 역사적 블록에 필수적인 '우리'와 '저들' 사이의 대립선을 긋는 역할을 한다. 이는 탄소거래제가 신용 사기일 뿐임을 있는 그대로 폭로하며, 생태정치의 모든 잠재적인 해방적 흐름이 '녹색자본주의'와 공개적으로 인연을 끊도록 압박한다. 또한 각 흐름이 그만의 아킬레스건, 즉 자본과 대결하길 꺼리는 성향에 주의를 기울이도록 압박한다. 그런 아킬레스건은 (환상적인) 연결에서 벗어나기de-linking*로 나타나기도 하고, (편향적인) 계급 타협이나 극단적 취약성의 (비극적인) 평등으로 나타나기도 한다. 그러나 퍼즐의 반자본주의 조각은 공동의 적을 지목함으로써 탈성장, 환경정의, 그린뉴딜 각각의 지지자들이 정확한 방향에 관한 동의를 바탕으로 함께 여행에 나설 수 있는 길을 알려준다. 비록 지금은 그 정확한 방향을 상상하기 힘들지라도 말이다.

물론 결국 어느 방향에 닿게 될지, 혹은 지구가 계속 가열되다가 마침내 끓어오르지 않을지는 두고 봐야 한다. 그러나 후자의 운명을 피할 최대의 희망 역시 '환경을 넘어서는 반자본주의적' 대항헤게모니 블록을 건설하는 데 있다. 이 블록이 정확히 어떤 목표점으로 우리를 인도해야 할지는 아직 불분명한 점이 있다. 그러나 만약 그 목표에 이름을 붙여야 한다면, 나는 '생태사회주의'를 선택하겠다.

---

* 종속이론가 사미르 아민이 제안한, 지구화에 맞서는 대항전략이다. 아민은 남반구 국가들이 북반구에 종속되게 만든 세계시장 연결망에서 의도적으로 이탈하자고 주장했다. 이는 바깥세상과의 연결 자체를 거부하는 북한식 고립 전략이라는 비판도 받았지만, 아민이 실제로 주장한 핵심 내용은 세계시장을 지배하는 가치 법칙의 요구에 휘둘리지 않는 발전 전략이 필요하다는 것이었다.

이 프로젝트를 더 상세히 설명하기 위해, 다음 장에서는 식인 자본주의의 현 위기 중 정치적 지류를 다루고자 한다.

5

도살당하는 민주주의:
정치와 경제의 분할

왜 정치 위기는 자본에게
붉은 살코기인가

우리는 현재 민주주의의 위기에 직면해 있다. 이것은 논쟁의 여지가 없는 사실이다. 하지만 이에 비해 잘 이해되지 못하고 있는 것은, 이 위기가 정치 영역에만 원인이 있는 고립된 문제가 아니라는 점이다. 당연시되는 상식과는 반대로 민주주의의 위기는 예의[시민다움]civility[*]를 회복하거나, 정당 간 화해를 다지거나, 부족주의에 반대하거나, 사실에 바탕을 두고 진실을 지향하는 담론을 옹호한다고 하여 극복되지는 못한다. 또한 최근의 민주주의 이론과도 상반되게 이 위기는 '민주적 에토스'를 강화하

---

[*]   civility를 단순히 '예의'라 옮겼으나, 이 말은 '시민의civil' '문명civilization' 등과 깊은 연관관계가 있으며, 그래서 '시민답게 행동하기' '문명에 걸맞게 행동하기'라는 좀 더 깊은 의미가 함께 담겨 있다. 프랑스 철학자 에티엔 발리바르는 civility에 해당하는 프랑스어 civilité를 해방emancipation, 변혁transformation과 함께 근대 민주주의 정치의 중대한 원칙이자 가치로 부각시켰다. 발리바르 저서의 국역본들은 이를 '시빌리테' '시민인륜' '시민다움' 등으로 옮긴다.

거나, '헌법의 규정력'을 재활성화하거나, '경합agonism'*이나 '민주적 반추democratic iterations'**를 강화하고 장려하는 식으로 정치 영역을 개혁함으로써 해결되는 것도 아니다.¹ 이 모든 제안들은 내가 '정치주의'라 부르는 오류의 포로가 된다. 경제주의와 비슷하게 정치주의적 사고는 정치사회 바깥에도 인과적인 힘이 있음을 간과한다. 정치 질서가 다른 질서의 영향 없이 스스로 결정된다고 여기는 탓에, 정치를 변질시키는 더 광범한 사회적 모체를 문제 삼지 못한다.

실수하지 말자. 현재 민주주의의 위기는 사회라는 모체에 두 발을 굳게 디디고 있다. 앞 장들에서 분석한 여러 곤경들과 마찬가지로, 민주주의의 위기는 광범한 위기 복합체의 한 지류이며,

---

*   벨기에 정치학자 샹탈 무페는 민주주의에서 갈등의 요소를 긍정적으로 보았는데, 정치 영역에서 합의보다는 갈등의 원초적 중요성을 강조하는 입장을 그리스어 agon('투쟁'이라는 뜻)을 변형해 agonism이라 불렀다. 무페의 agonism은 갈등 상대를 경쟁자로 바라보는 것이므로, 갈등 상대를 말살해야 할 불구대천의 원수로 여기는 antagonism과는 구별된다. 이런 이유에서 agonism은 흔히 ('적대론'이 아니라) '경합론'으로 번역된다.

**   터키 출신 미국 철학자 세일라 벤하비브는 자크 데리다에게서 차용한 '반추(되풀이)' 개념을 활용해 '민주적 반추'를 제안했다. 이는 보편적 권리나 원칙이 법적·정치적 제도를 넘어 시민사회 곳곳에서 끊임없는 토론과 숙고, 의견교환 등을 거치며 경합하고 맥락화하며 정립되는 과정을 뜻한다. 민주적 반추는 공식 정치 제도를 통해 '강하게' 이뤄지기도 하고, 시민사회 안에서 '약하게' 이뤄지기도 하는데, 벤하비브는 이것이 민주주의의 유지와 발전에 핵심적인 요소라고 본다.

다른 위기들과 떼어놓고는 이해될 수 없다. 오늘날 민주주의의 병증은 고립된 문제도, 부문의 문제도 아니다. 우리 사회 질서를 통째로 집어삼키고 있는 전반적 위기 가운데 특히 정치적인 성격을 띠는 지류다. 그 근본 토대는 이 질서의 힘줄, 즉 사회 질서의 제도적 구조와 구성적 역학에 있다. 그러므로 정치적인 것에 한정되지 않는 과정을 늘 함께 염두에 둬야만, 사회적 총체성에 바탕을 둔 비판적 시각으로 민주주의의 위기를 포착할 수 있다.

이 사회적 총체성이란 정확히 무엇인가? 많은 날카로운 논평가들이 이를 '신자유주의'라 확인하며, 이는 일리가 있다. 콜린 크라우치Colin Crouch가 주장하는 것처럼 현재 민주 정부는, 지구 전체를 무대로 하면서 얼마 전부터는 공적 통제에서도 해방된 과점 대기업들에게 (완전히 포획되지는 않았더라도) 추월당한 게 사실이다.[2] 또한 볼프강 슈트렉Wolfgang Streeck이 주장한 대로, 대기업 자본이 힘을 모아 조세 반란을 일으키고 글로벌 금융시장이 (민주적으로 선출된) 정부마저 복속시키며 새로운 주권자로 떠오르자, 이와 동시에 북반구에서 민주주의가 쇠퇴했다는 것 역시 사실이다.[3] 그리고 웬디 브라운Wendy Brown의 주장처럼, 효율성과 선택에 높은 가치를 부여하는 신자유주의적 정치 합리성, 그리고 개인의 '인적 자본' 극대화와 '자기 책임'을 명하는 주체화 양식을 통해 민주적 권력이 빈껍데기가 되고 있다는 것도 틀림없는 사실이다.[4] 마지막으로 스티븐 길Stephen Gill의 주장처럼, 공공성을 강화하는 강력한 사회·환경 입법을 무력화하며 자유무역 구조를 정치적인 으뜸패로 떠받드는 '무역 관련 지적재산권 협정TRIPS'*이나 '북미자유무역협정NAFTA' 같은 조약을 통해, 초국적으로 신자유주의 거시경제정책 안에 똬리를 튼 '신입헌주의new constitutionalism'**가 민주적 조치를 미연에 차단하고 있다는 주장 역시 옳다.[5] 각각을 따로 보든 뭉뚱그려 읽든, 이러한 주장들은 모두 우리의 민주주의를 위협하는 것이 신자유주의라는 아주 그럴듯한 생각을 전달한다.

하지만 문제는 더 심층적이다. 무엇보다도 신자유주의는 자본주의의 한 형태이며, 오늘날 민주주의의 위기는 결코 자본주의에서 나타난 민주주의의 첫 번째 위기가 아니다. 또한 자본주

---

* Agreement on Trade-Related Aspects of Intellectual Property. '세계무역기구 설립을 위한 마라케쉬 협정'의 15번째 부속협정. 특허권, 디자인권, 상표권, 저작권 등 지적재산권에 관한 다자간 규범을 최초로 규정했다. 1980년대에 시작된 우루과이라운드 다자간협상에서 지적재산권이 의제로 오르고 나서 10여 년간 논의와 협상을 거친 뒤에 1995년 발효됐다.

** 신자유주의 지구화 시기에 전개된 정치의 근본적·구조적 변화를 포착하기 위해 캐나다의 지구정치경제학자 스티븐 길이 제창한 개념. 신입헌주의의 핵심은 국가-관리 자본주의 시기에 선거로 선출된 정부가 쥐고 있던 경제정책 결정권을 비선출직 글로벌 엘리트로 구성된 초국적 거버넌스 기구로 이전시키는 것이다. 그런 거버넌스 기구의 대표적인 사례가 세계은행, IMF, 유럽연합 등이다. 이로써 기존의 일국 헌법에 담겨 있던 민주적 합의는 빈껍데기가 되고, 글로벌 거버넌스 기구가 정한 규범·규칙이 각국 헌법의 위에서 사실상 초국적 헌법 역할을 하게 된다.

의가 영속하는 한, 민주주의의 위기가 이번으로 그칠 것 같지도 않다. 오히려 자본주의 발전의 **모든** 주요 국면마다 정치적 격동이 일어났고, 이를 통해 각 국면이 변화하기에 이르렀다.

중상주의적 자본주의는 주변부의 숱한 노예 봉기와 식민 본국 내 민주주의 혁명으로 주기적으로 들끓었고, 결국은 파멸했다. 그 뒤를 이은 자유방임주의는 한 세기 동안은 튼튼히 버티다가 50년간 정치 대란을 겪었는데, 이 대란은 다양한 사회주의 혁명과 파시스트 쿠데타, 두 차례의 세계대전, 셀 수 없는 반식민주의 봉기로 점철됐다. 이 국면은 양차 세계대전 사이 시기와 전후 시기를 거쳐 국가-관리 자본주의가 들어서며 비로소 끝이 났다. 국가-관리주의 체제에서도 정치 위기는 낯설지 않았다. 이 체제는 반식민주의 반란, 전 지구적 신좌파 봉기, 장기화된 냉전, 핵무기 경쟁의 거대한 물결을 헤쳐나가다 결국 지구화·금융화의 현 자본주의 체제를 연 신자유주의의 체제 전복에 무릎을 꿇고 말았다.

이러한 역사는 작금의 민주주의 위기에 사뭇 다른 빛을 드리운다. 신자유주의가 끼치는 정치적 고통은 비록 격렬하기는 해도, 어쨌든 자본주의 자체의 정치적 부침과 관련해 더 기나긴 역사의, 가장 최근 장면일 뿐이다. 신자유주의만이 아니라 **자본주의 자체**가 정치 위기를 불러일으키는 경향이 있으며, 민주주의와 불화한다.

이것이 이 장의 주된 전제다. 이 장에서 나는 우리 시대의 금융화된 자본주의의 전반적 위기 중 일부로서, 현재 민주주의가 처한 재앙을 짚을 것이다. 그러나 더 강력한 명제가 있다. 즉, 자본주의의 이러한 형태[신자유주의]만이 아니라 그 **모든** 형태가 정치적 위기를 초래하는 모순을 장착하고 있다는 명제를 주장함으로써 이전 장들에서 전개한 입장을 이어가고자 한다. 이 책 앞부분에서 논의한 것처럼, 내가 '정치적' 모순이라 부를 이러한 모순은 자본주의 시스템의 DNA 안에 새겨져 있다. 오늘날 우리가 겪고 있는 민주주의의 위기는 예외 상태가 아니라, 이 모순이 자본주의의 금융화된 현 국면에서 취하는 형태다.

자본주의 '그 자체'의
정치적 모순

나의 주장은 제1장에서 상술한 확장된 자본주의관에 근거를 둔다. 제1장에서 지적한 대로, 많은 좌익 사상가들은 자본주의를 전적으로 경제적인 시스템으로서 아주 협소하게 이해한다. 그들은 경제에 내재한 모순에 초점을 맞춰 자본주의의 위기를 공황, 연쇄 부도, 시장 붕괴 같은 경제적 기능 장애와 동일시한다. 이런 시각은 위기의 비-경제적 모순과 형태를 누락시킴으로써 자본주의의 위기 경향을 온전히 파악하지 못하게 가로막는다. 여기에서 배제되는 것은 무엇보다도 **영역 간 모순**에 바탕을 둔 위기다. 이런 모순은 자본주의의 경제적 지상명령이 비-경제적 영역의 재생산 지상명령과 충돌할 때 발생하는데, 비-경제적 영역을 건강하게 유지하는 것은 인간의 안녕은 물론이고 축적의 지속에도 필수적이다.

그 한 사례가 제3장에서 검토한 자본주의 사회의 사회-재생산 모순이다. 마르크스주의자들은 축적의 비밀을 상품 생산의 '감춰진 장소', 즉 자본이 임금노동을 착취하는 곳에서 찾으며, 이는 올바른 접근법이다. 그러나 그들은 이 과정이, 돌봄 활동이 이뤄지는 훨씬 더 감춰진 장소에 의존한다는 것을 늘 제대로 평가하는 것은 아니다. 이 돌봄 활동은 '노동'을 구성하는 인간 주체를 형성·보충하지만, 임금을 받지 않으며 많은 경우 여성에 의해 수행된다. 자본은 이러한 사회-재생산 활동에 크게 의존함에도 여기에 어떠한 (화폐화된) 가치도 부여하지 않으며, 무상으로 무한히 사용할 수 있는 것처럼 취급한다. 게다가 이를 유지하기 위한 노력은 거의 혹은 전혀 하지 않는다. 따라서 자본을 무한히 축적하려는 끝없는 충동에 따르도록 방치하면, 자본이 의존하는 바로 그 사회적 재생산 과정이 불안정해질 위험에 빠지게 마련이다.

또 다른 사례는 제4장에서 상술한 자본주의의 생태적 모순이다. 자본 축적은 한편으로 자연에 의존하는데, 자본에게 자연은 상품 생산에 투입할 물질과 에너지를 공급하는 '수도꼭지'이면서 동시에 상품 생산의 폐기물을 흡수해주는 '하수구'이기도 하다. 다른 한편으로 자본은 자신이 발생시키는 생태적 비용에 책임을 인정하지 않으며, 사실상 자연이 저절로 그리고 무한히 스스로를 보충할 수 있다고 가정한다. 이 경우에도 이 뱀은 자기 꼬리를 먹는 습성을 보이면서, 자신이 의존하는 그 자연적 조건을 놓고 제 살 깎아먹기를 자행한다. 사회-재생산과 관련된 경우든 자연과 관련된 경우든, 영역 간 모순은 자본주의 위기의 여러 유형 가운데에서도 경제적인 것을 넘어서는 위기를 초래하는 성향의 토대가 된다. 그 위기란 어떤 경우에는 사회적 재생산 위기이고, 어떤 경우에는 생태적 위기다.

이제 나는 같은 논리를 현재 민주주의가 처한 고통에도 적용할 것을 제안한다. 그래서 '정치주의'의 함정에서 벗어나자는 것이다. 이렇게 보면 현재의 정치적 곤경은 더는 고립된 문제가 아니며, 또 다른 영역 간 모순에 바탕을 둔 모습으로 나타난다. 이 경우에는 자본 축적의 지상명령과, 자본 축적의 또 다른 의존 대상인 공적 권력의 유지 사이의 모순일 것이다.

문제의 핵심은 이렇게 정리할 수 있다. 정당하고 효과적인 공적 권력은 자본 축적이 지속될 수 있게 하는 조건이다. 하지만 자본의 무한한 축적 충동은 자신이 의존하는 그 공적 권력을 오랜 시간에 걸쳐 불안정에 빠뜨리는 경향이 있다. 이 모순이 현재 민주주의 위기의 근원이다. 그러나 여기에서 중요한 또 한 가지는, 민주주의의 위기는 자본주의 시스템의 또 다른 곤경들과 긴밀히 얽혀 있으며, 그것만 따로 떼어서는 해결할 수 없다는 것이다.

국가, 공공재,
공적 권력

우선 자본이 그 구성적 규범을 수립하고 집행하기 위해 공적 권력에 의존한다는 점을 확인하며 이 가설을 따라가보자. 무엇보다 사기업과 시장 교환을 떠받치는 법률적 틀이 없다면 축적은 생각할 수도 없다. 공적 권력은 재산권을 보장하고, 계약 내용을 실행하게 만들며, 분쟁을 심판하고, 반란을 진압하며, 질서를 유지하고, 이견을 관리하며, 자본에게 혈액을 공급하는 화폐 체제를 지탱하고, 위기를 방지하거나 관리하려고 노력한다. 또한 공적 권력은 시민을 '이방인'과 구별하는 것과 같은 공식적 지위 위계뿐만 아니라, 노동력을 팔 자격을 부여받은 피착취 노동자를 종속적인 피수탈 '타자'(그 자산과 인격이 손쉬운 압수 대상에 불과한)와 구별하는 등의 비공식적 지위 위계까지 법률화하고 집행한다.

역사 속에서 공적 권력은 대개 영토국가에 고정됐는데, 여기에는 식민 침략국 노릇을 한 국가들도 포함된다. 사적 주체가 '정치적' 간섭 없이 자신의 '경제적' 이익을 추구할 수 있는, 탈정치화된 듯 보이는 무대를 수립한 것은 이러한 국가의 법률 시스템이었다. 또한 자본주의적 소유관계를 탄생시키고 지속시켜준 수탈에 맞서 저항이 일어났을 때, 이 저항을 진압하기 위해 '정당한 폭력'을 동원한 것 역시 영토국가였다. 그러고 나서 누구에게는 주체적 권리를 부여하고, 다른 누구에게는 이를 불허한 것 또한 국민국가였다. 마지막으로 화폐를 국유화하고 지급 보증 서명을 한 것도 이런 국가였다. 정치권력은 이런 방식으로 자본주의 경제를 구성한 뒤, 자본이 이윤을 축적하고 도전에 맞서도록 능력을 강화하는 다음 단계로 넘어갔다. 정치권력은 인프라를 건설하고 유지했으며, '시장 실패'를 보완하고 경제 발전을 지휘했다. 사회적 재생산을 장려했고, 경제 위기를 완화했으며, 경제 위기와 결부된 정치적 부수 효과를 관리했다.

그러나 이게 전부가 아니다. 지정학적 차원에서도 자본주의 경제를 존립할 수 있게 하는 정치적 조건이 필요하다. 이 경우에 문제는 영토국가들이 끼워 맞춰져 있는 더 광범한 공간의 조직화다. 이 공간에서 자본은 상당히 수월하게 이동하는 것처럼 보여야 하는데, 워낙에 확장주의의 추구가 자본의 본성이며, 그 심층에는 주변부 지역에서 부를 빨아들여 중심부로 빼돌리려는 충동이 있기 때문이다. 그런데 국경을 넘어 작동하고 국제 무역으로 확장되며 예속민 약탈로 이윤을 획득하는 능력은 일국적-제국주의적 군사력만이 아니라 초국적인 정치적 합의[제도배열]에도 달려 있다. 이런 합의에는 국제법, 강대국 사이의 밀실 합의, 때로 자연상태라 가정되는 지구 공간에 (친자본적인 방식으로) 국지적인 평화를 가져다주는 초국가적 체제 등이 있다. 자본주의의 전 역사에 걸쳐 자본주의 경제는 (교대로) 전 지구적 패권국으로 부상한 국가들의 군사력과 조직력에 의존했는데, 패권국들은 다국적 정치 시스템의 틀 안에서 점차 규모를 확장해가며 축적을 촉진하려고 애썼다.[6]

즉 국민적-영토적 차원에서든 지정학적 차원에서든, 자본주의 경제는 경제 외적인 정치권력에 크게 빚지는 처지다. 이 '비-경제적' 권력은 축적의 모든 주요 흐름에 필수적이다. 즉 (이중으로) 자유로운 노동의 착취와 상품의 생산 및 교환, 인종화된 예속민의 수탈과 주변부에서 중심부로의 부의 이전, 금융·공간·지식의 조직화, 이자와 지대의 발생 등에 필수 불가결하다. 정치적 힘은 (사회적 재생산, 비인간적 자연과 마찬가지로) 결코 하찮은 부속물이 아니라, 자본주의 사회의 구성적 요소다. 공적 권력은 자본주의라 불리는 '제도화된 사회 질서'의 본질적 부분이며, 그 작동에 핵심적인 요소다.

그럼에도 불구하고 공적 권력의 유지는 자본 축적의 지상명령과 긴장관계에 있다. 그 이유는 '경제적인 것'과 '정치적인 것'

을 분리하는 자본주의의 독특한 제도적 지형학에 있다. 이 점에서 자본주의 사회는 이런 심급들이 강력히 융합됐던 이전의 사회 형태들과는 다르다. 예를 들면, 봉건 사회에서는 노동·토지·군사력에 대한 통제가 군주와 봉신으로 이뤄진 단일한 제도에 귀속되었다. 반면에 자본주의 사회에서는 경제권력과 정치권력이 나뉘어, 각기 저마다 독특한 매체와 작동 방식을 지닌 그만의 공간을 배정받는다.[7] 생산을 조직하는 권력은 사유화되어 자본으로 발전하며, 이는 기아와 결핍이라는 '자연적이고' '비-정치적인' 제재 수단만을 사용하도록 되어 있다. 반면 축적의 외적 조건을 제공하고 '비-경제적' 질서를 통치하는 임무는, '정당한' 국가 폭력과 법률이라는 '정치적' 매체를 사용할 수 있는 유일한 주체, 즉 공적 권력의 몫이 된다. 이에 따라 자본주의에서 경제적인 것은 비-정치적이며, 정치적인 것은 비-경제적이다.

이 분리는 '제도화된 사회 질서'인 자본주의에 구성적인 요소이며, 이 질서 안에서 정치적인 것의 범위를 엄격하게 제한한다. 사회생활의 지대한 부분을 '시장'(실제로는 거대 기업들)의 지배에 맡김으로써 민주적 의사결정이나 집단행동, 공적 통제에 출입 금지 명령을 선포한다. 이 제도배열 탓에 우리는 어떤 에너지를 기반으로, 어떤 종류의 사회관계를 통해, 무엇을 얼마나 생산하길 원하는지를 집단적으로 결정할 능력을 빼앗긴다. 또한 우리가 집단적으로 생산한 사회적 잉여를 어떻게 사용하길 원하는

지, 자연 그리고 미래 세대와 어떤 관계를 맺길 원하는지, 사회적 재생산 활동과 이것이 생산과 맺는 관계를 어떻게 조직하길 원하는지 결정할 능력도 빼앗긴다. 이렇듯 자본주의는 그 내적 구조 탓에 근본적으로 반민주주의적이다. 최선의 경우에조차 자본주의 사회 안에서 민주주의는 필연적으로 제약되고 허약해야 한다.

그러나 자본주의 사회는 최선의 상태인 적이 별로 없으며, 자본주의가 순응시키려고 하는 민주주의는 어떤 종류든 흔들거리고 불안정해야 한다. 문제는 자본이 본성상 어쩔 수 없이 민주주의를 그렇게 만들려고 시도할 수밖에 없다는 점이다. 한편으로 자본주의는 공적 권력의 식객이 되어, 축적에 필수적인 법률 체제와 억압 기구, 인프라, 규제 기관을 마음껏 활용한다. 동시에 이윤을 향한 갈망 탓에 자본가 계급의 일부 분파는 주기적으로 공적 권력에 맞서 반란을 일으키고, 공적 권력이 시장에 비해 열등하다며 이를 약화시키려고 획책한다. 단기적 이익이 장기적 생존을 압도하는 이런 경우에 자본은 또다시 스스로를 존립할 수 있게 해주는 바로 그 정치적 조건을 파괴할 위험이 있다.

즉, 자본주의 사회의 제도적 구조에 깊이 뿌리박은 정치적 모순이 여기에 있다. 앞 장들에서 검토한 다른 모순들과 마찬가지로, 이 모순 역시 경제 '내부'가 아니라, 자본주의 사회 안에서 경제/정치(를 분리하면서 동시에 연결하는) 경계선에 자리하는 위기 경향에 바탕을 둔다. 자본주의 자체에 내재한 이러한 영역 간 모순은 **모든** 형태의 자본주의 사회에서 정치적 위기를 초래한다.

자본주의 역사 속의
정치 위기들

지금까지 자본주의 자체에 내장된 정치적 위기 경향의 구조를 상술했다. 하지만 자본주의 사회는 '그 자체'로만 존재하지는 않으며, 오직 역사적으로 특수한 형태 혹은 특수한 축적 체제로만 나타난다. 자본주의의 구성적 요소인 '경제적인 것'과 '정치적인 것'의 분할은 단번에 정착되기는커녕 쟁투와 변화를 감내해야 한다. 특히 위기 시기에 사회적 주체들은 경제를 정치로부터 떼어내는 경계선을 둘러싸고 투쟁하며, 때로는 이를 재설정하는 데 성공한다. 예를 들면, 20세기에 계급 갈등이 첨예해지자 국가는 고용과 경제 성장을 촉진하는 새로운 책임을 떠맡지 않을 수 없었다. 반면에 21세기를 준비하며 '자유시장' 지지자들은 국가가 이런 노력을 포기하도록 강력한 유인책을 제시하는 방향으로 국제 규칙을 바꿨다. 어떤 경우든 그 결과는 이전에 수립된 경제/정치 경계선에 대한 수정이었다. 자본주의의 역사적 궤적 속에서 이 분할은 여러 차례 변천했고, 이에 따라 각 국면마다 축적이 이뤄질 수 있게 해준 공적 권력 역시 변화했다.

이런 변동은 제1장에서 내가 '경계투쟁'이라 부른 것의 결과로서, 자본주의 사회의 시기 변화를 보여준다. 이를 전경에 놓고 강조하는 시각을 취할 경우, 우리는 앞 장들에서 이미 식별했던 네 가지 역사적 축적 체제들의 정치적 대응물을 식별할 수 있게 된다. 중상주의적 자본주의의 초기 근대 체제, 자유주의-식민주의적 자본주의의 19세기 체제, 국가-관리 자본주의의 20세기 중반 체제, 자본주의가 지구화·금융화하는 현 체제의 각 경우마다 자본주의 경제의 정치적 조건은 (국민적-영토적 수준에서든, 지정학적 수준에서든) 서로 다른 제도적 형태를 띤다. 또한 각 경우마다 자본주의 사회의 정치적 모순은 서로 다른 외양을 띠며, 위기 현상의 각기 다른 조합을 통해 표현된다. 마지막으로, 각 체제에서 자본주의의 정치적 모순은 서로 다른 형태의 사회적 투쟁을 촉발한다.

우선 대략 16세기부터 18세기까지 200년간 군림한 자본주의의 첫 번째 중상주의 국면을 살펴보자. 이 국면에서 자본주의 경제는 오직 부분적으로만 국가로부터 분리됐다. 토지도 노동도 진짜 상품은 아니었고, 유럽 심장부의 크고 작은 도시에서조차 여전히 도덕경제적 규범이 대부분의 일상적 상호작용을 지배했다. 절대주의 통치자는 군사력을 통해 자행한 해외 약탈과, 노예·귀금속·사치품의 세계시장 확장을 통한 원격 무역(처음에는 제노바, 다음에는 네덜란드의 패권 아래에서 자본주의적으로 조직된)에서 이윤을 뽑아냈지만, 자국 영토 안에서 상업을 규제하기 위해 권력을 행사하기도 했다. 그 결과 국내/국외 분할이 등장했다. 즉 국내에서는 상업 규제가 실시됐고, 국외에서는 '가치 법칙'이 지배했다.

이 분할은 얼마 동안은 통했지만 결국은 지속되지 못했다. 국제적으로 작동하는 '가치' 논리가 유럽 국가들의 내부 공간에 침투하기 시작했다. 토지 소유주와 그에 종속된 이들 사이의 사회관계가 바뀌었고, 중심 도시들에서 자라난 새로운 전문직·사업가 집단은 이 도시들이 자유주의, 심지어는 혁명사상의 온상이 되게 만들었다. 그러자 구질서 내의 긴장이 강화됐다. 국가는 세수를 확보하려는 필사적 노력으로 이러한 새로운 집단 중 일부의 등을 떠밀어 원시적 의회 기구에 참여하게 했지만, 신참자들은 끝내 이를 장악하지 못했다. 그러자 여러 곳에서 그들은 혁명으로 나아갔다.

이러한 경제적 와해와 정치적 격동의 결합으로 인해 중상주의적 자본주의는, 19세기에 흔히 '자유주의적' 혹은 '자유방임' 자본주의라 불리는 새 체제로 대체됐다. 앞으로 살펴보겠지만, 사실 '자유주의'나 '자유방임'이라는 말은 진실을 매우 호도하는 것이다. 이 국면에서 경제/정치 결합체는 형태를 바꾸었다. 주요 유럽 자본주의 국가들은 더 이상 국내 상업을 규제하는 데 공적 권력을 직접 사용하지 않았다. 오히려 이 국가들은 공공연한 정치적 통제에서 벗어나 '순수하게 경제적인' 수요-공급 메커니즘을 통해 생산과 교환이 자동으로 작동하는 '경제들'을 구축했다. 이런 건축물의 토대를 이룬 것은 새로운 법률 질서였다. 이 새로운 질서는 계약, 사적 소유, 가격 결정 시장, 효용을 극대화하려는 '자유로운 개인들'(독립 거래자로 간주되는)의 일련의 주체적 권리를 신성시했다. 그 결과 일국 수준에서 외관상 극명해 보이는, 국가의 공적 권력과 자본의 사적 권력의 분리가 제도화됐다.

그러나 한편으로 국가는, 농촌 인구를 (이중으로) 자유로운 프롤레타리아트로 변화시킨 토지 수탈에 힘을 보태주기 위해 억압적 권력을 사용하고 있었다. 이런 방식으로 국가는 임금노동의 대규모 착취를 위한 계급적 전제조건을 마련했다. 그리고 이는 일단 화석 에너지와 결합되자 제조업의 거대한 이륙에, 그리고 이와 연동된 격렬한 계급 갈등에 날개를 달아주었다. 일부 식민 본국에서는 전투적 노동운동과 그 동맹 세력이 계급 타협을 밀어붙일 수 있었다. 다수 민족에 속한 일하는 남성들은 투표권과 정치적 시민권을 쟁취했고, 이와 동시에 작업장을 지배하고 노동자를 착취할 권리가 자본가에게 있음을 사실상 수용했다. 이와 달리 주변부에서는 이러한 타협이 뒤따르지 않았다. 유럽 식민 국가들은 정치적으로 자제하는 듯한 가면도 벗어버린 채 군대를 보내 반제국주의 반란을 분쇄했다. 그들은 예속민에 대한 철저한 약탈이 계속될 수 있도록 보장함으로써, 영국의 패권 아래 자유무역 제국주의를 토대 삼아 식민 통치를 공고히 했다. 이 모든 사실은 '자유방임 자본주의'라는 표현에 의문을 품게 만들며, 그래서 나는 이를 '자유주의-식민주의적 자본주의'라 부른다.

게다가 사실상 처음부터 이 체제는 경제적 불안정만이 아니라 정치적 불안정으로도 고통받았다. 민주화하던 중심부 나라들에서 정치적 평등은 사회경제적 불평등과 긴장관계에 있었고, 일부의 의식 속에서 정치적 권리의 확대는 주변부의 가혹한 예속과 불편하게 공존했다. 이와 마찬가지로 체제를 좀먹은 것은, 정치사상가 한나 아렌트Hannah Arendt가 진단했듯이, (제약받지 않고 영토를 넘어서는) 자유주의-식민주의적 자본주의의 경제 논리의 추진력과, (제약받고 영토에 얽매인) 자본주의적 민주 정치의 성격 사이의 모순이었다.[8]

따라서 칼 폴라니가《거대한 전환The Great Transformation》에서 이 경제/정치 형세배열이 만성적으로 위기에 짓눌린다는 점을 강조한 것은 놀랄 일이 아니다. 경제 측면에서 '자유주의적' 자본주의는 주기적인 공황과 붕괴, 패닉으로 뒤숭숭하다. 정치 측면에서 이는 격렬한 계급 갈등과 경계투쟁, 혁명을 유발한다. 그리고 이 모두는 국제적 금융 카오스, 반식민주의 반란, 제국주의 간 전쟁을 부채질하고, 역으로 국제적 격동이 국내의 격동을 부채질한다.[9] 20세기가 되면 이런 형태의 자본주의가 지닌 다양한 모순들이 만성적인 전반적 위기로 전이돼, 마침내는 제2차 세계대전이 끝나고 나서야 새 체제의 안착을 통해 해소됐다.

이 새로운 국가-관리 자본주의 체제에서 중심부 국가들은 위기를 사전에 방지하거나 완화하기 위해, 자국 영토 안에서 공적 권력을 더욱 적극적으로 사용하기 시작했다. 1944년 미국의 패권 아래 수립된 브레튼우즈 시스템*의 자본 통제로 역량이 강화된 중심부 국가들은 인프라에 투자했고, 사회적 재생산 비용의 일부를 떠맡았으며, 완전고용(에 근접한 상태)과 노동계급 소비주의를 촉진했다. 또 노동조합을 노사정 협상의 파트너로 받아들였으며, 경제 발전을 적극 지휘했고, '시장의 실패'를 보완했으며, 자본 자체의 이익을 위해 자본을 전반적으로 훈육했다. 사적 자본의 지속적인 축적 조건을 보장하는 것이 목표였던 이러한 조치들은 정치의 관할범위를 넓히면서 동시에 정치를 유순하게 길들였다. 즉, 잠재적인 혁명 집단이 지닌 시민권의 값어치를 높여주고 시스템에 지분을 갖게 해줌으로써 이들을 흡수했다.

---

* 1944년 제2차 세계대전 중에 미국 뉴햄프셔주 브레튼우즈에서 개최된 연합국 경제정책 담당자 회의를 통해 수립된 전후 국제 경제 질서. 기축통화인 달러의 금태환제, 달러와 연동된 각국의 고정환율제, 국제통화기금과 국제부흥개발은행(세계은행의 전신)의 설립 외에도 국가 간 화폐 이동의 제약이 주된 내용이었다. 덕분에 자본주의 중심부 국가들은 환율 걱정 없이 자국 통화 가치를 자율적으로 정하며 거시경제정책을 운용할 수 있었다. 이 체제는 1971년에 재정수지 적자와 무역수지 적자라는 쌍둥이 적자에 시달리던 미국 정부가 돌연 달러의 금태환 정지를 선언함으로써 붕괴했다.

그 결과 수십 년 동안 안정이 지속됐는데, 여기에는 물론 일정한 비용이 따랐다. 다수 민족에 속한 자본주의 중심부의 산업 노동자에게 '사회적 시민권'을 제공한 제도배열은, 그만큼 아름답지는 못한 몇몇 배경조건에 의존했다. 즉 가족임금을 통한 여성의 종속, 인종적·민족적 배제, 당시 제3세계라 불리던 곳에서 꾸준히 벌어진 수탈이 그것이다. 제3세계 수탈은 식민지 해방 이후에도 낡은 형태로든 새로운 형태로든 여러 수단을 통해 계속됐는데, 이는 신흥 독립국이 사회를 안정시키고 발전을 지휘하며 시장을 통한 약탈로부터 자국민을 보호할 수 없도록 제약했다. 그 결과 정치적 시한폭탄이 설치됐고, 그 폭발은 마침내 이 체제를 뒤엎을 다른 과정들과 한데 만나게 된다.

결국 국가-관리 자본주의 역시 자신의 경제적·정치적 모순과 충돌했다. 임금 상승과 생산성 향상의 일반화가 중심부 제조업의 이윤율 하락과 함께 전개됐고, 그러자 자본 측에서는 시장의 힘을 정치적 규제의 족쇄에서 풀어주려는 새로운 시도에 나섰다. 한편 전 지구적 신좌파가 체제 전체의 기반인 억압과 배제, 약탈에 도전하며 들고 일어났다. 그 뒤를 이은 것은 때로는 서서히 끓어오르다 때로는 급격히 폭발한 장기 위기의 시대였으며, 이 시기에 국가-관리 자본주의적 타협은 현재의 금융화된 자본주의 체제로 은근슬쩍 교체됐다.

글로벌 금융, 부채,
그리고 이중의 고통

금융화된 자본주의는 경제/정치 관계를 다시 한 번 개조했다. 이 체제에서는 점점 더 지구화하는 경제의 중재자로서 중앙은행과 글로벌 금융기관이 국가를 대체했다. 이제 자본주의 사회의 핵심적 관계, 즉 노동과 자본, 시민과 국가, 중심부와 주변부, 그리고 이 모든 것보다 더 결정적인 채무자와 채권자 관계의 가장 중대한 규칙들을 제정하는 것은 국가가 아니라 중앙은행과 글로벌 금융기관이다. 그중에서도 채무자와 채권자의 관계는 금융화된 자본주의에서 중심을 이루며, 모든 다른 사회 관계들에 스며들어 있다. 오늘날 자본이 노동을 놓고 제 살 깎아먹는 짓을 벌이고, 국가를 훈육하며, 가치를 주변부에서 중심부로 이전하고, 사회와 자연의 부를 빨아들이는 일은 주로 '부채'를 통해 이뤄진다. 부채가 국가, 지역, 공동체, 가계, 기업을 관통해 흐르기 때문에, 경제가 정치와 맺는 관계에서 극적인 변동이 나타난다.

이전 체제들은 사기업의 단기적 이익을 지속적인 축적이라는 장기적 목표에 복속시키기 위해 국가에 힘을 보태주었다. 반면에 현 체제는 사적 투자자의 즉각적 이익을 보장하기 위해 금융자본에게 국가와 대중을 훈육할 권한을 부여한다. 그 결과는 이중의 고통이다. 한편으로는, 과거에 시민에게 (어느 정도) 반응을 잘 하던 국가 제도가 점점 더 시민의 문제를 해결하거나 필요를 충족시켜주지 못하고 있다. 다른 한편으로는, 국가의 역량에 족쇄를 채운 중앙은행과 글로벌 금융기관이 '정치적 독립'을 과시하면서, 대중에게는 전혀 책임을 지지 않은 채 투자자와 채권자의 이익을 위해 자유로이 행동한다. 반면 지구 온난화 같은 긴급한 문제의 규모는 공적 권력이 미치는 범위와 짊어질 수 있는 무게를 넘어선다. 국경 안에 매여 있는 정치 기구의 통제를 요리조리 빠져나가는 초국적 대기업과 글로벌 금융 흐름이 어떤 경우든 국가를 압도한다. 그리하여 금융화된 자본주의는 '탈-민주화'나 '포스트 민주주의' 같은 신조어와 결부된다.

부채를 통한 축적이 중심을 이루는 체제로 나아가게 된 것은 국제 질서의 대대적인 구조조정을 통해서였다. 여기에서 중심은 한편으로는 자본 통제·고정환율·금태환성의 브레튼우즈식 틀을 해체한 것이었고, 다른 한편으로는 세계은행과 국제통화기금의 용도를 경제 자유화 담당 기관으로 변경한 것이었다. 두 조치모두 미국이 추진한 것이었고, 미국의 패권을 장기화하는 것이 목적이었다. 1980년대에 곧바로 미국이 주도하는 발전국가 공격이 뒤따랐으며, 이후 줄곧 이어졌다. 처음에는 '워싱턴 컨센서스'*가, 다음에는 '구조조정'이 그 수단이 되었다. 남반구 곳곳에서 부채의 총구銃口를 통해 자유화가 강요되자, 채무국들은 경화를 확보하기 위해 수출가공구역을 창설하고 송금 수입을 위해 노동 이민을 장려하는 등 이전투구를 벌였다.

한편 반주변부로 제조업이 재배치되자 자본은 두 가지 측면에서 더 강력해졌다. 첫째로 남반구에서 바닥으로 향하는 경주를 제도화했고, 둘째로는 자본주의 중심부의 강력한 노동조합을 학살함으로써 사회민주주의의 정치적 지지 기반을 약화시켰다. 그 와중에 자본 통제가 폐지되고 유로euro가 출범함으로써, 거의 모든 국가가 자국 통화에 대한 통제력을 상실했다. 채권시장과 신용평가기관에게 꼼짝 못하는 신세가 됐으며, 위기 관리의 결정적 수단을 사용할 수 없게 됐다.[10] 이제 중심부 국가들조차, 주변부 국가들에게는 오랫동안 익숙했던 위상, 즉 통제는 꿈도 꿀 수 없는 상대인 전 지구적 경제 세력에 예속된 신세로 전락했다.

이에 대한 대응 중 하나는 콜린 크라우치가 "공적 케인스주의에서 사유화된 케인스주의로 나아갔다"고 인상적으로 정리한 정책 전환이었다.[11] 공적 케인스주의가 소비자 수요를 끌어올리

---

* 1980년대 초 남반구 국가들의 잇단 외채위기 이후 국제통화기금, 세계은행, 미국 재무부가 발전도상국들에 강요한 신자유주의 경제정책 패키지를 일컫는 말이다. 1989년에 미국 경제학자 존 윌리엄슨이 재정건전성 준수, 보조금 삭감, 무역 자유화, 해외직접투자 자유화, 국영기업 사유화(민영화), 규제 완화 등의 조치에 처음 이런 이름을 붙였다.

기 위해 조세와 재정 지출을 활용한 데 반해, 사유화된 케인스주의는 소비자 지출을 높은 수준으로 지속시키기 위해 소비자 대출을 권장했다. 만약 이런 조치가 없었다면, 임금이 하락하고 불안정성이 증가하며 법인세 세수가 감소하는 상황에서 소비자 지출을 높게 유지하기 힘들었을 것이다.

'증권화'를 통해 현기증을 일으킬 정도로 고조된 이 전환은 2007-2008년에 글로벌 금융을 거의 무너뜨릴 뻔한 서브프라임 위기를 몰고 왔다. 글로벌 금융위기의 결과는 사악함의 극치였다. 당국의 대응은 경제/정치 결합체의 심층적 구조 개편을 촉진하기는커녕, 공적 권력에 대한 사적 채권자의 지배를 더욱 공고히 했다. 국채 위기를 조율한 중앙은행과 글로벌 금융기관은 채권시장의 공격을 받은 국가들이 '긴축' 조치를 취하도록 강요했다. 이는 국제 채권자들의 제 살 깎아먹기 잔치에 자국 시민을 요리로 대접하는 것이나 마찬가지였다. 한때 '탈국민국가postna-tional 민주주의'의 화신이라 여겨지던 유럽연합은 은행가와 투자자가 벌이는 압류물 경매에 뛰어듦으로써, 많은 이들의 눈앞에서 민주적 정당성의 후광을 잃어버리고 말았다.

금융화된 자본주의는 전반적으로 '정부 없는 거버넌스govern-nance without government'의 시대, 달리 말해 '동의'라는 체면치레조차 내팽개친 지배의 시대다. 이 체제에서는 전 세계에 걸쳐 사회적 상호작용의 막대한 부분을 다스리는 강압적 규칙의 알

짜를 만드는 것이 국가가 아니다. 대신 유럽연합, 세계무역기구, NAFTA, TRIPS 같은 초국적 거버넌스 구조가 이를 대체한다. 누구에게도 책임지지 않으며, 압도적으로 자본의 이익을 위해 활동하는 이 기구들은 '자유무역'과 '지적재산권' 같은 신자유주의적 관념들을 '헌법으로 제정'하고, 이를 글로벌 체제로 고정시킨다. 이로써 장래에 있을지 모르는 민주적 노동·환경 입법을 미연에 방지하고 있다. 결국 이 체제는 다양한 수단을 통해 사적 (대기업) 권력이 공적 권력을 포로로 만들도록 도우며, 또한 국내에서 공적 권력을 식민화하고 사기업의 작동 방식을 본떠 공적 권력의 작동 방식을 짠다.

그 전반적인 결과는 모든 수준에 걸쳐 공적 권력을 빈껍데기로 만들어버리는 것이었다. 나라 밖에서는 독단적 명령('시장', '신입헌주의'의 요구)을 통해, 나라 안에서는 자본에 의한 흡수(대기업의 포로가 된 신세, 사유화, 신자유주의적 정치 합리성의 확산)를 통해, 어느 곳에서든 정치적 의제가 협소해진 상태다. 한때는 분명 민주적 정치 행위의 관할범위 안에 있다고 여기던 사안들이 이제는 출입금지구역이라 선포된다. 그리고 '시장'에, 즉 금융자본과 대기업 자본의 이익에 내맡겨진다. 이에 반대하는 이들에게는 고통만이 있을 뿐이다.

현 체제에서 자본의 공범들은 새 질서에 도전할지 모르는 공적 권력이나 정치 세력은 누구든 뻔뻔스럽게 저격한다. 그 방법으로는 2015년 그리스의 경우처럼 긴축을 거부하는 선거나 국민투표 결과를 무효화하는 것도 있고, 2017-2018년 브라질의 경우처럼 그런 길을 선택할 가능성이 있어 보이는 인기 있는 인물*의 출마를 가로막는 것도 있다. 한편 이 시기 내내 주도적인 자본주의 대기업들(과일 대기업, 제약 대기업, 에너지 대기업, 군수 대기업, 데이터[정보] 대기업)은 세계 곳곳에서 권위주의와 억압, 제국주의와 전쟁을 부추기는 오래된 행위들을 꾸준히 이어갔다. 최근의 난민 위기는 많은 부분 그들이 야기한 것이며, 이런 대기업들과 결탁한 국가 행위자들 또한 그 공범이다.

즉, 일반적으로 현 축적 체제는 민주적 거버넌스의 위기를 낳고 퍼뜨린다. 그러나 이 위기는 고립된 문제가 아니라, 스스로를 불안정에 빠뜨리는 자본주의 사회의 모순적 역학에 토대를 두고 있다. 일부에서 '민주주의의 결핍'이라 부른 것은, 실은 현 국면에서 자본주의의 내적인 정치적 모순이 취하는 역사적 특수 형태다. 이 국면에서는 일방적으로 독주하는 금융화가 정치 영역을 덮쳐 그 권력을 위축시키고, 그래서 정치권력으로는 긴급한 문제들을 해결하지 못하는 지경에 이른다. 가령 지구 가열처럼 지구 위의 뭇 생명은 말할 것도 없고 축적의 장기 전망까지

---

* 이 시기에 부패 혐의로 투옥돼 대통령선거 출마가 불허됐던 노동자당 소속 전 브라질 대통령 루이스 이나시우 '룰라' 다 시우바를 말한다.

위험에 빠뜨리는 문제들 말이다. 자본주의의 이 국면에서는 다른 모든 국면들과 마찬가지로 민주주의의 위기가 단지 한 부문만의 위기가 아니며, 생태적·사회-재생산적·경제적 측면들을 포함하는 거대한 위기 복합체의 한 측면이다. 현재 우리의 민주주의 위기는 다른 위기들과 긴밀히 얽혀 있으며, 금융화된 자본주의의 전반적 위기의 없어서는 안 될 한 지류다. 따라서 전반적 위기를 해결하지 않고서는, 그러니까 사회 질서의 뿌리와 가지를 변형하지 않고서는 해결될 수 없다.

정치적 교착 상태, 비상한 역사의 갈림길

지금까지 나는 현재의 민주주의 위기를 주로 구조적인 시각에서, 금융화된 자본주의에 내재한 모순의 필연적인 전개로 파악했다. 다음 장에서도 계속 논의하겠지만, 이런 시각은 반드시 필요하다. 그러나 이것만으로는, 모든 전반적 위기가 그렇듯이, 헤게모니 차원까지 포괄하는 현 위기의 내용을 빠짐없이 해명했다고 할 수 없다.

무엇보다 위기란, 단순히 사회 메커니즘 안의 어딘가가 막힌 상태가 아니다. 축적 순환을 가로막는 장벽도, 거버넌스 시스템을 방해하는 장애물도, 진정한 의미에서 '위기'라는 말에 들어맞지는 않는다. 이 말의 의미에는 시스템의 곤경뿐만 아니라 이에 대한 사회적 주체들의 대응도 포함된다. 왜소화된 '시스템 이론'적 이해와는 반대로, 위기를 직접 경험하지 않는 한 그 무엇도 진짜 위기가 될 수는 없다. 사회 구성원들이 실제로 위기라 여기지 않는 한, 그 사회 바깥의 관찰자에게 위기처럼 보이는 것이 곧바로 역사 속에서 위기를 발생시키지는 못한다.

예컨대 사회 구성원들이 자신들이 겪는 긴급한 문제들이 기성 질서에도 불구하고 발생하는 것이 아니라 정확히 그 기성 질서 **때문에** 발생하는 것이며, 따라서 이 질서 안에서는 해결할 수 없다고 직감해야만 그때에야 위기라 할 수 있는 것이다. 임계치에 도달한 대중이 집단행동을 통해 기성 질서를 변혁할 수 있고 또 그래야만 한다고 결의할 때에만 객관적 곤경은 주체를 통해 발설된다. 그때에야, 오로지 그때에야, 우리는 결단을 요구하는 비상한 역사적 갈림길이라는 좀 더 거대한 의미에서 위기를 말할 수 있게 된다.[12]

이것이 바로 오늘날 우리의 상황이다. 금융화된 자본주의의 정치적 기능 장애는 더 이상 객관적이지'만'은 않으며, 서로 상관관계에 있는 주체적 요소와 함께한다. 세계 곳곳에서 수많은 대중이 기성 정치에서 이탈함에 따라, 옛날 같았으면 논평가들이 '즉자적 위기'라고 말했을 것이 '대자對自적 위기'가 됐다. 가장 극적인 단절은 2016년 글로벌 금융의 두 주요 요새에서 벌어졌다. 유권자들이 브렉시트와 도널드 트럼프에게 승리를 안 겨줌으로써 신자유주의의 정치적 설계자들을 따끔하게 혼내준 것이다.

그러나 이 과정은 그 전부터 이미 이곳저곳에서 진행되고 있었다. 상당수 대중이 금융화를 부채질하던 중도파 지배정당들을 버리고, 이에 반대한다고 주장하는 신진 포퓰리스트들을 지지하기 시작했다. 많은 곳에서 우익 포퓰리스트들은 글로벌 자본과 이민 '침략자'들, 인종적 혹은 종교적 소수 집단에게서 조국을 '되찾겠다'고 약속하며, 다수 민족에 속한 노동계급의 표를 끌어모았다. 좌익 포퓰리스트들은 비록 선거에서 승리한 사례는 우익 포퓰리스트들보다 적지만(라틴아메리카와 남유럽은 제외), 시민사회에서 강력한 존재감을 보였다. 이들은 포괄적으로 정의된 '99%' 혹은 '일하는 가정'을 위하여, '억만장자 계급'의 편인 '부패한' 시스템에 맞서 싸운다고 외쳤다.

물론 이런 정치 세력들 사이에도 저마다 중대한 차이가 있으며, 각각의 운도 세월이 지나며 부침을 거듭했다. 그러나 모두 합쳐 종합적으로 살펴보면, 이들의 출현은 정치의 풍향이 크게 바뀌었음을 알려준다. 포퓰리즘 물결은 신자유주의적 상식의 장막을 찢고, 신자유주의가 시장과 벌이던 치정극을 웃음거리로 만들었다. 덕분에 많은 이들이 대담하게 우물 밖을 바라보게 되었다. 사기업들 간의 글로벌 자유시장 경쟁을 통해 사회적 조정을 가장 훌륭히 달성할 수 있다는 '확신'이 사라진 상태에서 정치적 창의성의 범위가 확장됐고, 지금까지는 생각하기 힘들었던 대안을 상상할 수 있게 됐다. 그 결과 자본주의의 위기를 키우는 새로운 국면이 시작됐다. 자본주의 시스템의 곤경들이 응집하는 것'만'으로도 현재 헤게모니의 본격적 위기가 나타나고 있다.[13]

이러한 헤게모니 위기의 중심에 경제/정치의 현 경계선을 둘러싼 공공연한 논쟁이 있다. 공적 계획이 경쟁적 시장에 비해 엄청나게 열등하다는 생각은 더 이상 자명하지 않으며, 심각한 반발을 사고 있다. 기후변화와 코비드-19 팬데믹뿐 아니라 계급적 불평등과 인종적 불의의 확산에 대응하는 가운데 새롭게 힘을 얻은 사회민주주의자들이, 포퓰리스트들과 민주적 사회주의자들과 합세해 공적 권력을 복권시키려 한다.

그중에서 국민국가 틀을 전제하는 한 흐름은 시민들을 금융화의 파괴적 영향(경제적·생태적·사회적·정치적)으로부터 보호하는 과감한 정부 조치를 옹호한다. 대안지구화와 환경정의 운동가들 같은 또 다른 흐름은 지구의 안녕에 대한 초국적 위협을 극복하고 투자자들을 제어하기 위해, (범위와 규모 면에서) 지구적이거나 초국적인 새로운 공적 권력을 수립하길 꿈꾼다. 물론 이를 위해 과연 얼마나 심층적인 구조 개편이 필요한지에 관해서는 이견이 있다. 사회민주주의자들과 포퓰리스트들은 자본주의의 근본적 소유관계와 축적 역학을 교란하지 않고도 정부가 일자리와 소득, 공중보건, 그리고 거주 가능한 지구를 보장할 수 있다고 믿는다. 물론 사회주의자들과 급진 생태주의자들은 이에 동의하지 않는다. 그러나 이런 문제가 공개적으로 토론된다는 사실 자체가 신자유주의적 상식이 분쇄됐다는 증거다. 이제는 경제/정치의 경계선을 다시 그음으로써 경제를 다스리는 정치의 역량을 강화하려고 하는, (비록 내부가 분열되어 있기는 해도) 상당수에 이르는 유권자들이 존재한다.

공적 권력 강화론은 코비드-19 팬데믹으로 더욱 힘을 얻었다. 마스크 착용과 백신 접종에 반대하는 자유지상주의 및 경제지상주의 광신도들의 갑작스러운 증가에도 불구하고, 코로나바이러스는 마치 교과서처럼 공적 권력의 진가를 입증하는 역할을 했다. 공적 권력은 인프라를 유지하고 공급망을 책임지며, 마스크 착용·사회적 거리두기·자가격리를 의무화함으로써 전염의 상승곡선을 완화시켰다. 검사·추적·감염자 격리를 통해 전염 속도를 늦추고, 백신과 치료법의 개발·재정지원·시험·승인·분배를 전담했다. 일선 노동자frontline workers*와 위험에 노출된 집단을 보호하고, 소득을 지원하며 생활수준을 지탱하고, 돌봄 제공과 학교 교육 프로그램을 조직했다. 게다가 이 모두를 부담

---

* 감염자와 얼굴을 맞대며 일해야 했기에 코비드-19 감염 위험이 가장 높았던, 의료 등 필수 서비스 영역 노동자들.

과 혜택을 공평하게 분배하는 방식으로 수행하기 위해서는 공적 개입이 절실히 필요했던 것이다.

이러한 중대한 필요사항 가운데 어느 것도 사적 부문을 통해서는 충족될 수 없음이 증명됐다. 그리고 극단적인 소득 격차가 핵심 문제임이 명확히 드러났다. 감염률 완화와 인명 구제를 놓고 보면, 공적 권력에 가치를 부여하고 이를 광범하게 적극 배치하는 데 동의하는 정치문화를 지닌 나라들이 그렇지 않은 나라들(공적 권력을 경시하고 그 활용을 제한하는)보다 훨씬 나은 성과를 보였다. 만약 우리가 사는 세상이 합리적이라면, 신자유주의는 이미 지나간 기억이 됐을 것이다.[14]

그러나 우리는 여전히 자본주의 세상에 살고 있으며, 이 세상은 그 본성 자체가 비합리성으로 가득 차 있다. 따라서 작금의 위기가 신속하게 혹은 투쟁 없이 해결되리라 가정하기는 힘들다. 오히려 금융·대기업 자본의 대변자들이 초국적이고 전 지구적인 수준에서 권력의 제도적 지렛대를 계속 꽉 움켜쥘 것이며, 이에 따라 신자유주의적인 규칙이 여전히 힘을 발휘하면서 새로운 길을 뚫으려는 민중의 노력을 가로막을 것이다.

게다가 일국 수준에서는 자본의 대리인들이 공공연한 저항에도 굴하지 않으며, 정치권력을 견지하거나 되찾기 위해 계속 책략을 꾸밀 것이다. 그리고 많은 경우 이런 책략은 먹혀들 것이다. 현 체제에 맞서는 포퓰리스트 도전자들이 집권했다가 실망감을 불러일으킬 때조차, 아니 바로 그때에야말로 기성 체제의 대변자들은 지지 기반을 더욱 굳건히 다질 것이다.

이 마지막 시나리오는 2016년 미국 대통령에 취임한 도널드 트럼프가 선거운동 중 외쳤던 친노동계급 정책을 저버리고, 친대기업 대안으로 돌아설 때 실제 상영됐다. 희생양을 만들어 때리기에 광분하면서 지지자들의 주의를 돌리려는 초인적인 노력을 했건만, 몇몇 주요 경합주에서는 2020년 트럼프에게 패배를 안겨주기에 충분한 수의 지지자들이 돌아섰다. 승자는 하필이면 진보적 신자유주의라는 이전 질서로 돌아가겠다고 맹세한 오바마의 전 러닝메이트[조 바이든]였다. 트럼프주의를 초래한 핵심 요인을 만들어낸, 그리고 앞으로도 트럼프주의에게 마지막 순간까지 먹이를 대줄 체제가 바로 그 진보적 신자유주의인데도 말이다.[5]

하지만 좌익 포퓰리스트 정부 역시 실망을 안겨줬음을 인정해야 한다. 물론 정부 내부의 약점도 만만치 않았지만 그 탈선에는 해외 세력이 엄청난 역할을 했다. 그리스의 시리자Syriza 정부가 대표적인 사례. 99%의 필요를 투자자의 필요보다 위에 두려는 어떤 노력도 용납될 수 없음을 보여주려고 나선 유럽연합 '트로이카'*에게 그리스 정부는 결국 무릎을 꿇고 말았다.

어쨌든 트럼프, 보우소나루, 모디, 에르도안 같은 패거리에게는 뭔가 빈껍데기 같은 구석이 있다. 저들 '오즈의 마법사'들은 연예인처럼 무대 장막 앞에서 젠체하며 뽐내지만, 진짜 권력은 그 이면에 감춰져 있다. 물론 진짜 권력은 자본이다. 즉 실제 권력은 거대 기업과 대규모 투자자, 은행, 금융기관에게 있으며, 이윤을 향한 이들의 채울 길 없는 갈증으로 인해 지구 위 수십억 민중은 곡예를 벌이며 생명을 단축시켜야 하는 처지가 된다. 게다가 이 연예인들에게는 자기 지지자들의 문제를 풀어줄 해법이 없다. 이 문제를 만들어낸 바로 그 세력과 잠자리를 함께하기 때문이다. 그들이 할 수 있는 일이란, 곡예와 구경거리를 통해 주의를 돌리는 것뿐이다. 곤경이 더 심해지고 해법을 구체화하는 데 실패할수록, 이 간판스타는 훨씬 더 기발한 거짓말과 사악한 희생양 때리기로 판돈을 올리도록 내몰린다. 누군가 무대 장막을 끌어올려 사기 행각을 폭로할 때까지, 이 역학은 계속 고조되지 않을 수 없다.

그리고 이것이 바로 주류 진보 저항 세력이 실패한 대목이다. '저항 세력'의 지배적 흐름은 장막 뒤 권력의 가면을 벗기기는커녕 오랫동안 이 권력과 얽혀 있었다. 페미니즘, 반인종주의, LGBTQ+ 권리 운동, 환경주의 같은 대중적 사회운동의 '자유주의-능력주의'적 흐름이 그 사례였다. 이들은 자유주의의 헤

* 2010년대에 그리스를 비롯한 재정위기 국가들에게 구제금융을 제공하면서 긴축정책을 강요한 유럽중앙은행, 유럽연합, 국제통화기금, 이 세 기구를 일컫는 말이다.

게모니 아래에서 활동하며 오랫동안 진보적-신자유주의적 블록의 하위 파트너 노릇을 했는데, 이 블록에는 글로벌 자본의 '미래지향적' 부문(IT, 금융, 미디어, 연예)도 가담하고 있었다. 결국 진보파 역시, (비록 방식은 달랐지만) 간판스타 구실을 했다. 신자유주의의 약탈적 정치경제를 해방의 매혹적 분위기로 화장해주면서 말이다.

그 결과가 해방과는 거리가 멀었음은 의심의 여지가 없다. 이 신성하지 않은 동맹은 다수 대중의 생활 조건을 황폐하게 만듦으로써 우파가 힘을 얻을 토양을 만들어주기'만' 한 것이 아니었다. 더 나아가 페미니즘이나 반인종주의 등을 신자유주의와 결부시킴으로써, 마침내 댐이 무너졌을 때 인민대중이 신자유주의뿐만 아니라 페미니즘이나 반인종주의 등까지 거부하도록 만들었다. 그리고 이것이 (적어도 지금까지는) 반동적 우익 포퓰리즘이 이 상황의 주된 수혜자가 된 이유다. 또한 이것이 현재 우리가 정치적 교착 상태에 빠진 이유이기도 하다. 권력은 떼돈을 벌어들여 장막 뒤에서 웃음을 그치지 않는데도, 우리는 반동파와 진보파가 각기 양쪽에서 간판스타 노릇을 하며 경쟁하는 싸움에, 사람들의 주의를 딴 데로 돌리기 위해 짜고 치는 그 싸움에만 사로잡혀 있는 것이다.

그래서 오늘날 우리가 처한 현실은 무엇인가? 어떤 새로운 재배열도 일어나지 않은 상황에서, 우리는 광범하게 정당성을 인정받는 헤게모니적 지배 블록도 없고, 믿을 만한 선명한 대항헤게모니적 도전자도 전혀 없는 미지의 지형을 헤매고 있다. 이런 상황에서 가장 가능성이 높은 근미래 시나리오는, 정부가 뻔뻔한 신자유주의와 자칭 반신자유주의 사이에서 왔다 갔다 하는 진자운동의 반복일 것이다. 그 신자유주의가 진보적이든 반동적이든, 다양성을 지향하든 배제를 지향하든, 자유주의-민주주의적이든 파시즘을 예고하든, 또 그 반신자유주의가 좌익 혹은 우익 포퓰리즘이든 사회민주주의든 공동체주의든 말이다. 그리고 이 두 항이 정확히 어떻게 혼합될지는 국민적 특수성에 따라 결정될 것이다.

이러한 정치적 동요로 인해 현재는 궐위기interregnum의 시대다. 안토니오 그람시Antonio Gramsci의 표현에 따르면 "낡은 것은 죽어가고 있는데 새것은 태어나지 못한" 시대다. 이 궐위기가 얼마나 지속될지는 아무도 알지 못하며, 이 시기가 '그저' 완만한 해소가 아니라 최악의 권위주의나 강대국 간 전쟁 혹은 파국적 붕괴로 이어지지는 않을지 역시 마찬가지다. 믿을 만한 대항헤게모니 블록이 결집할 수 있게 되기 전까지는, 자본주의 시스템의 교착 상태에도 불구하고 어떤 식으로든 우리의 기존 생활방식을 유지하려는 노력이 계속될 것이다. 이 시기 동안에는 금융화된 자본주의의 단말마의 고통과 그것이 만들어낸 전반적 위기를 함께 드러내는 '병적 징후'들의 무시무시한 대열을 마주한 채 다들 살(고 죽을) 것이다.

어떤 일이 벌어지든 이것만은 분명하다. 이와 같은 위기는 일상적인 게 아니라는 것. 역사상 드문 이런 위기는 자본주의 역사의 갈림길이자, 사회생활이 어떤 형태로든 새로 짜일 수 있는 결단의 순간이다. 이런 순간에 제기되는 뜨거운 쟁점은 이런 것들이다. 누가 생명력 있는 대항헤게모니를 구축하는 데 성공할 것이며, 그 토대는 무엇일까? 달리 말하면 누가 사회 변혁 과정을 이끌 것이며, 누구의 이익을 위한, 어떤 목적을 위한 변혁이 될 것인가?

앞에서 보았듯이, 근대사에서 전반적 위기가 사회의 재편을 초래한 과정이 몇 차례 있었고, 대개는 자본에게 이익을 안겨주는 결과로 끝이 났다. 이런 과정들을 거치며 자본주의는 자신을 거듭 재발명했다. 자본주의의 옹호자들은 수익성을 회복하며 저항 세력을 길들이려고 애쓰는 가운데 경제/정치 분할을 재설정했다. 그리고 이 두 '관할영역'뿐만 아니라, 두 영역이 제3항, 즉 사회적 재생산, 비인간 자연, 인종, 제국 등과 맺는 관계 역시 재편했다. 그러면서 그들은 정치적 지배 양식만이 아니라 착취와 수탈의 기존 형태도 재조직했다. 이에 따라 계급 지배와 지위 위계제만이 아니라 정치적 예속까지 새로운 형태로 바뀌었다. 그들은 이런 단층선을 새롭게 재발명함으로써 반란의 에너지들을, 자본에게 압도적으로 유리한 새로운 헤게모니 프로젝트로 몰아가는 데 성공하곤 했다.

오늘날에도 이런 과정이 되풀이될 것인가?

현재의 민주주의 위기를 해결하려는 투쟁도 (위기 그 자체와 마찬가지로) 사회의 한 부문이나 위기의 한 지류로 한정될 수 없다. 이 투쟁은 정치 제도에만 관심을 두는 것이 아니라 사회 조직화의 가장 근본적이고 일반적인 물음을 제기한다. 경제와 정치, 사회와 자연, 생산과 재생산의 경계를 나누는 선을 어디에 그을 것인가? 일과 여가, 가족생활, 정치, 시민사회에 우리의 시간을 어떻게 할당할 것인가? 우리가 집단적으로 생산하는 사회적 잉여를 어떻게 사용할 것인가? 그리고 이런 사안들을 정확히 누가 결정할 것인가? 이윤 추구자들은 자본주의의 모순을 어떻게든 사적 부를 축적할 새로운 기회로 전환하는 데 성공할 것인가? 반란의 중요한 지류가 사회적 지배를 재편할 경우에조차 결국은 자본주의 시스템에 흡수되고 말 것인가? 아니면 발터 베냐민Walter Benjamin이 썼듯이, 자본에 맞선 대중의 반란이 마침내 "[이 폭주하는] 열차에 탑승한 인류가 비상 브레이크를 당기는 행동"이 되고야 말 것인가?[16]

답은 어느 정도는 우리가 현 위기를 어떻게 이해하는지에 달려 있다. 만약 우리가 익숙한 정치주의적 해석을 고집한다면, 민주주의의 진통은 고립된 정치적 문제로 해석될 것이다. 예의[시민다움], 정당 간 화해, 진실에 대한 존중이 필요하다고 설교하면서, 이 문제의 심층적인 구조적 근원은 무시하게 될 것이다. '울고불고하는 자들'의 미개한 관심사를 굽어본 채 고상하게 항해하면서, 신자유주의를 거부하며 근본적 변화를 요구하는 지구 곳곳의 저들 비판적 대중의 외침을 얕잡아보게 될 것이다. 저들의 정당한 고충을 알아차리지 못한 채, 대항헤게모니를 구축하려는 작금의 투쟁과는 상관없는 존재가 되고 말 것이다.

내가 여기에서 그리고자 한 대안은 민주주의가 현재 겪는 진통을 금융화된 자본주의의 제도적 구조에 내장된, 심층적 모순의 표현으로 바라보는 것이다. 즉 우리의 사회 질서를 뒤흔드는 전반적 위기의 한 구성요소로 바라보자는 말이다. 이러한 해석에는 내용상의 장점만이 아니라 일정한 실천 지침을 제시한다는 또 다른 장점이 있다. 이는 우리에게 올바른 방향을 가리키며, 장막을 찢어 진짜 범인을 가려낼 수 있도록 돕는다. 그리고 기능 장애 상태에 빠진 반민주적인 질서, 즉 자본주의를 해체하도록 우리를 북돋는다.

하지만 무엇이 이 식인 자본주의를 대체해야 하는지는 그다지 분명하지 않다. 다음 장에서는 이에 대한 몇 가지 가능한 시나리오를 검토해보고자 한다.

6

진정한 대안의 이름으로:
'사회주의'의 재발명

21세기에 사회주의는
어떤 것이어야 하는가

나는 제1장에서 '자본주의'가 돌아왔다고 지적하며 이 책을 시작했다. 그러니 '사회주의'에 관해서도 같은 말을 하며 책을 끝맺는 것이 전혀 어색하지 않을 것이다. 이 말 역시 어느 정도는 자본주의의 대안을 일컫는 탁월한 이름으로 역사 속에서 오래 사용된 덕택에 사람들의 주목을 받으며 복귀했다. C로 시작하는 단어가 공적 담론에 복귀한 것이 현재 신자유주의 헤게모니의 파열 상태를 반영한다면, S로 시작하는 단어가 다시 부상한 것역시 전혀 놀랄 일이 못 된다.

어쨌든 '사회주의'도 돌아왔다! 수십 년 동안 이 말은 골칫거리, 그러니까 경멸의 대상이 된 실패이자 지나간 시절의 유물이었다. 하지만 이제는 아니다. 적어도 미합중국에서는 그렇다.' 오늘날 버니 샌더스와 알렉산드리아 오카시오-코르테스 같은 미국 정치가들은 자랑스럽게 이 표식을 달며 지지를 얻고 있고, 미국민주사회주의자Democratic Socialists of America* 같은 조직들에는 신입 회원이 쇄도하고 있다. 그러나 그들이 말하는 '사회주의'의 정확한 의미는 무엇인가? 비록 환영을 받고 있다고는 하나 이 말을 향한 열정이 자동으로 그 내용에 관한 진지한 성찰로 이어지지는 않는다. 그렇다면 우리 시대에 '사회주의'는 무엇을 의미하는가, 아니 의미해야 하는가?

앞 장들에서 전개한 논의가 이에 관해 한 가지 답을 제시한다. 확장된 자본주의관은 사회주의에 관해서도 확장된 인식이 필요함을 말해준다. 무엇보다도 일단 우리가 자본주의를 단지 경제로만 바라보는 관점을 폐기한다면, 사회주의 역시 더는 대안적인 경제 시스템으로만 이해할 수 없다. 자본이 상품 생산의

---

*   미국의 사회주의 정치조직. 약칭 DSA. 1972년 미국 사회당SPA이 분열할 때 이론가인 마이클 해링턴이 이끌던 분파가 민주사회주의 조직위원회Democratic Socialist Organizing Committee, DSOC를 만들었고, 이 조직이 1982년 다시 신좌파 성향의 신미국운동New American Movement, NAM과 통합해 현재의 DSA를 결성했다. 이때부터 DSA는 줄곧 미국 좌파 내 최대 조직이었으나, 공직 선거에서는 대체로(의무는 아니다) 민주당 예비경선에 뛰어들어 민주당 후보로 출마해왔다. 미국 정치 상황을 고려한 이런 독특한 현실주의 전략에도 불구하고, DSA의 이념과 정책은 늘 유럽 사회민주주의 정당들보다 급진적이었다. 2008년 금융위기와 2011년 월스트리트 점령운동, 2016년과 2020년 버니 샌더스 상원의원의 민주당 대선 후보 도전 등의 여파로 '사회주의'에 공감하게 된 밀레니얼 세대는 자신들이 가입할 만한 사회주의 조직으로 DSA를 선택했다. 덕분에 DSA는 2021년 기준 회원이 10만여 명에 이르게 됐다. 위에 소개된 알렉산드리아 오카시오-코르테스 하원의원도 DSA 뉴욕지부 회원이다. 현재 DSA는 내부에 온건 사회민주주의부터 혁명적 사회주의까지 다양한 경향들이 공존하며, 젊은 세대 사이에 일고 있는 노동운동과 사회주의 부흥 분위기를 주도하고 있다.

'비-경제적' 기둥을 놓고 제 살 깎아먹기를 하도록 생겨먹었다면, 이에 대한 바람직한 대안 역시 생산수단을 사회적 소유로 만드는 데 그쳐서는 안 된다. 이러한 필수사항(내가 전적으로 지지하는)에 더해, 생산이 이뤄질 수 있게 하는 배경조건과 생산 사이의 관계 또한 변혁해야 한다.

생산을 가능하게 하는 배경조건이란 곧 사회적 재생산, 공적 권력, 비인간 자연, 그리고 자본주의의 공식 회로 바깥에 있으면서도 그 영향권 아래에 있는 부의 형태들이다. 달리 말하면, 우리 시대의 사회주의는 자본의 임금노동 착취뿐 아니라 무급 돌봄 활동, 공적 권력, 인종화된 주체로부터 수탈된 부, 비인간 자연에 대한 자본의 무임승차도 극복해야만 한다.

이 논점을 통해 우리 논의에는 처음부터 단서 조항이 하나 붙게 된다. 사회주의 사상의 확장이란 단지 동심원을 추가하는 일이 아니라는 점이다. 단순히 기존의 통념에 더 많은 특징을 부가하는 것이 아니라, 그 개념 자체를 바꾸어야 한다. 사실 이것이 앞 장들에서 내가 자본주의를 놓고 벌인 작업이다. 나는 흔히 부차적이라 여겨지곤 하는 사안들(무엇보다 젠더·섹슈얼리티, 인종·제국, 생태계, 민주주의)을 자본주의에 구조적으로 필수 불가결한 것으로 다루었다. 이제 이 장에서는 사회주의를 놓고 같은 작업을 하려 한다.

나의 목표는 사회주의 역시 하나의 '제도화된 사회 질서'로 재인식하는 것이며, 이렇게 포괄적이어야만 사회주의가 자본주의에 대한 믿을 만한 대안이라 자부할 수 있을 것이다. 이런 방식을 통해 나는 사회주의 사상의 많은 고전적 기본 주제에도 새로운 빛을 비추고 싶다. 가령 지배와 해방, 계급과 위기, 소유·시장·계획, 필수노동·자유시간·사회적 잉여가 그런 주제들이다. 일단 사회주의 역시 경제를 넘어서는 것으로 바라보게 되면, 이 주제들 모두 전과는 다른 외양을 띠게 될 것이다. 그리고 소련식 공산주의나 사회민주주의와 명확히 구별되는 사회주의, 21세기를 위한 사회주의의 윤곽이 등장하게 될 것이다.

하지만 사회주의 논의에서 필수적 출발점인 자본주의를 재론하며 논의를 시작해야겠다. 무엇보다 사회주의는 '단순한 당위'나 유토피아적 꿈이어서는 안 된다. 오늘날 사회주의를 토론할 가치가 있다면, 이는 오히려 사회주의가 역사 속에서 출현하는 현실적 가능성을 품고 있기 때문이다. 즉, (자본주의를 통해) 손이 닿을락 말락 하는 지점까지 가까워지기는 했지만 아직 실현되지는 못한 인간의 자유, 좋은 삶, 행복의 잠재력 같은 것 말이다.

이와 마찬가지로 중요한 것은, 사회주의가 자본주의의 곤경과 불의에 대한 대응이라는 점이다. 사회주의는 자본주의가 주기적으로 촉발하는(그러나 시원히 극복하지 못하는) 교착 상태에 대한 대응이고, 자본주의에 너무도 깊이 뿌리박고 있는(그래서 그 안에서는 결코 근절될 수 없는) 지배 형태에 대한 대응이다. 달리 말하면, 사회주의는 자본주의의 질병을 치유해야 한다고 주장한다. 그렇기에 우리는 바로 여기에서 출발해야 한다.

그렇다면 자본주의란 정확히 무엇인가? 그리고 도대체 무엇이 잘못됐을까?

그래서 다시, 자본주의란 정확히 무엇인가

첫 번째 질문은 앞 장들의 논의를 다시 요약함으로써 간략하게 짚고 넘어갈 수 있다. 앞에서 우리는 자본주의 경제를 존립할 수 있게 하는 네 가지 비-경제적 조건을 포함하는 하나의 '제도화된 사회 질서'로서 자본주의를 재인식했다. 그 조건의 첫 번째는, 제2장에서 상술한 대로, 주로 토지, 천연자원, 종속적인 무급·저임금 노동에 바탕을 두고 피정복민(특히 인종화된 인민)으로부터 수탈한 부의 거대한 적립이다. 사실상 강제로 빼앗은 것이나 다름없는 이 부는 자본이 대가를 거의 혹은 전혀 지불하지 않아도 되는, 무상이거나 저렴한 생산 투입물을 꾸준히 제공하는 샘물 노릇을 한다. 이는 (이중으로) 자유로운 임금노동을 비롯한 다른 투입요소들과 혼합되는데, 임금노동의 재생산 비용은 (원칙적으로는) 자본이 지불하게 되어 있다. 따라서 축적의 진정한 비밀은 이러한 착취와 수탈의 결합이다. 예속민의 수탈이 없었다면 자유로운 노동자를 착취해도 수익성이 별로 없었을 것이다. 하지만 자본은 수탈을 통해 얻은 부에 의존하면서도 이에 대해서는 어떤 책임도 회피하며, 이를 보충하기 위한 비용도 지불하길 거부한다.

자본주의 경제의 두 번째 비-경제적 전제조건에 관해서는 제3장에서 설명했다. 대개 여성이 수행하는 사회적 재생산에 투입되는 무급·저임금 노동의 꽤 큰 적립이 그것이다. 인간 존재를 '만드는' 이러한 돌봄 활동은 자본주의 시스템이 생산이라 칭하는 활동, 즉 이윤을 내기 위해 사물을 만드는 활동에 필수 불가결하다. 재생산 활동이 없다면 '노동자'도 없고 '노동력'도 없으며, 필수노동이나 잉여노동도, 착취나 잉여가치도, 이윤이나 자본 축적도 있을 수 없다. 하지만 자본은 돌봄 활동에 가치를 부여하더라도 아주 미미하게만 값을 매기며, 그 보충에는 무관심하고 가능한 한 비용 지불을 피하려 한다.

제4장에서 검토한 자본주의 경제의 세 번째 비-경제적 전제조건은 비인간 자연에서 비롯된 무상이거나 매우 저렴한 투입물의 거대한 적립이다. 이는 자본주의 생산에 없어서는 안 될 물적 토대를 공급한다. 즉 노동을 통해 변형되는 원자재, 기계의 동력원이 되는 에너지, 신체의 동력원이 되는 식량, 그리고 일군의 환경적 필요조건이다. 이를테면 경작 가능한 토지, 숨 쉬기 적당

한 공기, 마실 수 있는 물, 지구 대기의 탄소 순환 용량 등을 들수 있다. 이러한 투입요소와 필요조건이 없다면 경제적 생산자도 없고 사회적 재생산자도 없으며, 수탈할 부나 착취할 노동도, 자본이나 자본가 계급도 있을 수 없다. 하지만 자본은 자연을, 무한히 자유롭게 스스로를 도울 수 있고 따라서 보충하거나 수선할 필요가 없는, 길 가다 주운 지갑 취급을 한다.

자본주의 경제의 마지막 네 번째 전제조건은 국가와 여타 공적 권력이 제공하는 공공재의 거대한 구현체다. 제5장에서 봤듯이, 여기에는 법률 질서, 억압 기구, 인프라, 화폐 공급, 시스템 위기를 관리하는 메커니즘이 포함된다. 이런 공공재와 이를 책임지는 공적 권력이 없다면 사회 질서도, 신용도, 재산도, 교환도있을 수 없으며, 따라서 지속적인 축적 역시 불가능하다. 하지만 자본은 공적 권력에 원한을 품는 경향이 있으며, 공적 권력을 유지하는 데 필요한 과세를 회피하려고 애쓴다.

이 네 가지 조건은 모두 자본주의 경제의 필수 불가결한 기둥이다. 각각에는 저마다 사회관계, 사회적 행위, 사회적 부가 장착되며, 이들 모두는 축적의 필수조건을 이룬다. 자본주의의 공식적 제도(임금노동, 생산, 교환, 금융) 이면에는 이런 공식 제도에 꼭 필요한 기둥과 이 제도를 존립할 수 있게 하는 조건들, 즉 가족·공동체·자연, 영토국가·정치조직·시민사회, 그리고 특히 다양한 형태와 엄청난 규모의 무급 피수탈 노동이 버티고 있다. 이 조건들은 근본적으로 자본주의 사회에 필수적인 요소이자 또한 구성적 요소이기도 하다.

자본이 책임을 저버린 이러한 배경조건들을 식별함으로써 우리는 '자본주의란 무엇인가?'라는 애초의 물음에 비정통적인 답을 내놓을 수 있게 됐다. 자본주의는 경제가 아니라 **사회**의 한 유형이다. 이 사회에서는 경제화된 행위 및 관계의 무대가 다른 비-경제화된 영역들과 분리돼 그 바깥에 있는 것으로 나타나는데, 경제화된 영역은 비-경제화된 영역들에 의존하지만 이에 대한 책임은 나 몰라라 한다. 자본주의 사회를 구성하는 것은 '정치' 혹은 정치적 질서(에 의존하면서도)와 구별되는 '경제', '사회적 재생산' 영역(에 의존하면서도)과 구별되는 '경제적 생산'의 무대, 무책임하게 내버려진 수탈 관계(에 의존하면서도)와 구별되는 착취 관계의 조합, 비인간 자연의 물적 토대(에 의존하면서도)와 구별되는 인간 행위의 사회역사적 영역이다.

이런 시각을 받아들임으로써 우리는 통상의 편협한 자본주의관 대신 새롭고 확장된 자본주의관을 얻게 된다. 이 전환은 사회주의를 다시 상상한다는 프로젝트에 커다란 의미가 있다. 이는 자본주의에서 잘못된 게 무엇인지, 그리고 이를 변혁하기 위해 무엇을 해야 하는지에 관한 우리의 생각을 바꾼다. 아니 더 정확히 말하면, 확장한다.

자본주의에서 도대체
무엇이 잘못됐는가

협소한 자본주의관을 지닌 비판가들은 자본주의가 세 가지 중대한 잘못을 범했다고 본다. 불의, 비합리성, 부자유가 그것이다.

첫째, 그들은 자본주의 시스템의 핵심 불의가, 자유롭지만 무자산 상태인 노동계급에 대한 자본의 착취라 규정한다. 노동자는 많은 시간을 보상 없이 일하며, 엄청난 부를 생산하면서도 자기 지분이 전혀 없다. 이익은 노동자가 아니라 자본가 계급에게 흘러들어가며, 자본가는 노동자의 잉여노동과 그것이 발생시킨 잉여가치를 전유하고 자본주의 시스템이 지시하는 그들 고유의 목적, 즉 더 많은 축적을 위해 이를 다시 투자한다. 더 큰 틀에서는 이로써 자본이 끝없이 기하급수적으로 성장하여 자본의 생산자인 바로 그 노동자를 지배하는 적대적 권력으로 부상하는 결과가 나타난다. 이것이 협소한 자본주의관에 따라 정의된 핵심 불의, 즉 생산 지점에서 벌어지는 임금노동의 계급적 착취다. 그리고 그 장소는 자본주의 경제, 더 구체적으로는 경제적 생산 영역이다.

둘째로, 협소한 자본주의관에 따르면 자본주의의 주된 비합리성은 경제 위기로 나아가는 내적 경향이다. 영리기업이 사적으로 전유한 잉여가치의 무한 축적을 지향하는 경제 시스템은 본래 스스로를 불안정에 빠뜨리지 않을 수 없다. 기술 향상으로 생산성을 증대시켜 자본을 확장하려는 충동은 이윤율의 주기적 하락, 상품의 과잉 생산, 자본의 과잉 축적을 초래한다. 금융화와 같은 교정책은 심판의 날을 뒤로 미루기만 할 뿐이며, 오히려 다가올 심판이 훨씬 더 혹독해지도록 만든다. 전반적으로 자본주의 발전 과정은 주기적 경제 위기로 중단되곤 한다. 즉 경기 순환, 주식시장 폭락, 금융 패닉, 연쇄 부도, 가치의 대규모 청산, 대량 실업 등이다.

마지막으로, 협소한 자본주의관은 자본주의가 심층적이고도 구성적인 측면에서 반민주주의적이라 주장한다. 물론 자본주의는 정치 영역에서 민주주의를 약속하곤 한다. 하지만 이 약속은 한편으로는 사회 불평등에 의해, 다른 한편으로는 계급 권력에 의해 체계적으로 허물어진다. 게다가 자본주의에서 작업장은 민주적 자치가 이뤄지는 척조차 하지 않는다. 이곳은 자본이 명령을 내리면 노동자는 복종해야 하는 구역이다.

즉, 협소한 자본주의관은 일반적으로 자본주의가 세 가지 주된 잘못의 원인이라고 본다. 계급 착취라는 의미에서 불의, 경제 위기를 초래하는 게 본성이라는 의미에서 비합리성, 사회 불평등과 계급 권력에 의해 민주주의가 허물어진다는 의미에서 부자유가 그것이다. 어쨌든 곤경은 자본주의 **경제**의 내적 역학에서 발생한다. 즉 협소한 자본주의관에 따르면, 자본주의의 잘못은 자본주의의 경제 조직화에 있다.

이 그림은 잘못됐다기보다는 불완전하다. 자본주의 시스템의 내적인 경제적 질병은 올바로 잡아내지만, 자본주의의 또 다른 구성적 요소인 광범한 **비-경제적** 불의, 비합리성, 부자유를 명부에 올리지는 못한다. 반면에 확장된 '식인' 자본주의관을 받아들이면, 이런 잘못들이 선명히 눈에 들어오게 된다.

첫째, 식인 자본주의관은 더 확장된 불의의 목록을 공개한다. 불의는 자본주의 시스템의 경제 **안**에만 자리하는 것이 아니다. 자본주의 경제와 그 경제를 존립할 수 있게 해주는 비-경제적 조건들 **사이**의 관계에도 뿌리내리고 있다.

대표적인 사례가 경제적 생산과 사회적 재생산의 분할이다. 경제적 생산의 경우는 필요노동시간에 대해 현금 급여로 보상하지만, 사회적 재생산의 경우는 무급 혹은 저임금 노동으로 마치 자연처럼 취급하거나 값싼 감정으로 포장하고 사랑으로 어느 정도 보수를 대신할 수 있다고 여긴다. 역사 속에서 젠더화된 이 분할은 자본주의 사회의 핵심에 중대한 지배 형태를 깊이 박아놓았는데, 여성의 종속과 젠더 이분법, 이성애 규범성이 그것이다.

마찬가지로 자본주의 사회는 (이중으로) 자유로운 노동자와 종속적 '타자'의 구조적 분할을 제도화한다. 전자는 자신의 노동력과 재생산 비용을 교환할 수 있는 데 반해, 후자는 그 인격·토지·노동이 손쉽게 정복될 수 있는 존재로 여겨진다. 이 분할은 전 지구적 분할선과도 일치한다. 이는 착취'만' 당하는 이들을 전적인 피수탈자와 구별함으로써, 피수탈자를 본래부터 불가침하지 않은 존재로 인종화한다. 그 결과 인종적 억압, 제국주의(구식이든 신식이든), 선주민에 대한 박탈, 인종 학살 등의 광범한 구조적 불의가 굳게 자리 잡는다.

마지막으로 자본주의 사회는 인간 존재와 비인간 자연의 선명한 분할을 제도화하며, 이에 따라 둘은 더 이상 동일한 존재론적 우주에 속하지 않게 된다. 수도꼭지와 하수구로 전락한 비인간 자연은 야만적 추출주의와 도구화에 노출된다. 이것이 '자연'에 대한(혹은 비인간 동물에 대한) 불의가 아니라면, 적어도 더욱더 거주 불가능해지는 지구에 남겨질 인류의 현존 세대와 미래 세대에게는 분명 불의다.

즉, 확장된 자본주의관은 계급 착취를 포함하면서도 이를 훨씬 넘어서는 구조적 불의의 확장된 목록을 눈앞에 드러내 보여준다. 따라서 사회주의적 대안이라면 이런 또 다른 불의 역시 치유해야만 한다. 경제적 생산의 조직화'만'을 변혁하는 게 아니라, 경제적 생산이 사회적 재생산과 맺는 관계, 젠더·성적 질서와 맺는 관계까지 변혁해야만 한다. 또한 자본이 자연에 무임승차하고 예속민의 부에 대한 수탈에 무임승차하는 것을 종식시키면서, 더불어 인종·제국주의적 억압 역시 끝내야 한다. 요컨대 사회주의가 자본주의의 불의에 대한 치유책이 되려면, 자본주의 경제'만'이 아니라 제도화된 질서 전체, 즉 자본주의 사회를 바꾸어야만 한다.

이것이 다가 아니다. 확장된 자본주의관은 자본주의의 '위기'라 이해되는 바[두 번째 잘못인 비합리성]에 관한 우리의 관점 역시 넓힌다. 이제 우리는 자본주의 경제에 내장된 것을 훨씬 넘어선 몇 가지 내적인 자기 불안정화 성향을 확인할 수 있다.

첫째, 사회적 재생산을 놓고 제 살을 깎아먹음으로써 돌봄 위기를 부채질하는 체계적 경향이다. 자본이 자신이 기대는 무급 돌봄 활동에 비용을 지불하지 않으려고 하는 한, 이 활동의 주된 제공자인 가족, 공동체, 그리고 무엇보다도 여성에게 주기적으로 엄청난 압박을 가하게 된다. 금융화된 현재 형태의 자본주의 사회는 오늘날 바로 이런 위기를 발생시키는데, 예를 들어 사회서비스의 공적 제공을 감축하길 요구하면서 동시에 여성을 포함해 전반적으로 각 가정마다 유급 노동시간을 늘리길 요구한다.

둘째, 확장된 자본주의관은 생태 위기를 초래하는 내적 경향 역시 눈에 잘 띄게 만든다. 자본은 비인간 자연에서 취하는 투입물에 대해 실질적인 대체원가replacement costs* 따위는 결코 지불하려 하지 않는다. 그래서 토양을 고갈시키고, 바다를 더럽히며, 탄소를 흡수하는 숲에 침범하고, 지구의 탄소 순환 용량을 훨씬 넘어서는 탄소를 배출한다. 자본은 천연자원의 덕을 보면서도 이를 보충하거나 수선하는 비용은 나 몰라라 하기 때문에, 자연의 인간적 구성요소와 비인간적 구성요소 사이의 물질대사적 상호작용을 주기적으로 불안정에 빠뜨린다. 오늘날 우리는 그 후과와 격돌하고 있다. 지구를 태워버리겠다고 위협하는 것은 절대로 '인류'가 아니며, 바로 자본주의다.

셋째, 사회-재생산과 생태의 위기를 낳는 자본주의의 경향은 인종화된 인민으로부터 부를 수탈하려는 자본주의의 구성적 필요성과 분리될 수 없다. 예를 들면, 자본은 강탈한 땅, 강제 노동, 약탈한 광물에 의존하며, 유독성 폐기물의 쓰레기 처리장으로서 인종화된 지역에 기대고, 점점 더 전 지구적 돌봄 사슬로 조직되는 돌봄 활동의 공급자로서 인종화된 인민에 기댄다. 그 결과 경제적·생태적·사회적 위기는 제국주의와 인종적-민족적 적대감과 한데 뒤엉킨다. 신자유주의는 이 대목에서도 위험을 고조시킨다.

마지막으로, 확장된 자본주의관은 정치 위기로 나아가는 자본주의의 구조적 경향을 드러낸다. 이 경우에도 자본은 공공재

---

*   자산을 재조달하는 데 소요되는 원가. 현재 보유하고 있는 자산과 동일한 자산을 시장에서 구입할 때 지불해야 하는 금액이다.

에 기생해 살면서도 그 비용은 지불하려 하지 않는 양다리 걸치기를 한다. 조세를 회피하고 국가 규제를 약화시킬 만반의 태세를 갖춘 자본은 자신이 기대는 바로 그 공적 권력을 빈껍데기로 만드는 경향이 있다. 금융화된 현재 형태의 자본주의는 이 게임을 완전히 새로운 차원으로 올려놓았다. 거대 기업은 영토에 매여 있는 공적 권력을 한참 앞질렀고, 글로벌 금융은 자신에게 맞서는 선거 결과를 무효로 만들거나 반자본주의 정부가 대중의 요구에 부응하지 못하도록 가로막는 방식으로 국가를 훈육한다. 그 결과는 거버넌스의 심각한 위기다. 지구 곳곳의 인민대중이 기성 정당과 신자유주의적 상식에 등을 돌림에 따라 현재 이 위기는 헤게모니의 위기까지 동반하며 전개되고 있다.

즉, 확장된 자본주의관은 자본주의가 경제적인 것을 훨씬 넘어서는 다양한 위기 경향들을 장착하고 있음을 보여준다. 제5장에서 설명한 것처럼, 나는 이런 다양한 위기 경향들을 '영역 간' 모순으로 이해한다는 점에서 칼 폴라니(와 제임스 오코너 James O'Connor)를 따른다. 이 영역 간 모순은 자본주의 경제와 그것을 가능케 하는 비-경제적 배경조건들을 분리하면서도 동시에 연결하는 접합부에 고정돼 있다. 앞 장들에서 설명한 네 가지 D의 논리에 사로잡힌 자본은 자신의 전제 자체를 침식하거나 파괴하거나 고갈시키면서, 어떤 방식으로든 결국 불안정에 빠뜨리는 내적 경향이 있다. 우로보로스처럼 자본은 자기 꼬리를 먹는다. 제 살 깎아먹기 또한 자본주의 사회의 잘못 중 일부다. 따라서 이는 사회주의가 극복해야만 하는 것이기도 하다.

결국 민주주의의 결핍은 자본주의에 내장된 숙명이다. 이 세 번째 잘못[부자유] 역시 우리가 이 사회 시스템에 관해 확장된 관점을 취할 경우 훨씬 더 크게 드러난다. 문제는 단지 작업 현장에서 사장이 명령을 내린다는 것만이 아니다. 또한 정치 영역에서 민주적 목소리를 평등하게 대우하는 것처럼 보이는 모든 위장이 경제 불평등과 계급 권력 탓에 우스워지는 것만이 문제인 것도 아니다. 정치 영역이 처음부터 심하게 모서리가 잘려 있다는 점 역시 위의 문제들만큼이나 중대하다. 사실 경제/정치 분할은 민주적 의사결정의 범위를 사전에 심각하게 축소한다. 생산이 사기업에 내맡겨지면, 제4장에서 살펴봤듯이, 우리가 자연과 맺는 관계, 지구의 운명과 맺는 관계를 결정하는 것은 (우리 자신이 아니라) 자본가 계급이 된다. 마찬가지로 우리의 에너지와 시간을 어떻게 할당할지, 우리의 필요를 어떻게 해석하고 충족할지, 그래서 결국 우리의 일과 일 바깥의 삶이 어떤 모양을 띨지를 결정하는 것도 자본가 계급이다. 마지막으로 자본주의 시스템의 경제/정치 결합체는 자본가에게 사회의 잉여를 사적으로 전유할 백지 위임장을 써줌으로써, 사회 발전 과정의 틀을 짜고 그리하여 우리의 미래를 결정할 권한을 부여한다.

자본주의 사회에서 이 모든 쟁점들은 정치 의제에서 사전에 배제된다. 축적 극대화에 광분하는 투자자가 우리 등 뒤에서 이를 결정한다. 말하자면 자본주의는 자본주의 자체만 놓고 제 살 깎아먹는 짓을 벌이는 게 아니라 우리도 그 식탁에 올려놓는다. 우리가 어떻게 살아갈지를 함께 결정할 집단적 자유를 게걸스레 먹어 치우면서 말이다. 이런 형태의 제 살 깎아먹기를 극복하려면, 사회주의는 현재의 참담한 한계를 훨씬 뛰어넘어 민주적인 정치적 자치의 범위를 확장해야만 한다.

21세기를 위한
새로운 사회주의

사회주의가 자본주의의 **모든** 잘못들을 치유하려면, 이는 매우 벅찬 과업이 될 것이다. 사회주의는 계급 지배'만'이 아니라 젠더와 성, 인종적·민족적·제국주의적 억압, 정치적 지배의 전반적인 불균형까지도 극복할 수 있는 새로운 사회 질서를 창안해야 한다. 또한 경제·금융 위기'만'이 아니라 생태·사회-재생산·정치 위기를 낳는 경향들까지 포함하는 다양한 위기 경향들의 제도적 기반을 해체해야 한다. 마지막으로 21세기를 위한 사회주의는 사전에 '정치' 영역이라고 정의된 범위 안에서 의사결정을 민주화하는 것'만'이 아니라 민주주의의 관할범위를 광대하게 확장해야 한다. 더 근본적인 것은 '정치적인 것'을 구성하는 바로 그 정의定義와 구획, 바로 그 틀을 민주화해야 한다는 점이다.

이런 방식으로 규정할 경우 21세기를 위한 사회주의의 재검토는 매우 거대한 작업이 된다. 만약 그 작업을 완수한다면(엄청난 가정법이지만), 이는 사회적 투쟁을 통해 획득한 통찰이 강령적 사고와 정치조직과 만나 시너지를 일으키는 식으로, 운동가와 이론가를 아우르는 수많은 사람의 노력이 결합한 결과일 것이다. 이 과정에 기여하길 바라며 나는 짤막한 성찰의 세 가지 보따리를 풀어놓고 싶다. 그 목적은 앞의 논의들이 어떻게 사회주의 사상의 몇 가지 고전적인 기본 주제에 새로운 빛을 비추는지 보여주려는 데 있다.

첫 번째는 제도적 경계선들에 관한 것이다. 앞에서 본 대로, 이 경계선들은 자본주의의 제도적 분리, 즉 생산과 재생산의 분리, 착취와 수탈의 분리, 경제적인 것과 정치적인 것의 분리, 인간 사회와 비인간 자연의 분리에서 발생한다. 이 분리들은 자본주의 사회 안에서 위기의 장소가 되고, 투쟁의 판돈이 될 가능성이 다분하다. 따라서 사회주의자에게는 사회 각 영역들이 내적으로 어떻게 조직돼 있는가라는 물음 못지않게, 이 영역들이 과연 서로 분리되면서 동시에 연결돼 있는가, 그렇다면 그 방식은 무엇인가라는 물음이 중요하다. 사회주의자는 경제라는 우물 안 조직에만 일면적으로 집중하기보다는(자연, 가족, 국가에 대해서도 마찬가지다), 경제를 존립할 수 있게 하는 배경조건들(사회적 재생산, 비인간 자연, 자본화되지 않은 형태의 부, 공적 권력)과 경제가 맺는 관계를 사고할 필요가 있다. 만약 사회주의가 자본주의의 **모든** 제도화된 형태의 불의, 비합리성, 부자유를 극복하려 한다면, 생산과 재생산, 사회와 자연, 경제적인 것과 정치적인 것의 관계를 다시 상상해야만 한다.

요점은 사회주의자가 이 분할들을 단번에 청산하길 목표로 삼아야 한다는 것이 아니다. 오히려 '정치적인 것'과 '경제적인 것'의 구분을 폐지하려 한 소비에트의 재앙적인 시도야말로, 청산을 목표로 삼아서는 안 된다는 보편적 경고로 볼 수 있다. 우리는 자본주의 사회로부터 물려받은 제도적 경계선들을 다시 상상할 수 있고, 또 그래야만 한다. 최소한 우리의 목표는 이 경계선들을 다시 그음으로써, 자본주의가 '경제적'인 것과 관련지은 긴급한 사안들을 '정치적'이거나 '사회적'인 것으로 만드는 것이어야 한다.

또한 우리는 그 경계선들이 더 유연해지고 상호 침투하도록 성격을 바꾸는 것에 관해서도 숙고해야 한다. 우리는 어떻게 하면 이 경계선들이 나누는 다양한 영역들이 서로 조화를 이루고, 대립과 적대가 아닌 방식으로 반응하게 만들 수 있을지를 반드시 풀어내야 한다. 물론 사회주의 사회라면, 생산에 부여한 것들을 자연, 공적 권력, 사회적 재생산에서 박탈하는 제로섬 게임을 제도화한 자본주의의 경향을 극복해야만 한다.

그리고 이보다 더 중요한 것은, 이 영역들 사이에서 나타나는 현재의 우선순위를 뒤집어야 한다는 점이다. 자본주의 사회는 사회·정치·생태적 재생산의 지상명령을, 축적을 위해 설계된 상품 생산의 지상명령에 복속시킨다. 사회주의자는 이 뒤집힌 것을 바로 돌려놓아야 한다. 즉 사람들의 양육, 자연의 보호, 민주적 자치를 사회의 최우선 사항으로 놓고, 이것들이 효율성과 성장을 압도하게 해야 한다. 요컨대 사회주의는 자본이 책임을 회피하며 배경 취급하는 사항들을 똑바로 전경으로 끄집어내야 한다.

마지막으로, 21세기를 위한 사회주의는 제도 설계 과정을 민주화해야 한다. 이는 사회적 영역들의 설계와 범위를 결정하는 일을 **정치적** 문제로 만든다는 뜻이다. 간단히 말해, 자본주의가 **우리를 위해** 우리 등 뒤에서 결정해온 것을 이제는 **우리가** 집단적인 민주적 의사결정을 통해 결정해야 한다. 말하자면 법률 이론가들이 '영역 재설정redomaining'이라 부르는 것, 즉 사회의 무대들을 구획하고 각 무대 안에 무엇을 포함시킬지 결정하는 경계선의 재설정에 우리 스스로 참여해야 한다.[2] 이 과정은 '메타정치적인 것'으로 볼 수 있다. 즉 정치 공간(일차적 정치)을 민주적으로 구성하는, '영역 재설정'의 정치적 과정(이차적 정치)을 활성화하는 것이다.[3] 요컨대 우리는 어떤 사안을 정치적인 문제로 다룰 것인지, 어떤 정치적 무대에서 다룰 것인지를 스스로 정치적으로 결정할 것이다.

하지만 진정으로 민주적이려면, 사회주의의 영역 재설정은 정의로워야 한다. 이것의 의미 중 몇 가지는 이미 분명하다. 첫째, 의사결정은 적절히 포괄적이어야 하다. 즉 숙고하는 모든 사안에 대해, 그로부터 영향을 받거나 지배를 받는 모든 이들이 의사결정에 참여할 자격을 지녀야 한다.[4] 더하여, 참여의 조건이 평등해야 한다. 즉 비록 민주주의 안에서 개인 간에 어떤 구조적 우열이 계속 존재하더라도 참여의 권리와 기회는 동등해야 한다.[5]

그러나 이 과정에서 또 다른 지침이 되어야 할, 익숙하지 않은 생각이 하나 더 있다. 나는 이것을 '내는 만큼 받는pay as you go' 원칙이라 칭하겠다. 온갖 형태의 무임승차와 이른바 원시 축적을 피하면서, 21세기 사회주의는 자본주의가 참으로 냉혹하게 망쳐버린 저 모든 생산의 전제조건들의 지속 가능성을 보장해야 한다. 달리 말하면, 사회주의 사회는 생산과 재생산 과정에서 소모하는 모든 부를 보충하거나 수선 혹은 대체하는 과업을 떠맡아야 한다.

첫째로, 사회주의 사회는 상품을 생산하는 활동뿐 아니라 사용가치를 생산하는 활동(사람들을 유지시켜주는 돌봄 활동 등)도 보충해야 한다. 더하여, '바깥에서' 즉 비인간 자연뿐 아니라 주변부 민중과 사회로부터 취하는 모든 부를 대체해야 한다. 마지막으로는, 다른 필요를 충족하는 과정에서 기댈 언덕이 되는 정치적 역량과 공공재를 보충해야 한다. 달리 말하면, 유인책을 주며 장려하는 동시에 책임을 회피하는 자본주의식 무임승차는 사회주의 사회에서는 있어서는 안 된다. 이 단서 조항은 자본주의 사회의 고질병인 세대 간 불의를 극복하기 위한 필수조건이다. 이를 준수함으로써만 21세기를 위한 사회주의는 자본주의의 다양한 위기 경향과 비합리성을 해체할 수 있다.

이를 통해 우리는 '잉여'라는, 사회주의의 고전적 문제에 관한 두 번째 성찰로 나아가게 된다. 만약 잉여라는 게 있다면 이는 어쨌든 사회가 현재 수준에서 현재 형태로 스스로를 재생산하는 데 필요한 만큼보다 더 많이 집단적으로 발생시킨 부의 적립이다. 앞에서 지적한 것처럼, 자본주의 사회에서 잉여는 자본가 계급의 사적 소유로 취급되며 소유주에 의해 처분되는데, 자본주의 시스템은 끊임없이 더 많이 무한 생산한다는 기대 아래 소유주가 이를 재투자하지 않을 수 없게 만든다. 이는 정의롭지 못할 뿐만 아니라 스스로를 불안정에 빠뜨린다.

사회주의 사회는 사회적 잉여에 대한 통제를 민주화해야 한다. 사회주의 사회는 집단적 의사결정을 통해 바로, 현존하는 초과 역량과 자원으로 무엇을 할 것인지, 미래에 얼마나 많은 초과 역량을 생산하길 바라는지, 지구 가열에 직면한 상황에서도 실로 잉여를 생산하길 정말 바라는지를 결정함으로써 잉여를 민주적으로 할당해야 한다. 이로써 사회주의는 자본주의 사회에 고착된 성장 지상명령의 제도적 토대를 해체해야 한다. 그렇다고 이것이 요즘 일부 생태주의자들의 주장처럼, 탈성장을 제도화하여 고정된 대항 지상명령으로 만들어야 한다는 뜻은 아니다. 그보다는 성장의 물음(어떻게든 성장이 필요하다면 얼마나, 어떤 종류로, 어떤 방식으로, 어디에서)을 정치적 문제로 다루고, 기후과학의 정보에 바탕을 둔 다차원적 성찰을 통해 결정해야 한다는 뜻이다. 21세기를 위한 사회주의는 이런 문제 일체를 민주적 결정의 대상이 되는 정치적 문제로 다뤄야 한다.

잉여는 시간으로도 사고될 수 있다. 즉, 잉여는 우리의 필요를 충족하고 우리가 소모한 것을 보충하는 데 필요한 활동 이후에도 남는 시간, 그러니까 자유시간이 될 수도 있었던 시간이라 볼 수 있다. 자유시간을 향한 기대는 마르크스를 비롯한 사회주의적 자유의 모든 고전적 내용에서 중심축이었다. 하지만 미래 사회주의의 초기 단계에서 자유시간이 엄습할 가능성은 그리 높아 보이지 않는다. 그 이유는 사회주의가 자본주의에서 물려받을 엄청난 부도어음에 있다. 자본주의가 생산성을 자랑하며 으스대기는 하지만, 그리고 마르크스도 이를 잉여를 생산하는 실질적인 엔진으로 간주하기는 했지만, 나는 이런 주장을 의심한다.

문제는 마르크스가 잉여를 꽤 협소하게 계산했다는 점이다. 그는 잉여를, 임금 노동자가 자기 생활비용을 충당하기에 충분한 가치를 생산한 뒤에 자본이 임금 노동자에게서 취하는, 보상되지 않은 노동시간으로만 계산했다. 반면에 그는 자본이 여전히 **자기** 재생산 비용은 책임지지 않은 채 수탈하고 전유하는 다양한 무상의 선물과 값싼 물품에는 그다지 관심을 기울이지 않았다. 이러한 비용을 우리의 계산에 합산하면 어떻게 될까? 자본이 무급 재생산 활동에, 생태계의 수선과 보충에, 인종화된 민중에게서 수탈한 부에, 그리고 공공재에 대가를 지불해야 한다면 어떻게 되겠는가? 이럴 경우 자본이 실제로 생산하는 잉여가 얼마나 되겠는가? 물론 이는 가정법에 따른 질문이다. 미래 사회주의 사회가 이 물음에 정확히 어떻게 대답할지는 불분명하다. 그러나 수백 년 동안 비용을 지불하지 않은 끔찍한 계산서를 물려받을 것이라는 점만큼은 **분명하다**.

사회주의 사회는 또한 보건, 주거, 영양가 있는(그리고 맛도 좋은) 음식, 교육, 교통 등 지구 전역에 걸쳐 충족되지 못한 막대한 인간적 필요가 기재된 끔찍한 계산서도 물려받을 것이다. 이것들 역시 잉여를 투자할 때는 합산되지 않지만 절대적으로 필요한 사항들이다. 세계 경제를 탈탄소화한다는 긴급하고도 엄청난 과업, 선택의 여지가 없는 그 임무의 경우에도 마찬가지다. 일반적으로, 반드시 필요한 것은 무엇이고 잉여는 무엇인가라는 물음은 확장된 자본주의관과 사회주의관을 따를 경우에는 전혀 다른 외양을 띠게 된다.

사회이론 작업의 세 번째 주요 주제, 즉 사회주의 사회에서 '시장'이 맡을 역할의 경우에도 사정은 마찬가지다. 이 쟁점의 경우 식인 자본주의 개념의 함의는 간단한 공식으로 압축할 수 있다. 최상층과 기층에는 시장이 없지만 그 중간에는 어느 정도 시장이 있을 수 있다는 공식이 그것이다. 무슨 뜻일까?

'최상층'이란 말로 내가 뜻하는 바는 사회적 잉여의 할당이다. 할당해야 할 사회적 잉여가 있다고 가정한다면, 이는 사회 전체의 집단적 부라 간주해야 한다. 어떤 사적 개인도, 회사도, 국가도 이를 소유하거나 일방적으로 처분할 권리를 지닐 수 없다. 진정으로 집단적인 재산이라면, 잉여는 집단적인 의사결정 과정과 계획을 통해 할당되어야 한다. 이 경우 계획은 민주적으로 조직될 수 있으며, 또한 반드시 그래야 한다. 이 수준에서는 시장 메커니즘이 어떠한 역할도 해서는 안 된다. 최상층을 규정하는 규칙은 시장도 아니고 사적 소유도 아니다.

내가 기본적 필요의 수준이라는 뜻에서 사용하는 '기층'의 경우도 마찬가지다. 기본적 필요에는 주거, 의복, 음식, 교육, 보건, 교통, 통신, 에너지, 여가, 깨끗한 물, 숨 쉬기에 적당한 공기 등이 포함된다. 물론 정확히 무엇을 기본적 필요로 파악해야 하는지, 그리고 이를 만족시키려면 정확히 무엇이 필요한지를 단번에 특정할 수는 없는 게 사실이다. 이 역시 민주적 토론과 쟁투, 의사결정의 주제가 되어야 한다. 그러나 무엇이 기본적 필요로 결정되든, 이는 지불 능력을 원칙으로 삼는 게 아니라 권리의 차원에서 제공되어야 한다. 즉, 이러한 필요를 충족하기 위해 생산하는 사용가치가 상품이 되어서는 안 된다는 뜻이다. 대신 이는 공공재가 되어야 한다. 이 점과 관련해 부언하자면, 각자 기본적 필요를 충족할 물품을 사라고 사람들에게 현금을 지급하는 보편적(혹은 무조건적) 기본소득 방안의 핵심적인 결점은 기본적 필요의 만족을 상품을 통해 해결하려는 데 있다. 사회주의 사회라면 공공재로 이를 해결해야 한다. 사회주의 사회의 기층에서는 시장이 존재해서는 안 된다.

즉, 기층에도 최상층에도 시장은 없다. 그러나 그 중간은 그럼 어떨까? 사회주의자는 중간층을 다양한 가능성의 혼합을 실험하는 공간으로 상상해야 한다. 시장이 협동조합, 커먼즈, 자주적 결사체, 자주관리 프로젝트와 공존하며 나름의 역할을 할 수 있는 공간으로 말이다. 시장에 대한 많은 전통적 사회주의의 반대는 내가 여기에서 구상하는 맥락에서는 해소되거나 완화될 것이다. 시장의 작동이 사회적 잉여에 대한 사적 전유와 자본 축적의 역학에 의해 왜곡되지도, 이런 역학에 흡수되지도 않을 것이기 때문이다. 일단 최상층과 기층이 사회화·탈상품화된다면, 중간층에서 시장이 맡는 기능과 역할도 변형될 것이다. 비록 지금은 정확히 어떻게 될지 구체적으로 말하기 힘들지라도, 이 명제만큼은 더 없이 분명하다고 생각한다.

21세기를 위한 확장된 사회주의관을 발전시키려고 노력하는 이들은 이런 수많은 불명확한 지점들에 관해 성찰하고 해명해야 한다. 여기에서 내가 윤곽을 제시한 관점은 분명히 부분적이고 시론적이다. 가장 긴급하며 관련성이 높은 물음 가운데 일부만 다루고 있으며, 따라서 어떤 점에서는 솔직히 가설에 머물러 있다. 그럼에도 나는 오늘날 사회주의가 무엇을 뜻해야 하는가라는 물음에 이런 식으로 접근하는 것이 장점이 있음을 증명했길 바란다.

그 장점 중 하나는 통상적 사회주의관의 경제주의를 극복할 가능성이다. 또 다른 장점은 전통적 노동운동의 중심 주제를 넘어선 광범위한 당면 쟁점들, 즉 사회적 재생산, 구조적 인종주의, 제국주의, 탈민주주의화, 지구 온난화 같은 쟁점에 대해 사회주의가 시의성을 지님을 보여줄 수 있다는 것이다. 이에 더해 세 번째 장점은 제도적 경계선들, 사회적 잉여, 시장의 역할 같은 사회주의 사상의 몇 가지 고전적 기본 주제들에 새로운 빛을 비출 수 있다는 것이다.

무엇보다도 나는 아주 단순하면서도 더없이 중요한 사실을 드러냈길 바란다. 그것은, 21세기에도 사회주의 프로젝트는 추구할 값어치가 있다는 것, '사회주의'는 단순한 현학적 전문용어나 역사의 유물이 아니라, 현재 지구를 파괴하면서 자유롭고 민주적으로 사람답게 살 기회를 좌절시키는 시스템에 대한 진정한 대안의 이름이 되기에 충분하다는 것이다.

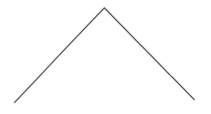

팬데믹,
식인 자본주의의
광란의 파티

대식세포 *Macrophage*, 명사.

현재는 주로 면역학에서 사용된다. 그리스어의 μακρός(*makrós*, '거대한')와 φαγείν(*phagein*, '먹다')에서 유래했으며, 글자 그대로는 '대식가'라는 뜻.

이 책의 대부분은 코비드-19가 발생하기 전에 쓰였다. 확장된 자본주의관을 발전시키고 있던 팬데믹 전 몇 년 동안, 나는 공식 경제에서 자본을 축적할 수 있게 해주는 다양한 '감춰진 장소'들을 최종 정리하는 데 전념했다. 그 결과 여러분이 이 책에서 마주하는 것처럼, 자본이 반드시 필요로 하지만 책임은 지지 않는 필수조건들, 즉 인종화된 수탈, 사회적 재생산, 지구 생태계, 정치적 권력 중 하나에 각각 초점을 맞추는 여러 장들이 집필됐다.

각 장마다 나는, 자신을 존립할 수 있게 해주는 바로 그 토대를 놓고 구조적으로 기꺼이 제 살 깎아먹는 짓을 벌이려 하는 사회 질서가 지닌, 모순적이고 위기 친화적인 성격을 드러내려고 노력했다. 즉 이 사회 질서는 돌봄을 폭식하고, 자연을 탐식하며, 공적 권력의 내장을 적출하고, 인종화된 인구집단의 부를 먹어치운다. 또한 각 장마다 나는 먹이 떼를 향해 달려드는 이들 포식자 무리 중 어느 것도 다른 것들과 떨어져 단독으로 움직이지는 않는다고 지적했다. 오히려 오늘날 우리가 빠져든, 온 세상을 태워버리는 위기 속에서 모두는 한데 뒤엉킨다.

코비드-19의 발생은 이 얽힘을 증명하는 교과서와도 같은 사례를 제공한다. 내가 이 글을 쓰고 있는 2022년 4월 현재, 팬데믹은 식인 자본주의의 모든 모순이 수렴하는 지점이 되고 있다. 즉 자연, 돌봄 활동, 정치적 역량, 주변부 민중을 둘러싼 제 살 깎아먹기가 죽음을 부르는 난장판으로 융합한다. 그야말로 자본주의 기능 장애의 광란의 파티인 코비드-19는 이 사회 시스템을 폐지해야 한다는 요청에서 단번에 모든 의심을 벗겨버린다.

이유를 알고 싶다면, 자연을 생각해보자. 인간이 Sars-CoV-2[사스-코로나바이러스-2]*에 노출된 것은 자본이, 자신을(그리고 우리를!) 존립할 수 있게 해주는 바로 그 기둥을 놓고 제 살을 깎아먹은 것에 다름 아니다. 코비드-19의 원인이 되는 코로나바이

---

* 코비드-19를 발병시키는 코로나바이러스의 공식 명칭.

러스는 오랫동안 외딴 동굴의 박쥐들에게 머물고 있다가, 2019년에 어쩌면 천산갑일 수도 있지만 아직도 완전히 확인되지는 않은 매개종을 거쳐 야생동물에서 인간으로 전파됐다. 그러나 박쥐가 이 매개종과 접촉하게 하고 그 매개종이 인간과 접촉하게 만든 원인은 이미 분명하다. 그것은 지구 온난화와 열대 삼림 파괴가 결합한 결과다. 그리고 이것만큼 분명한 것은, 이 두 과정이 자본의 소산이며 이를 추동한 힘 역시 이윤을 향한 자본의 채울 길 없는 갈증이라는 점이다. 두 과정이 한데 합쳐져 무수히 많은 종의 서식지를 파혜쳤고, 대규모 이동을 유발했으며, 과거에는 서로 멀찍이 떨어져 있었으나 이제는 곤란한 처지에 놓인 유기체들이 처음으로 근접하게 만들었다. 결국 이들 사이에서 병원체의 전에 없던 이동을 촉진했다. 이 역학은 이미 여러 바이러스성 전염병들을 촉발했으며, 이는 모두 박쥐로부터 '증폭 숙주'를 거쳐 인간으로 전파됐다. 후천성 면역결핍증HIV은 침팬지를 통해, 니파Nipah*는 돼지를 통해, 사스SARS는 사향고양이를 통해, 메르스MERS는 낙타를 통해, 그리고 이제 코비드-19는 아마도 천산갑을 통해 인간에게 옮겨갔다.

---

* 니파바이러스감염증은 본래 과일박쥐가 보균한 니파바이러스가 돼지에게 전파되며 발생하는 전염병이다. 돼지를 통해 인간에게도 전파됐으며, 1998년 말레이시아와 싱가포르에서 유행했다. 돼지는 주로 호흡기 증상 및 신경 증상을 보이며, 사람에게는 치명적인 뇌염을 유발해 높은 치사율을 보인다.

에필로그

이런 질병은 앞으로도 발생할 것이다. 이런 전염병은 자본을 위해 자연을 희생양으로 삼는 사회 질서에서는 결코 우발적인 부산물이 아니다. 이윤을 긁어모으는 데 전념하는 자본은 생물물리학적 부를 가능한 한 신속하고 저렴하게 전유하도록 유인책을 제시하면서도 수선이나 보충의 책임은 전혀 지지 않기에, 열대 우림을 파괴하고 대기에 온실가스를 퍼붓는다. 자본은 어떤 시기든 축적에 광분하지만, 이제는 신자유주의화로 엄청나게 강력해진 탓에 치명적 역병이 해일처럼 쇄도하게 만들고 말았다.

인간에 대한 코비드의 충격은 어떤 조건에서든 끔찍했을 것이다. 그러나 이 충격은 자본주의 사회의 또 다른 구조적 모순에 뿌리를 두고 신자유주의 시기에 절정에 이른 현 위기의 또 다른 지류에 의해 측량할 길 없이 악화됐다. 무엇보다도 이 시기에 자본은 자연'만'이 아니라 공적 권력을 놓고도 제 살을 깎아먹었다. 공적 권력 역시 자본의 식단에서 빠질 수 없는 성분이다. 자본주의 시스템 발전의 모든 국면에서 자본은 이를 탐욕스럽게 먹어치우지만, 지난 40년 동안은 특히 광분하며 먹어댔다. 바로 여기에 난점이 있다. 금융화된 자본이 걸신들린 듯 삼킨 정치적 역량은 바로 팬데믹을 완화하는 데 요긴하게 사용할 수 있었을 것들이다. 그러나 이런 행운은 허용되지 않았다.

코비드가 발생하기 훨씬 전에 대다수 국가는 '시장'의 요구에

굴복하여, 공중보건 인프라와 기초과학 연구를 포함한 사회적 지출을 대폭 삭감했다. 쿠바 같은 주목할 만한 몇몇 예외가 있지만, 대다수 국가는 구조 장비(개인 보호장구, 인공호흡기, 주사기, 의약품, 검사 키트) 비축분을 줄였고, 진단 역량(검사, 추적, 수학적 모델링, 유전자 염기순서 분석)을 빈껍데기로 만들었으며, 협력과 치료 역량(공공 병원, 중환자실, 백신 제조·저장·유통 설비)을 위축시켰다.

게다가 공공 인프라를 유명무실하게 만든 뒤 우리의 지배자들은 필수 보건 기능을 (이윤 동기를 따르는) 공급자, 보험회사, 제약회사, 의약품 생산업체에 내맡겨버렸다. 공공성에 구속받지도 않고 관심도 없는 이 기업들이 이제 전 세계의 보건 관련 노동력, 원자재, 기계, 생산 설비, 공급망, 지적재산권, 연구기관, 연구원의 알짜를 통제하고 있는데, 이것들은 모두 개인적 차원으로나 집단적 차원으로나 우리의 운명을 결정하는 요소들이다. 이 기업들은 자기네 수익 흐름을 지키는 데만 전념하며, 인류를 위한 공동의 공적 조치를 가로막는 사적 불가항력을 구축한다. 그 결과는 비극적이기는 하지만 놀랍지는 않다. 죽느냐 사느냐의 문제를 '가치 법칙'에 종속시키는 사회 시스템은 애초부터 구조적으로, 이루 셀 수 없는 사람들을 코비드-19에 희생시키길 마다하지 않는다.

그러나 이게 전부가 아니다. 이미 허약할 대로 허약해진 공적 시스템의 붕괴는 사회적 재생산을 중심으로 한 또 다른 구조적 모순과 수렴한다. 항상 자본의 소비 목록에서 중요한 자리를 차지하는 돌봄 활동은 최근 몇 년 동안 게걸스러운 폭식의 대상이 됐다. 공적 돌봄 인프라를 처분해버린 바로 그 체제는 노동조합을 파괴하고 임금을 삭감함으로써 각 가정당 유급 노동시간을 늘리도록 강요했는데, 1차 보호자primary caregiver[*]의 경우도 여기에서 예외가 아니었다. 신자유주의는 돌봄 활동을 가족과 공동체에 떠넘기면서도 이를 수행하는 데 필요한 에너지는 빨아먹음으로써, 사회적 재생산을 불안정에 빠뜨리는 자본주의의 내적 경향을 극심한 돌봄 붕괴로까지 비화시켰다.

코비드의 출현은 위기의 이러한 지류 역시 강화했으며, 새로운 돌봄 노고를 가족과 공동체에, 특히 여전히 무급 돌봄 활동의 핵심을 맡는 여성에게 떠넘겼다. 락다운 상황에서 아동 돌봄과 학교 교육이 가정으로 장소를 옮기는 바람에 부모가 부담을 떠안게 됐고, 설상가상으로 이런 일을 해야 할 공간은 이런 목적에는 맞지 않는 제한된 집 안이었다. 많은 피고용 여성들이 아이들과 여타 친척을 돌보기 위해 결국 일을 그만두어야 했고, 또 다른 많은 여성들이 고용주에 의해 해고됐다. 두 집단 모두 노동 현장에 복귀할 경우 전보다 더 낮은 지위와 급여에 직면한다. 제

[*] 스스로를 돌볼 수 없는 가족과 친지를 돌봐야 하는 처지에 있는 이를 일컫는 말. 돌봄 노동자나 전문가가 아니면서 가족 내 어린이나 노인, 병석의 배우자나 친구 등을 돌봐야 하는 모든 이들이 해당한다.

3의 집단은 집 안에 꽁꽁 갇힌 아이들과 가족을 위해 돌봄 활동을 수행하면서도 재택 원격 근무를 하며 일자리를 유지하는 특전을 누렸지만, 전보다 훨씬 더 정신없이 여러 일을 동시에 해야만 했다. 그리고 특정 젠더로 엄격하게 한정되지 않는 제4의 집단은 '필수노동자'라는 영예를 떠안았지만, 박봉을 받고 일회용품 취급을 당했으며, 다른 이들이 자가격리할 수 있도록 물품을 생산하고 유통하기 위해 감염 위험과 가족한테 전염시킬 수 있다는 공포를 매일 감내해야 했다. 이 모든 경우에, 이제 팬데믹으로 더욱 증폭된 사회적 재생산 활동은 (자본주의 역사의 모든 국면에서 늘 그랬던 것처럼) 주로 여성의 몫으로 남았다. 그러나 어떤 여성이 결국 위 네 집단 중 어디에 속하게 될지는 계급과 피부색에 달려 있다.

무엇보다도 구조적 인종주의는 자본주의 시스템 발전의 모든 국면에서 중심적 역할을 했는데, 이번에도 예외는 아니었다. 좌익의 정통 교리와는 달리, 자본 축적은 (이중으로) 자유로운 임금 노동자의 착취를 통해서만이 아니라 정치적 권력과 법적으로 유효한 권리를 빼앗긴 종속적 인구집단의 수탈을 통해서도 전개된다. 착취와 수탈의 이러한 구분은 전 지구적인 피부색의 경계선과 일치한다. 자본주의 사회에 내장된 특징인 인종적-제국주의적 약탈은 현 위기의 모든 측면에 스며들어 있다.

지구적 차원에서는 대규모 생태 파괴의 지리학에 피부색을 덧칠하는데, 자본은 주로 인종화된 인구집단에게서 토지, 에너지, 광물 자원을 가로챔으로써 '값싼 자연'을 향한 갈증을 해소한다. 자기방어 수단을 빼앗긴 채 정복, 노예화, 인종 학살, 자산 박탈에 휘둘리는 이들 인구집단은 전 지구적 환경 부담에서 터무니없이 많은 몫을 짊어진다. 그들은 자본주의 중심부에 비해 과도하게 독성 폐기물 투기와 '자연재해', 지구 온난화의 다양한 치명적 충격에 노출된 상태이며, 이제는 코비드 예방접종과 치료를 기다리는 줄에서도 맨 뒤에 서야 하는 신세다.

한편 일국적 차원에서는 피부색이 위기의 정치적·사회-재생산적 지류들을 굴절시킨다. 많은 나라에서 인종화된 대중은 건강에 이로운 생활 조건, 즉 비싸지 않으면서도 질이 좋은 건강 관리, 깨끗한 물, 영양가 높은 음식, 안전한 작업·생활 환경에서 배제됐다. 그러니 이 인구집단에 속한 이들이 다른 이들에 비해 훨씬 더 많이 코비드에 전염되고 사망하는 것은 놀랄 일도 아니다. 별로 신기할 것도 없는 그 이유는 이런 것들이다. 빈곤과 열악한 건강 관리, 스트레스·영양결핍·유독물질 노출과 관련된 기존 의료 상황, 원격 근무를 할 수 없는 일선 작업에 이들이 몰려 있는 현실, 안전하지 못한 일을 거부할 수 있는 재정적 여유의 부재, 사회적 거리두기가 불가능하여 전염이 쉽게 이뤄지는 열악한 주거와 생활방식, 치료와 백신에 접근할 기회의 감소 등등. 이 모든 조건이 결합해 '흑인의 생명은 소중하다'는 구호의 의미를 확장했으며, 애초에 이 운동의 주된 관심사였던 경찰 폭력 문제와 시너지를 일으켜, 미니애폴리스 경찰의 조지 플로이드 살해 뒤에 2020년 5월과 6월의 대규모 시위가 폭발하도록 만들었다.

게다가 피부색은 계급과 깊숙이 얽혀 있다. 이는 자본주의 세계체제에서 일반적으로 나타나는 현상인데, 현 국면에서는 특히나 심하다. '필수노동자' 범주가 보여주듯이, 실제로 둘은 분리가 불가능하다. 의료 전문가들을 논외로 한다면, 이 명칭은 떠돌이 농장 노동자, 이주민 도축·정육 노동자, 아마존사 창고 관리 노동자, UPS* 차량 운전사, 노인요양원 조무사, 병원 청소부, 슈퍼마켓 진열대·계산대 담당자, 식료품과 포장 음식을 배달하는 긱-노동자를 아우른다. 코비드 시기에 특히 위험천만한 이 일자리들은 대개 저임금에다 노동조합도 없고 불안정하며 수당과 노동보호 규정이 전무하다. 이 일자리들은 기분 나쁜 감독과 통제를 받으며, 승진과 숙련 획득의 전망이나 자율성 따위는 눈곱만큼도 허용하지 않는다. 또한 압도적으로 여성과 유색인으로 채워져 있다.

이 일자리들과 여기에서 일하는 이들을 모두 합치면, 금융화된 자본주의에서 살아가는 노동계급의 얼굴이 나온다. 노동계급

---

* United Parcel Service. 국제 화물 운송을 주로 취급하는 미국 기업.

은 더 이상 백인 남성 광부, 공장 직공, 건설 노동자로 전형화될 수 없으며, 이제 그 전형은 돌봄 노동자, 긱-노동자, 저임금 서비스 노동자다. (어쨌든 급여를 받을 경우에는) 재생산 비용보다 더 적은 급여를 받는 이 현대 노동계급은 착취를 당하면서 동시에 수탈도 당한다. 코비드는 이 추악한 비밀까지 폭로했다. 팬데믹은 이들 노동계급 업무의 '필수적' 성격과 이에 대한 자본의 체계적인 저평가를 대비시킴으로써 자본주의 사회의 또 다른 커다란 결점을 입증했다. 노동력 시장이 일의 진짜 값어치를 정확히 계산하지 못한다는 점이다.

즉, 전반적으로 코비드는 말 그대로 '자본주의의 비합리성과 불의'의 광란의 파티다. 이는 자본주의 시스템의 내적 결함을 그 한계점까지 돌이킬 수 없이 증대시킴으로써 우리 사회의 모든 '감춰진 장소'들에 날카로운 빛줄기를 드리운다. 이 감춰진 장소들을 그늘에서 끌어내 햇빛에 노출시킴으로써 팬데믹은 자본주의의 구조적 모순들을 만인의 눈앞에 펼쳐 보인다. 그 모순들이란, 자연을 놓고 제 살 깎아먹기를 벌여 지구를 불지옥 일보 직전까지 내모는 자본의 충동, 사회적 재생산이라는 진정으로 필수적인 활동에서 역량을 빼가는 자본의 충동, 자본주의 시스템이 발생시키는 문제들을 해결하지 못할 지경까지 공적 권력을 유명무실하게 만들어버리는 자본의 충동, 인종화된 대중의 건강과 점점 줄어들기만 하는 부를 먹어 치우는 자본의 충동, 노동계급을 착취만 하는 것이 아니라 수탈까지 하는 자본의 충동이다.

여기까지가 사회이론이 우리에게 줄 수 있는 교훈의 최대치다. 그러나 이제는 더 어려운 문제와 마주해야 한다. 이 교훈을 사회적 실천 속에서 실행하는 것이 그것이다. 지금이야말로 어떻게 이 야수를 굶주리게 만들지, 어떻게 식인 자본주의를 최종 종식시킬지를 놓고 머리를 맞대야 할 때다.

　　이 책은 낸시 프레이저가 2022년에 낸 저작 *Cannibal Capitalism*을 우리말로 옮긴 것이다. 저자가 "감사의 글"에서 밝힌 대로, 이 책의 각 장은 지난 몇 년에 걸쳐 프레이저가 여러 저널에 발표한 논문이나 강연문이다. 그러나 흔한 논문집과 달리 이 책은 '식인 자본주의'라는 틀로 자본주의 시스템을 새롭게 규정하고 분석하며 그 함의를 고찰하는, 거대하고 유기적으로 통일된 건축물을 이루고 있다. 애초에 각 논문을 발표할 때부터 이미 이 책에 담긴 새로운 자본주의관에 관한 일관된 착상과 고민이 있었던 것 같다.

　　프레이저는 국내에도 이름이 상당히 알려져 있고 저작도 여러 권 번역된 미국의 철학자이자 사회과학자다. 1947년에 났으며, 1995년부터 현재까지 뉴욕에 소재한 뉴스쿨의 철학·정치사회이론 담당 교수로 있다. 독일 비판이론의 영향을 크게 받은 프레이저는 비판이론 2세대인 위르겐 하버마스의 공론장 이론을 계급과 젠더의 시각에서 비판적으로 재구성하는 작업을 펼쳤다. 또 세일라 벤하비브 등과 함께 비판이론의 토론 공간을 영어권으로 넓히는 데 주력하는 학술지《칸스텔레이션Constellation》을 이끌었다.

국제적으로 낸시 프레이저라는 이름이 널리 알려지게 된 첫 번째 계기는 현실사회주의권이 붕괴하고 신자유주의가 확고한 지배 이념으로 자리 잡은 1990년대에 착수한 '정의'론 작업이었다. 프레이저는 정의에 '분배'와 '인정'이라는 두 가지 차원이 공존한다는 이차원적 정의관을 제기했고, 격렬한 논쟁에도 불구하고 이 입장을 끈질기게 발전시켰다. 프레이저는 분배에만 초점을 맞추는 존 롤스식 정의론의 한계를 인정하면서, 1970년대 이후 급속히 발전한 여성운동, 흑인운동, 성소수자운동 등이 제기하는 또 다른 정의관, 즉 문화적 정체성의 인정을 중심에 둔 정의관을 적극 수용했다. 하지만 오로지 인정에만 바탕을 두고 분배 중심 정의관을 폐기하려는 시도에도 한계가 있다고 보았고, 그래서 분배와 인정 모두를 정의의 두 축으로 포섭하고 둘의 공존과 상호작용을 중심에 두는 정의관을 제시했다. 이러한 프레이저의 정의론은 비판이론 3세대 이론가 악셀 호네트와 벌인 논쟁의 기록《분배냐, 인정이냐?: 정치철학적 논쟁》(김원식·문성훈 옮김, 사월의책, 2014)에 잘 정리되어 있다.

프레이저의 정치사회이론은 이후 부단히 진화했다. 이차원적 정의관은 분배, 인정에 더해 '대표'의 차원을 정의의 또 다른 축으로 삼는 삼차원적 정의관으로 재구성됐다. 분배와 인정의 측면에서 불의를 시정하기 위해서는 반드시 정치적 대표의 측면에서 만인의 동등한 참여가 보장되어야 한다는 것이었다. 또한 프레이저는 이러한 정치의 무대가 과거와 달리 국민국가에 한정되어선 안 된다고 지적했다. 지구화 시대에 정치가 제 역할을 하기 위해서는 국민국가의 경계를 넘어서는 초국적인 공론장이 마련돼야 한다는 것이었다.《지구화 시대의 정의: 정치적 공간에 대한 새로운 상상》(김원식 옮김, 그린비, 2010)이 이러한 정의론 갱신 작업을 결산한 저작이다.

경제 위기, 극우 포퓰리즘의 창궐, 기후 급변 등으로 어지러웠던 2010년대에 프레이저는 이제까지 벌인 이론 작업의 탄탄한 토대 위에서 다른 어떤 사회이론가보다 더 맹렬히 현실에 개입했고, 신자유주의 이후의 대안을 찾는 이들에게 용기와 영감을 주었다. 삼차원적 정의관으로 무장한 프레이저는 신자유주의 전성기에 정체성 정치만 강조하며 분배 요구를 등한시한(이를테면 '인정' 편향) 사회운동들을 비판했고, 신자유주의가 쇠퇴한 뒤에 좌파가 아니라 극우 포퓰리즘이 상당수 대중에게 대안으로 선택받는 근본 원인이 여기에 있음을 통렬히 지적했다. 프레이저는 특히 페미니즘의 대중적 확산에도 불구하고 힐러리 클린턴에 대한 '비판적 지지' 식의 낡은 틀에 갇혀 있는 여성운동을 향해 자기 성찰과 노선 전환을 촉구했다. 그 결실이 2010년대에 나온《전진하는 페미니즘: 여성주의 상상력, 반란과 반전의 역사》(임옥희 옮김, 돌베개, 2017), 친지아 아루짜와 티티 바타차리야와 함께 쓴《99% 페미니즘 선언》(박지니 옮김, 움직씨, 2020) 같은 저작들이다.

여성운동만이 아니었다. 프레이저는 "낡은 것은 무너지는데도 새것은 나타나지 않는"(안토니오 그람시) 궐위기가 하루빨리 종식되려면 무엇보다도 사회운동과 좌파정치 전반이 환골탈태해야 함을 역설했다. 2020년 미국 대선 직전에 펴낸 팸플릿《낡은 것은 가고 새것은 아직 오지 않은: 신자유주의 헤게모니의 위기 그리고 새로운 전망》(김성준 옮김, 책세상, 2021)에서 프레이저는 민주당 주류의 '진보적 신자유주의'는 도널드 트럼프의 극우 포퓰리즘이 발호하도록 만든 원흉이기에 트럼프주의를 극복할 대안이 될 수 없음을 분명히 했다. 프레이저에 따르면, 트럼프주의에 맞설 수 있는 것은 오직 노동계급과 상당수 중간계급의 동맹에 바탕을 둔 '진보적 포퓰리즘'뿐이다.

어찌 보면, 샹탈 무페가 극우 포퓰리즘의 대항마로 내세운 '좌파 포퓰리즘' 전략과 일맥상통하는 주장인 것 같다. 그러나 무페와 달리 프레이저의 근거는 사회운동들의 등가적 연대나 담론적 실천에 있지 않다. 과거에 고전 마르크스주의자들이 그랬던 것처럼, 프레이저는 노동운동, 여성운동, 생태운동, 흑인운동 등이 굳건한 동맹을 발전시켜야 할 근거를 '자본주의'라는 토대 자체에서 찾아내려 한다. 다만, 이 '자본주의'라는 토대는 더 이상 고전 마르크스주의자들이 이야기하던 그 '자본주의'와 같지 않다. 자본-임금노동 관계만으로 환원되지 않는, 더 복잡한 제도적 실체다.《낡은 것은 가고 새것은 아직 오지 않은》에서 프레이저는 자신의 정치적 주장을 뒷받침하는 논거로 이런 새로운 자본주의관을 전제하지만, 이를 상세히 설명하지는 않았다. 그래서 결론인 '진보적 포퓰리즘'도 피상적으로만 이해되는 경우가 많았다.

바로 이 책《좌파의 길: 식인 자본주의에 반대한다》에서 드디어 프레이저의 새로운 자본주의관은 전모를 드러낸다. 프레이저에 따르면, 자본주의는 단순한 경제 시스템이 아니며, 자본-임금노동 관계만도 아니다. 비-경제 영역이라 치부되는 사회적 재생산, 인간과 비인간 자연 간 관계, 인종화된 집단에 대한 수탈, 공적 권력의 작동 등이 없이는 착취도, 축적도, 성장도 이뤄질 수 없다. 따라서 자본주의는 이러한 배경조건들까지 포함한 특정한 '제도화된 사회 질서'로 이해되어야 한다. 자본주의관이 이렇게 바뀌면, 당연히 시스템의 모순과 위기 역시 새로운 눈으로 바라보게 된다. 또한 자본주의를 역사적으로 변형해왔고 앞으로 이를 극복할 가능성을 지닌 동력에 관해서도 새로운 시각이 열린다. 계급투쟁뿐만 아니라 프레이저가 '경계투쟁'이라 부른 투쟁들, 즉 사회적 재생산, 인간과 비인간 자연의 관계, 착취와 결합된 수탈, 정치 등의 영역을 둘러싸고 벌어지는 투쟁 역시 중요해진다. 이 투쟁들이 한데 이어지지 않고서는 복합적 사회 질서인 자본주의를 변형하거나 극복할 수 없다.

이것은 이 책의 핵심 주장에 관한 지극히 빈약한 요약이지만, 굳이 여기에서 본문 내용을 다시 장황하게 정리하지는 않겠다. 이 책 곳곳에서 프레이저가 워낙 상세하게, 반복적으로 설명하기 때문이다. 처음에 "서문"을 읽으면 낯선 개념이나 비유, 용어들 탓에 어렵게 느낄 수도 있겠지만, 이후의 장들을 읽어가다 보면 어느새 저자의 논의가 익숙하게 다가올 것이다. 그만큼 이 책에서 노학자는 열정을 남김없이 쏟아부으며 자신의 학문과 실천 역정을 총결산한다.

그렇기에 여기에서는, 어쭙잖은 해설을 덧붙이기보다 프레이저의 자본주의관이 사상사에서 어떠한 위치를 점하는지만 간략히 짚겠다. 돌이켜보면, 고전 마르크스주의자 가운데에도 자본-임금노동 관계가 그 바깥에서 작동하는 전혀 다른 사회관계와 함께하지 않고는 존립할 수 없음을 명확히 지적한 예외적인 인물이 있었다. 다름 아니라, 로자 룩셈부르크다. 룩셈부르크는 《자본의 축적》(황선길 옮김, 지만지, 2013)에서, 유럽 세계 바깥의 식민지 인민에 대한 수탈 없이는 유럽 안에서 착취를 통해 자본 축적이 계속될 수 없다고 지적했다. 이 발상은《좌파의 길: 식인 자본주의에 반대한다》에서 프레이저가 발전시키는 수탈론의 원형이다.

　그러나 룩셈부르크에서 프레이저에 이르는 거의 한 세기에 걸친 세월 동안 룩셈부르크의 명제는 자본주의 중심부의 좌파 사이에서 충분히 발전하지 못했다. 여러 가지 이유가 있겠지만, 이런 발상이 확대될 경우 임금 노동자에 대한 착취만으로 자본주의의 모순과 위기를 설명하는 정통 마르크스주의의 핵심 주장이 크게 흔들릴 수 있다는 것도 분명 그 이유 중 하나였다. 자본-임금노동 관계에 포섭되지 않는 사회관계가 오히려 자본-임금노동 관계의 전제조건이 되며 자본주의 전체의 필수적이고 구성적인 요소라는 발상은, 프레이저가 지적하는 것처럼, 흑인 마르크스주의의 비판적 인종 연구나 제국주의 및 그 후속 세계체제에 대한 연구 등에서만 계승·발전되었다.

　이러한 상황에서 돋보인 또 다른 예외적 사상가가 있었다. 프레이저가 이 책에서 직접 거명하는 미국의 생태사회주의자 제임스 오코너(1930-2017)다. 오코너는 생태주의의 문제의식이 아직 사람들에게 낯설었던 1970년대부터 마르크스주의의 생태적 전환을 고민했으며, 그 연장선에서 저널《자본주의, 자연, 사회주의Capitalism, Nature, Socialism》를 창간해 생태사회주의 사상 개척의 국제 실험실로 삼았다. 이 과정에서 오코너는 역사유물론을 전면적으로 재구성하는 주장을 내놓았다. 생산력과 생산관계의 모순만으로는 자본주의의 위기를 설명할 수 없으며, 또 다른 기본 모순을 설정해야 한다는 것이었다. 오코너는 그것이 생산력/생산관계와 생산조건의 모순이라 주장했다. 생산을 무한히 확장하며 축적을 지속하려는 자본과, 그 생산의 조건이 되는 유한한 비인간 자연이 서로 모순을 빚으며 자본주의의 위기를 낳는다는 것이었다.

역사유물론 자체를 다시 쓰려는 오코너의 시도는 이후 존 벨러미 포스터 같은 후속 세대 생태사회주의자들에게 많은 비판을 받았다. 자본-임금노동 관계의 외부에서 생태 문제의 원인을 찾으려 함으로써 자본주의적 착취와 생태 문제 사이의 유기적 연관을 제대로 파악하지 못하게 만든다는 게 비판의 주된 내용이었다. 그러나 프레이저는 오코너의 기본 구상을 높이 평가하면서, 생태 문제가 자본주의 '경제'와 그 외부(그러면서도 자본주의 '사회'의 구성적 일부인)의 경계선에서 발생한다는 이 책의 핵심 주장을 통해 오코너의 구상을 발전시킨다.

더 나아가 프레이저는 인간과 비인간 자연의 관계뿐만 아니라 사회적 재생산, 인종화된 집단에 대한 수탈, 공적 권력 등을 둘러싼 관계들로까지 시야를 넓혀, 이러한 관계들과 자본주의 경제가 빚는 모순이 자본주의 경제 안의 모순만큼이나 자본주의의 운명에 결정적이라고 역설한다. 그런데 이 책에서 프레이저가 펼치는 이런 작업을 프레이저와는 다른 방식으로 이미 수행하고 있는 인물이 있다. 이 책에서 자주 인용되기도 하는 제이슨 무어다. 국내에도 그의 대표작인《생명의 그물 속 자본주의: 자본의 축적과 세계생태론》(김효진 옮김, 갈무리, 2020)이 이미 소개되어 있다. 하지만 무어의 작업을 처음 접하는 이라면, 그가 라즈 파텔과 함께 쓴《저렴한 것들의 세계사: 자본주의에 숨겨진 위험한 역사, 자본세 600년》(백우진·이경숙 옮김, 북돋음, 2020)이 더 쉽고 흥미롭게 다가올 것이다.

《저렴한 것들의 세계사》에서 무어와 파텔은 이윤의 기반이 되는 상품 가격 이면에는, 자본주의가 '저렴한 것'으로 취급하며 착취/수탈하는 일곱 가지 요소가 있다고 지적한다. 그것은 노동뿐만 아니라 자연, 돈(화폐), 돌봄, 식량, 에너지, 생명이다. 프레이저가 정리한 자본주의 경제 외부의 네 가지 주요 영역과 깔끔하게 들어맞지는 않지만, 그 함의만은 비슷하다. 무어·파텔과 프레이저 모두, 자본주의 중심부에서 자본이 거두는 막대한 이윤의 원천은 자본-임금노동 관계만이 아니며 돌봄 활동, 비인간 자연, 남반구 등에 대한 수탈이 그만큼 필수 불가결하고 구성적인 요소라고 주장한다. 이런 인식의 전환은 현재 인류 문명을 격동시키는 자본주의의 위기와 모순을 좀 더 복합적이고 역동적으로 바라보게 할 뿐 아니라, 중심부의 자본-임금노동 관계만을 특권화했던 좌파의 전통적 시각 또한 뒤집는다.

이러한 프레이저의 '식인 자본주의'론에 관해서는 이후 치열한 논쟁이 뒤따를 수밖에 없을 것이다. 하지만 프레이저의 새로운 자본주의관이 신자유주의 위기 이후의 교착 상태를 돌파할 대항헤게모니 블록을 구성하려는 필사적인 집단적 노력에 아주 중대한 기여를 한다는 점만은 일단 인정해야 한다. 정통 마르크스주의를 고수하려는 이들은 여전히 현실의 노동운동을 자본주의를 극복할 계급투쟁과 동일시하며 특권화하고, 오직 이를 보조하는 요소로서 다른 사회운동들을 바라본다. 반면에 이런 정통적 사고를 뛰어넘으려 한 선구적 이론가인 에르네스토 라클라우와 샹탈 무페는 현실에 다양한 사회운동이 존재함을 단순히 전제하고는, 구체적인 정세 속에서 다분히 우발적인 담론적 실천을 통해 이들 사회운동들을 대항헤게모니 블록으로 모을 수 있다는 전망을 내세운다. 그러나 왜 현실에 하필이면 특정한 복수의 사회운동들이 존재할 수밖에 없는지, 그리고 해당 정세 속에서 왜 어떤 담론적 실천이 다른 시도에 비해 더 커다란 효과를 내는지는 설명하지 않는다. 아마도 정통 마르크스주의의 자본주의관 자체를 교정하기보다는 이를 우회한 채 '자본주의 경제'와 구분되는 '민주주의 정치'라는 층위를 설정하고 이 층위 안에서 사회운동들의 관계를 설명하려 한 탓일 것이다.

라클라우와 무페의 이론에 비어 있는 이 두 가지 지점이 곧 프레이저의 작업이 채워 넣으려는 바라고 할 수 있다. '식인 자본주의'론은 역사적 자본주의 안에 왜 계급투쟁 외에 경계투쟁들이 존재할 수밖에 없으며, 왜 계급투쟁 역시 경계투쟁들과 맺는 관계를 전제하지 않고는 제대로 이해될 수 없는지를 해명한다. 그리고 자본주의의 특정한 역사적 국면에서 변혁적 사회운동들이 대항헤게모니 블록을 함께 구성하기 위해 필요한 연계와 상호작용의 전략은 오직 해당 국면에서 자본주의라는 사회질서의 여러 영역이 맺는 관계와 모순의 양상을 포착하고 분석할 때에만 모습을 갖출 수 있음을 역설한다.

또한 프레이저는 대항헤게모니 블록의 기반이 될 '새로운 상식'이 어디에서 비롯하는지에 관해서도 우리의 눈을 열어준다. 그것은 생산 현장의 계급투쟁에서만 나오는 것은 아니며, 그렇다고 그 '외부'에서 지식인이 생산해 주입해줘야 하는 것도 아니다. 자본주의 사회의 위기에 따라 경계투쟁들이 활발해지면, 사회적 재생산, 인간과 비인간 자연의 관계, 수탈 대상이 되는 인구집단, 공적 권력 등의 영역을 각기 지배하는 다양한 가치와 규범이 새로운 상식의 재료(새 상식 자체는 아니지만)로 변형된다. 대항헤게모니 전략을 제안하는 최근의 여러 저작들, 가령 무페의 《녹색 민주주의 혁명을 향하여: 좌파 포퓰리즘과 정동의 힘》(이승원 옮김, 문학세계사, 2022)이나 파올로 제르바우도의 《거대한 반격: 포퓰리즘과 팬데믹 이후의 정치》(남상백 옮김, 다른백년, 2022)가 제안하는 전략 방향은 이러한 프레이저의 자본주의 분석과 결합할 때 더욱 명쾌해지고 실천적인 힘을 얻게 될 것이다.

옮긴이가 덧붙이는 군말은 이쯤에서 그치겠다. 이 책의 본문에 담긴 저자의 설명만으로도 충분하기 때문이다. 다만, 옮긴이의 부족한 능력 탓에 이러한 본문 내용이 독자에게 그대로 전달되지 못할까 봐 걱정이 된다. 특히 이 책에서 프레이저가 새로 고안해 사용하는 개념이나 비유를 과연 우리말로 적절하게 옮겼는지 고민이 남는다. 그래서 중요한 번역어마다 옮긴이 주를 각주 형태로 달아, 혹시 있을지도 모를 오해나 혼동을 줄이려 했다. 그럼에도 독자 여러분의 많은 질정과 비판이 있어야 할 것이다. 부디 이 책이 신자유주의 이후의, 더 인간적이고 민주적인 세상을 위해 분투하는 모든 이들에게 영감과 격려의 원천이 되길 바란다.

주

1장 걸신들린 짐승: '자본주의'의 재인식
왜 우리의 자본주의관을 확장해야 하는가

1   마르크스주의 전통에서는 **자본이 자기 확장하는 가치**로 규정되곤 한다. 그러나 이 정식화는 오해의 소지가 있다. 현실에서 자본은 임금 노동자 착취를 통한 잉여노동시간의 전유를 통해서도 확장하지만, 돌봄 노동자나 인종화된 인구집단, 자연으로부터도 자본화되지 않은 부 혹은 자본화 정도가 낮은 부를 수탈함으로써 확장하기도 한다. 달리 말하면, 자본은 전적으로 홀로 확장하는 게 아니라 **우리**를 잡아먹음으로써, 즉 제 살을 깎아먹음으로써 확장한다. 이 점을 강조하기 위해 **'자기'**라는 말을 따옴표로 강조한 것이다.

2   Piero Sraffa, *Production of Commodities by Means of Commodities: Prelude to a Critique of Economic Theory* (Cambridge, UK: Cambridge University Press, 1960).

3   Immanuel Wallerstein, *Historical Capitalism* (London: Verso, 1983), 39 [이매뉴얼 월러스틴, 《역사적 자본주의/자본주의 문명》, 나종일·백영경 옮김, 창비, 1993].

4   Karl Polanyi, *The Great Transformation* (Boston: Beacon Press, 1965) [칼 폴라니, 《거대한 전환: 우리 시대의 정치·경제적 기원》, 홍기빈 옮김, 길, 2009]; Nancy Fraser, "Can Society Be Commodities All the Way Down?", *Economy and Society* 43 (2014).

5   Karl Marx, *Capital*, Vol. Ⅰ, trans. Ben Fowkes (London: Penguin, 1976), 873-6.

6   Rosa Luxemburg, *The Accumulation of Capital* (New York: Monthly Review Press, 1968)[로자 룩셈부르크, 《자본의 축적》(전2권), 황선길 옮김, 지식을만드는지식, 2013]; David Harvey, *The New Imperialism* (Oxford: Oxford University Press, 2003), 137-82[데이비드 하비, 《신제국주의》, 최병두 옮김, 한울, 2016].

7   Karl Marx, *Capital*, Vol. Ⅲ, trans. David Fernbach (New York: International Publishers, 1981), 949-50; John Bellamy Foster, "Marx's Theory of Metabolic Rift: Classical Foundations of Environmental Sociology", *American Journal of Sociology* 105, no. 2 (September 1996). 인류세 개념의 비판으로는 이 책 제4장을 보라.

8   Donna Haraway, "A Cyborg Manifesto: Science, Technology, and Socialist-Feminism in the Late Twentieth Century", *Socialist Review* 80 (1985).

9   Geoffrey Ingham, *The Nature of Money* (Cambridge: Cambridge University Press, 2004)[제프리 잉햄, 《돈의 본성》, 홍기빈 옮김, 삼천리, 2011]; David Graeber, *Debt: The First 5,000 Years* (New York: Melville House, 2011)[데이비드 그레이버, 《부채, 첫 5,000년의 역사: 인류학자가 고쳐 쓴 경제의 역사》, 정명진 옮김, 부글북스, 2021].

10 Ellen Meiksins Wood, *Empire of Capital* (London and New York: Verso, 2003).

11 Giovanni Arrighi, *The Long Twentieth Century: Money, Power, and the Origins of Our Times* (London and New York: Verso, 1994)[조반니 아리기, 《장기 20세기: 화폐, 권력, 그리고 우리 시대의 기원》, 백승욱 옮김, 그린비, 2014].

12 Georg Lukács, *History and Class Consciousness: Studies in Marxist Dialectics* (London: Merlin Press, 1971)[죄르지 루카치, 《역사와 계급의식》, 조

만영·박정호 옮김, 지식을만드는지식, 2015].

13 Sara Ruddick, *Maternal Thinking: Towards a Politics of Peace* (London: Women's Press, 1990)[사라 러딕, 《모성적 사유》, 이혜정 옮김, 철학과현실사, 2002]; Joan Trento, *Moral Boundaries: A Political Argument for an Ethic of Care* (New York: Routledge, 1993).

14 Nancy Fraser, "Struggle over Needs: Outline of a Socialist-Feminist Critical Theory of Late-Capitalist Political Culture", in *Unruly Practices: Power, Discourses, and Gender in Contemporary Social Theory* (Minneapolis: University of Minnesota Press, 1989).

15 다음 글을 참고하라. James O'Connor, "Capitalism, Nature, Socialism: A Theoretical Introduction", *Capitalism, Nature, Socialism* 1, no. 1 (1988), 1-22.

2장 수탈 탐식가: 착취와 수탈의 새로운 얽힘
왜 자본주의는 구조적으로 제국주의적-인종주의적인가

1 '흑인 마르크스주의'라는 표현은 흑인해방사상의 독특한 마르크스적 전통이라는 관념을 창안한 세드릭 로빈슨에게서 비롯됐다. 다음 책을 보라. Cedric Robinson, *Black Marxism* (Chapel Hill: University of North Carolina Press, 1999). 그러나 로빈슨은 이 전통을 지지하기보다는 오히려 비판하는 입장을 취했다. 흑인 마르크스주의의 몇몇 주도적 주창자들의 저작으로는 다음 책들이 있다. C. L. R. James, *Black Jacobin* (London: Penguin Books, 1938)[C. L. R. 제임스, 《블랙 자코뱅: 투생 루베르튀르와 아이티혁명》, 우태정 옮김, 필맥, 2007]; W. E. B. Du Bois, *Black Reconstruction in America, 1860-1880* (1938); Eric Williams, *Capitalism and Slavery* (Chapel Hill: University of North Carolina Press, 1944)[에릭 윌리엄스, 《자본주의와 노예제도》, 김성균 옮김, 우물이있는집, 2014]; Oliver Cromwell Cox, *Caste, Class, and*

Race: A Study of Social Dynamics (Monthly Review Press, 1948); Stuart
Hall, "Race, Articulation, and Societies Structured in Dominance",
Sociological Theories: Race and Colonialism (UNESCO, 1980), 305–
45; Walter Rodney, *How Europe Underdeveloped Africa* (Washington,
DC: Howard University Press, 1981); Angela Davis, *Women, Race, and
Class* (London: Women's Press, 1982)[앤절라 Y. 데이비스,《여성, 인종, 계급》,
황성원 옮김, 아르테, 2022]; Manning Marable, *How Capitalism Under-
developed Black America* (Brooklyn: South End Press, 1983); Barbara
Fields, "Slavery, Race, and Ideology in the United States of America",
New Left Review 181 (May-June 1990), 95–118; Robin D. Kelley, *Ham-
mer and Hoe: Alabama Communists during the Great Depression*
(Chapel Hill: University of North Carolina Press, 1990)와 *Race Rebels:
Culture, Politics, and the Black Working Class* (New York: Free Press,
1996); Cornel West, "The Indispensability Yet Insufficiency of Marxist
Theory"와 "Race and Social Theory", *The Cornel West Reader* (New
York: Nasic Civitas Books, 1999) 213–30과 251–67.

2 '비판적 인종이론'이라는 표현은 본래 법률과 인종 사이의 관계를 해명하
는 것을 목적으로 한 학술 연구를 가리킨다. 이후 미국의 우익 주체들이 이
말을 가로채, 체계적인 반인종주의 연구 일체를 싸잡아 권위를 실추시키는
데 써먹었다. 이 장에서, 그리고 이 책 전체에서 나는 이 문구를 경멸적 용
법이 아니라 그 정확한 의미에서, 흑인해방이론을 포함하되 이에 한정되지
는 않는 광범한 스펙트럼의 반인종주의·반제국주의 이론 작업을 가리키는
말로 사용하고자 한다.

3 Michael C. Dowson, *Blacks In and Out of the Left* (Cambridge, MA:
Harvard University Press, 2013); Ruth Wilson Gilmore, *Golden Gulag:
Prisons, Surplus, Crisis, and Opposition in Globalizing California*
(Berkeley and Los Angeles: University of California Press, 2017); Cedric
Johnson, *Revolutionaries to Race Leaders: Black Power and the*

Making of African American Politics (Minneapolis: University of Minnesota Press, 2007); Barbara Ransby, *Making All Black Lives Matter: Reimagining Freedom in the Twenty-First Century* (Berkeley and Los Angeles: University of California Press, 2018); Keeanga-Yamahtta Taylor, *From #Black Lives Matter to Black Liberation* (Chicago: Haymarket, 2016); Keeanga-Yamahtta Taylor, *Race for Profit: How Banks and the Real Estate Industry Undermined Black Homeownership* (University of North Carolina Press, 2021).

4   마르크스가 이 과정들을 전혀 고려하지 않았다고 말한다면 이는 잘못이다. 오히려 그는 예컨대《자본》에서 노예제, 식민주의, 아일랜드인들의 해외 추방, '노동 예비군'에 관해 썼다. 그러나 '노동 예비군'을 제외하면, 마르크스는 이 논의들을 체계적으로 다듬지 않았다. 또한 이 논의들로부터 자신의 자본주의 인식에 필수 불가결한 구조적인 역할을 하는 범주를 끌어내지도 못했다. 다음을 참고하라. Karl Marx, *Capital*, Vol. Ⅰ, trans. Ben Fowkes (London: Penguin, 1976), 781-802; 854-70; 914-26; 931-40. 반면에 그의 뒤를 이은 사상가들이 긴 줄을 이루며 인종적 억압에 관한 분석을 마르크스주의에 통합하려고 노력했다. 위 주 1번과 2번을 보라. 나의 시도는 비록 나름대로 독자적인 개념적 논의를 발전시키고는 있지만 이러한 선행 연구의 노력 위에 서 있다.

5   이 정식화는 제이슨 무어의 사상과 공명한다. 그는 자본이 생산을 통해 이윤을 얻을 수 있는 필수조건으로서, 무급 활동(사람뿐만 아니라 자연으로부터도)의 수탈에 지속적으로 의존한다고 지적한다. 그는 이렇게 쓴다. "생산성을 극대화하는 기술은 자본화되지 않은 자연의 막대한 전유에 시동을 거는 순간부터 시스템 전반의 축적 과정에 다시 활력을 불어넣는다. 모든 암스테르담에게는 비스와[비스툴라] 분지가 있다. 모든 맨체스터에게는 미시시피강 삼각주가 있다." Jason Moore, "The Capitalocene, Part Ⅱ: Accumulation by Appropriation and the Centrality of Unpaid Work/Energy", *Journal of Peasant Studies* 45 (2018).

*옮긴이 주: 영어로는 '비스툴라강'이라고 하는 폴란드의 비스와강은 중세와 근대 초기에 발트해 연안의 목재와 동유럽의 여러 산물들이 서유럽으로 수출되는 통로였으며, 17세기 네덜란드는 이 중개무역으로 번성했다. 한편 산업혁명 시기에 영국 면직물 산업의 중심지였던 맨체스터는 미시시피강 삼각주의 농장에서 흑인 노예들이 수확한 면화를 원료로 삼아 번영을 누렸다.

6   뒤의 문단들에서 설명하겠지만, 이러한 이이제이 전술은 시민과 종속민을, 국민과 외국인을, 자유로운 개인과 노예를, '유럽인'과 '원주민'을, '백인'과 '흑인'을, 자격을 갖춘 '노동자'와 종속적 '무위도식자'를 구별하는, 인종적으로 정형화된 지위 위계제를 동원했다.

7   Marx, *Capital*, Vol. 1, 873-6.

8   최초의 축장을 넘어 시초 축적 개념을 확대하는 또 다른 해석으로는 다음을 보라. Robin Blackburn, "Extended Primitive Accumulation", in *The Making of New World Slavery: From the Baroque to the Modern, 1492-1800* (London and New York: Verso, 2010).

9   [경제적] 축적이 [정치적] 주체화에 종속되는 것은 더 커다란 현상의 특별한 한 사례다. 다른 측면에서도 자본주의의 '경제적 하위시스템'은 다름 아닌 자신의 생존을 자기 외부의 조건들에 의존하는데, 그중에는 정치권력을 통해서만 보장될 수 있는 조건들도 있다. 재산권을 보장하고 계약이 실행되도록 만들며 분쟁을 심판하는 법률적 틀이 축적에 필요함은 너무도 분명하다. 마찬가지로 반드시 필요한 것은, 반란을 진압하고 질서를 유지하며 이견을 관리하는 억압 기구다. 이 점에서 위기 관리를 목적으로 하는 정치의 주도적 역할 또한 필수 불가결한 요소임이 자본주의 역사의 다양한 순간마다 입증됐는데, 인프라의 공적 제공, 사회복지, 그리고 당연하게도 화폐가 그 사례들이다. 이런 없어서는 안 될 정치적 기능을 나는 이 책 제5장과 다음 논문에서 다룬다. "Legitimation Crisis? On the Political Contradictions of Financialized Capitalism", *Critical Historical Studies* 2, no. 2 (2015), 1-33. 반면에 여기에서는 이것만큼 필수적인 정치적 주체화

의 기능에 초점을 맞춘다.

10 Judith Shklar, *American Citizenship: The Quest for Inclusion* (Cambridge, MA: Harvard University Press, 1998).

11 Marx, *Capital*, Vol. Ⅰ, 915.

12 Nancy Fraser and Linda Gordon, "A Genealogy of 'Depedency': Tracing a Keyword of the US Welfare State", *Signs: Journal of Women in Culture and Society* 19, no. 2 (Winter 1994), 309–36. 이 논문은 다음 책에 재수록되어 있다. Nancy Fraser, *Fortunes of Feminism: From State-Managed Capitalism to Neoliberal Crisis* (London and New York: Verso, 2013)[낸시 프레이저, 《전진하는 페미니즘: 여성주의 상상력, 반란과 반전의 역사》, 임옥희 옮김, 돌베개, 2017. "3. 의존의 계보학: 미국 복지국가의 핵심어 추적하기"].

13 이 대목에서 나는 수탈의 요소를 착취의 요소와 결합한 것이 국가-관리 자본주의에서 인종화된 노동의 상황이었다고 주장하는 것이다. 한편으로 미국이라는 중심부의 유색인 노동자는 임금을 받았지만, 그 액수는 자기 재생산을 위한 평균적인 사회적 필요비용보다 적었다. 다른 한편으로 유색인 노동자는 자유로운 인격과 미국 시민이라는 형식적 지위를 갖추었지만, 공적 권력에게 자신들의 권리를 실제로 보장해달라고 요청할 수는 없었다. 오히려 그들을 폭력에서 보호하도록 되어 있는 공적 권력이 가해자인 경우가 다반사였다. 말하자면 유색인 노동자의 지위는 수탈/착취의 정치적 측면과 경제적 측면을 한데 합친 것이었다. '초과착취super-exploitation'라는 기존의 낯익은 개념보다는 착취와 수탈의 결합 혹은 혼종이라는 틀이 그들의 지위를 이해하는 더 좋은 방식이다. 초과착취라는 말은 분명 많은 영감을 던져주지만, 지위 차이는 무시한 채 오로지 인종 간 임금 격차의 경제학에만 초점을 맞춘다. 반면에 나의 접근법은 경제적 약탈과 정치적 예속의 뒤엉킴을 밝히는 것을 목적으로 한다. 초과착취에 관한 논의로는 예컨대 다음을 볼 것. Ruy Mauro Marini, *Dialética de la dependencia* (Mexico City: Ediciones Era, 1973).

14 BRICS는 다음 국가들의 머리글자로 만든 약칭이다. 브라질Brazil, 러시아 Russia, 인도India, 중국China, 남아프리카공화국South Africa.

15 진보적 신자유주의에 관해서는 다음 문헌들을 보라. Nancy Fraser, "The End of Progressive Neoliberalism", *Dissent* (Spring 2017); Nancy Fraser, *The Old Is Dying and the New Cannot Be Born: From Progressive Neoliberalism to Trump and Beyond* (London and New York: Verso, 2019)[낸시 프레이저,《낡은 것은 가고 새것은 아직 오지 않은: 신자유주의 헤게모니의 위기 그리고 새로운 전망》, 김성준 옮김, 책세상, 2021].

3장 돌봄 폭식가: 생산과 재생산, 젠더화된 위기
왜 사회적 재생산이 자본주의 위기의 중심 무대인가

1 프랑스어로 쓴 이 장의 이전 버전은 2016년 6월 14일 파리 사회과학고등 연구원의 마르크 블로크 강연에서 발표됐으며, 이 기관의 웹사이트에 게재 됐다. 강연에 초청해준 피에르-시릴 오트쾨르Pierre-Cyrille Hautcœur, 열 띤 토론을 해준 요한나 옥살라, 유용한 논평을 해준 말라 흐툰Mala Htun과 엘리 자레츠키, 연구를 보조한 셀림 헤퍼Selim Heper에게 감사 인사를 전 한다.

2 많은 페미니즘 이론가들이 여러 형태로 이런 주장을 했다. 마르크스주의 페미니스트들의 대표적인 정식화로는 다음 책들이 있다. Eli Zaretsky, *Capitalism, the Family, and Personal Life* (London: Pluto Press, 1986) [엘리 자레츠키,《자본주의와 가족제도》, 김정희 옮김, 한마당, 1986]; Lise Vogel, *Marxism and the Oppression of Women* (Boston: Brill, 2013). 또 다른 강력한 정식화로는 다음 책을 보라. Nancy Folbre, *The Invisible Heart* (New Yok: New Press, 2002)[낸시 폴브레,《보이지 않는 가슴: 돌봄 경제학》, 윤 자영 옮김, 또하나의문화, 2007]. 사회-재생산 이론가들의 최근 작업으로는 다음 문헌들이 있다. Barbara Laslett and Johanna Brenner, "Gender

and Social Reproduction", *Annual Review of Sociology* 15 (1989); Kate Bezanson and Meg Luxton, eds. *Social Reproduction* (Montreal: McGill-Queen's University Press, 2006); Isabella Bekker, "Social Reproduction and the Construction of a Gendered Political Economy", *New Political Economy* 12, no. 4 (2007); *Social Reproduction Theory: Remapping Class, Recentering Oppression*, ed. Tithi Bhattacharya (Pluto Press, 2017); Susan Ferguson, *Women and Work: Feminism, Labor, and Social Reproduction* (Pluto, 2019); Cinzia Arruzza, Tithi Bhattacharya, and Nancy Fraser, *Feminism for the 99%: A Manifesto* (Verso, 2019)[낸시 프레이저·친지아 아루짜·티티 바타차리야,《99% 페미니즘 선언》, 박지니 옮김, 움직씨, 2020].

3   Luise Tilly and Joan Scott, *Women, Work, and Family* (London: Routledge, 1987)[조앤 월라치 스콧·루이스 A. 틸리,《여성 노동 가족: 근대유럽의 여성 노동과 가족전략》, 김영 옮김, 앨피, 2021].

4   Karl Marx and Friedrich Engels, "Manifesto of the Communist Party", in *The Marx-Engels Reader* (New York: W.W.Norton & Co., 1978), 487-8; Friedrich Engels, *The Origin of the Family, Private Property, and the State* (Chicago: Charles H. Kerr, 1902), 90-100[프리드리히 엥겔스,《가족, 사유재산, 국가의 기원》, 김대웅 옮김, 두레, 2012].

5   Nancy Woloch, *A Class by Herself* (Princeton, NJ: Princeton University Press, 2015).

6   Karl Polanyi, *The Great Transformation* (Boston: Beacon Press, 1965), 87, 138-9, 213[칼 폴라니,《거대한 전환: 우리 시대의 정치·경제적 기원》, 홍기빈 옮김, 길, 2009].

7   Ava Baron, "Protective Labour Legislation and the Cult of Domesticity", *Journal of Family Issue* 2, no. 1 (1981).

8   Maria Mies, *Patriarchy and Accumulation on a World Scale* (London: Bloomsbury Academic, 2014), 74[마리아 미즈,《가부장제와 자본주의: 여성, 자

연, 식민지와 세계적 규모의 자본 축적》, 최재인 옮김, 갈무리, 2014].

9   Eli Zaretsky, *Capitalism, the Family, and Personal Life* (London: Pluto
    Press, 1986)[엘리 자레스키,《자본주의와 가족제도》, 김정희 옮김, 한마당, 1986];
    Stephanie Coontz, *The Social Origins of Private Life* (London: Verso,
    1988).

10 Judith Walkowitz, *Prostitution and Victorian Society* (Cambridge, UK:
    Cambridge University Press, 1980); Barbara Hobson, *Uneasy Virtue:
    The Politics of Prostitution and the American Reform Tradition* (Chi-
    cago: University of Chicago Press, 1990).

11 Angela Davis, "Reflections on the Black Women's Role in the Com-
    munity of Slaves", *Massachusetts Review* 13, no. 2 (1972).

12 David Wallace Adams, *Education for Extinction: American Indians
    and the Boarding School Experience, 1875-1928* (Lawrence: Universi-
    ty Press of Kansas, 1995); Ward Churchill, *Kill the Indian, Save the Man:
    The Genocidal Impact of American Indian Residential Schools* (San
    Francisco: City of Lights, 2004).

13 Gayatri Spivak, "Can the Subaltern Speak?", in *Marxism and the
    Interpretation of Culture*, ed. Cary Nelson and Lawrence Grossberg
    (London: Macmillan Education, 1988), 305.

14 Nancy Fraser, "A Triple Movement? Parsing the politics of Crisis after
    Polanyi", *New Left Review* 81 (May-June 2013), 119-132.

15 Michel Foucault, "Governmentality", in *The Foucault Effect*, ed. Gra-
    ham Burchell, Colin Gordon, and Peter Miller (Chicago: University of
    Chicago Press, 1991), 87-104[콜린 고든 외,《푸코 효과: 통치성에 관한 연구》,
    이승철 외 옮김, 난장, 2014]; Foucault, *The Birth of Biopolitics: Lectures
    at the Collège de France, 1978-1979* (New York: Palgrave Macmillan,
    2010), 64[미셸 푸코,《생명관리정치의 탄생: 콜레주드프랑스 강의 1978-79년》,
    오트르망 외 옮김, 난장, 2012].

16 Katrin Ross, *Fast Cars, Clean Bodies: Decolonization and the Reodering of French Culture* (Cambridge, MA, 1996); Dolores Hayden, *Building Suburbia: Green Fields and Urban Growth, 1820–2000* (New York: Pantheon, 2003); Stuart Ewen, *Captains of Consciousness: Advertising and the Social Roots of the Consumer Culture* (New York: Basic Books, 2008).

17 이 시기에 국가는 사회적 재생산을 지원하는 데 소요하는 예산을 세입과 복지기금으로 충당했는데, 그 납부자는 식민 본국의 노동자와 자본이었으며, 각자의 기여 비율은 해당 국가 내부의 계급 역관계에 따라 달라졌다. 그러나 이러한 세입원은 해외직접투자에서 거둔 수익과 부등가 교환에 바탕을 둔 무역 등을 통해 주변부에서 빨아들인 가치 덕분에 풍선처럼 늘어났다. 다음 문헌들을 참고하라. Raúl Prebisch, *The Economic Development of Latin America and Its Principal Problems* (New York: UN Department of Economic Affairs, 1950); Paul Baran, *The Political Economy of Growth* (New York: Monthly Review Press, 1957)[폴 A. 바란, 《성장의 정치경제학》, 김민자 옮김, 두레, 1984]; Geoffrey Pilling, "Imperialism, Trade, and 'Unequal Exchange': The Work of Arghiri Emmanuel", *Economy and Society* 2, no. 2 (1973); Gernot Köhler and Arno Tausch, *Global Keynesianism: Unequal Exchange and Global Exploitation* (New York: Nova Science Publishers, 2001).

18 Jill Quadagno, *The Color of Welfare: How Racism Undermined the War on Poverty* (Oxford: Oxford University Press, 1994); Ira Katznelson, *When Affirmative Action Was White: An Untold History of Racial Inequality in Twentieth-Century America* (New York: W.W. Norton & Co., 2005).

19 Jacqueline Jones, *Labor of Love, Labor of Sorrow: Black Women, Work, and the Family from Slavery to the Present* (New York: Vintage, 1985); Evelyn Nakano Glenn, *Forced to Care: Coercion and Caregiv-*

ing in America (Cambridge, MA: Harvard University Press, 2010).

20 Nancy Fraser, "Women, Welfare, and the Politics of Need Interpretation", in *Unruly Practices: Discourse, and Gender in Contemporary Social Theory* (Minneapolis: University of Minnesota Press, 1989); Barbara Nelson, "Women's Poverty and Women's Citizenship", *Signs: Journal of Women in Culture and Society* 10, no. 2 (1985); Diana Pearce, "Women, Work, and Welfare", in *Working Women and Families*, ed. Karen Wolk Feinstein (Beverly Hills, CA: Sage, 1979); Johanna Brenner, "Gender, Social Reproduction, and Women's Self-Organization", *Gender and Society* 5, no. 3 (1991).

21 Hilary Land, "Who Cares for the Family?", *Journal of Social Policy* 7, no. 3 (1978); Harriet Holter, ed., *Patriarchy in a Welfare Society* (Oxford: Oxford University Press, 1984); Mary Ruggie, *The State and Working Women* (Princeton, NJ: Princeton University Press, 1984); Birte Siim, "Women and the Welfare State", in *Gender and Caring*, ed. Clare Ungerson (Kondon and New York: Harvester Wheatsheaf, 1990); Ann Shola Orloff, "Gendering the Comparative Analysis of Welfare States", *Sociological Theory* 27 no. 3 (2009).

22 Adrienne Roberts, "Financing Social Reproduction", *New Political Economy* 18, no. 1 (2013).

23 자유시장주의자들과 '신사회운동' 사이의 있을 법하지 않은 동맹의 결실인 새 체제는 힐러리 클린턴 같은 '진보적' 신자유주의 페미니스트와 도널드 트럼프 같은 권위주의적이고 민족주의적인 포퓰리스트의 대결 구도를 만드는 식으로, 그간 익숙했던 정치적 배열을 마구 뒤섞고 있다.

24 Elizabeth Warren and Amelia Warren Tyagi, *The Two-Income Trap: Why Middle-Class Parents Are Going Broke* (New York: Basic Books, 2003)[엘리자베스 워런·아멜리아 워런 티아기, 《맞벌이의 함정: 중산층 가정의 위기와 그 대책》, 주익종 옮김, 필맥, 2019].

주

25 Arlie Hochschild, "Love and Gold", in *Global Women: Nannies, Maids, and Sex Workers in the New Economy*, ed. Barbara Ehrenreich and Arlie Hochschild (New York: Henry Holt & Co., 2002), 15-30.

26 Jennifer Bair, "On Difference and Capital", *Signs: Journal of Women in Culture and Society* 36, no. 1 (2010).

27 "Apple and Facebook Offer to Freeze Eggs for Female Employees", *Guardian*, October 15, 2014. 중요한 것은 이 혜택이 더는 전문직-기술직-관리직 계급만의 전유물이 아니라는 사실이다. 현재 미 육군은 해외 근무 연장을 신청하는 여성 병사에게 무료로 난자를 동결할 수 있게 해준다. "Pentagon to Offer Plan to Store Eggs and Sperm to Retain Young Troops", *New York Times*, February 3, 2016. 이 대목에서 군사주의의 논리는 사유화의 논리를 압도한다. 내가 알기로는, 전투 중 사망한 여성 병사의 난자로 무엇을 할 것인가라는 불유쾌한 질문을 입 밖에 꺼낸 이는 아직 없다.

28 Courtney Jung, *Lactivism: How Feminists and Fundamentalists, Hippies and Yuppies, and Physicians and Politicians Made Breast-feeding Big Business and Bad Policy* (New York: Basic Books, 2015), 특히 130-1. 부담적정보험법Affordable Care Act(별칭 '오바마케어')은 현재 보험 회사가 보험금 수령인에게 이런 유축기를 무료로 제공하도록 정해놓고 있다. 따라서 이 혜택 역시 더는 특권층 여성만의 특전이 아니다. 그 결과 중국 하청업체의 공장에서 유축기를 대량생산하는 생산업체에게 거대한 새 시장이 생겼다. 다음 기사를 참고할 것. Sarah Kliff, "The Breast Pump Industry Is Blooming, Thanks to Obamacare", *Washington Post*, January 4, 2013.

29 Lisa Belkin, "The Opt-Out Revolution", *New York Times*, October 26, 2003; Judith Warner, *Perfect Madness: Motherhood in the Age of Anxiety* (New York: Penguin, 2006); Lisa Miller, "The Retro Wife", *New York*, March 17, 2013; Annie-Marie Slaughter, "Why Women Still

Can't Have It All", *Atlantic*, July-August 2012; Annie-Marie Slaugh-
ter, *Unfinished Business* (New York: Random House, 2015); Judith Shu-
levitz, "How to Fix Feminism", *New York Times*, June 10, 2016.

4장 꿀꺽 삼켜진 자연: 수탈·돌봄·정치와 얽혀 있는 생태 위기
왜 생태정치는 환경을 넘어 자본주의에 맞서야 하는가

---

1   자본주의의 생태적 모순에 관한 나의 설명은 '자본주의의 두 번째 모순'이
    라는 제임스 오코너의 획기적 이론 작업에 빚지고 있다. 그는 칼 폴라니의
    사상에 의지해 '생산 조건'과 이를 와해시키는 자본의 경향을 개념화함으
    로써 새로운 길을 열었다. 다음 글을 보라. "The Second Contradiction of
    Capitalism, with an Addendum on the Two Contradictions of Cap-
    italism", in James O'Connor, *Natural Causes: Essays in Ecological
    Marxism* (New York: Guilford, 1998), 158-77. 존 벨라미 포스터John Bel-
    lamy Foster는 다음 글에서 오코너의 설명에 일정하게 환원주의적 측면이
    있음을 올바로 지적한다. "Capitalism and Ecology: The Nature of the
    Contradiction", *Monthly Review* 54, no. 4 (2002), 6-16. 그러나 이런 측
    면은 오코너의 중심 주장에서 핵심적인 요소는 아니며, 그의 통찰을 변안
    한 나의 주장과도 별 상관이 없다.

2   Jason W. Moore, *Capitalism in the Web of Life: Ecology and the Ac-
    cumulation of Capital* (London and New York: Verso, 2015)[제이슨 W. 무
    어, 《생명의 그물 속 자본주의: 자본의 축적과 세계생태론》, 김효진 옮김, 갈무리,
    2020]. 안타깝게도 무어는 자연Ⅲ이 자연Ⅰ을 단순 대체할 수 있다고 가정
    하는 것처럼 보이는데, 그는 자연Ⅰ이 '데카르트적'이라며 기각하려고까지
    한다. 이 가정은 사실상 기후과학을 무효화한다는 점에서 정치적으로 큰
    결함이 있다. 게다가 개념상으로도 혼동하고 있다. 뒤에 설명하겠지만, 이
    러한 여러 '자연' 개념들은 사실 양립 가능하며, 동시에 활용될 수 있다. 무

어와 내 주장의 차이를 더 상세히 살펴려면 다음 책을 보라. Nancy Fraser and Rahel Jaeggi, *Capitalism: A Conversation in Critical Theory*, ed. Brian Milstein (Cambridge, UK: Polity Press, 2018), 94-6.

3   우리는 이 세 가지 '자연' 개념을 모두 활용해야 한다. 각각은 서로 다른 분석 수준과 연구 장르에 속한다. 자연 I 은 생물물리학에, 자연 II 는 자본주의 사회의 구조적 분석에, 자연 III 은 역사유물론에 속한다. 정확히 이해되기만 한다면 이 세 개념은 서로 모순을 일으키지 않는다. 서로 모순되는 것 같은 모습은 우리가 분석 수준을 분간하지 못하고 개념을 혼동할 때에만 나타난다. 따라서 현재 비판실재론자들과 사회적 구성주의자들(혹은 '반反데카르트주의자들')이 벌이는 논쟁은 많은 부분 그릇된 논쟁이다. 각 진영은 그들이 부당하게 총체화하는 한 가지 개념에 고착돼 다른 개념을 배제하는 잘못을 범하고 있다. 다음 책을 참고하라. Andreas Malm, *The Progress of This Storm: Nature and Society in a Warming World* (London and New York: Verso, 2018).

4   나는 '발전developmental' 위기와 '획기적[시대를 가르는]epochal' 위기라는 용어를 제이슨 무어에게서 빌렸는데, 그는 이를 이매뉴얼 월러스틴과 조반니 아리기로부터 비롯된 생태비판이론에 적용했다. 무어의 다음 논문을 참고하라. "The Modern World System as Environmental History? Ecology and the Rise of Capitalism", *Theory and Society* 32, no. 3 (2003).

5   '육체' 에너지 체제와 '탈육체' 에너지 체제의 구별에 관해서는 다음 책을 보라. J. R. McNeill, *Something New Under the Sun: An Environmental History of the 20th Century* (New York: W.W.Norton & Co., 2000), 특히 10-16[J. R. 맥닐, 《20세기 환경의 역사》, 홍욱희 옮김, 에코리브르, 2008].

6   Jason W. Moore, "Potosí and the Political Ecology of Underdevelopment, 1545-1800", *Journal of Philosophical Economics* 4, no. 1 (2010), 58-103.

7   필리프 데스콜라의 빛나는 저작과 캐럴린 머천트의 고전에 이 모든 것에 관한 훌륭한 설명이 담겨 있다. Philippe Descola, *Beyond Nature and*

Culture, trans. Janet Lloyd (Chicago: University of Chicago Press, 2014); Carolyn Merchant, *The Death of Nature: Women, Ecology, and the Scientific Revolution* (San Francisco, HarperOne, 1990)[캐롤린 머천트, 《자연의 죽음》, 전규찬·이은숙·전우경 옮김, 미토, 2005].

8   Andreas Malm, "The Origins of Fossil Capital: From Water to Steam in the British Cotton Industry", *Historical Materialism* 21 (2013), 15-68.

9   Matthew T. Huber, "Energizing Historical Materialism: Fossil Fuels, Space and the Capitalist Mode of Production", *Geoforum* 40 (2008) 105-15.

10   토양 영양분 순환의 파괴에 관한 이 설명에서 사용된 '물질대사 균열'이라는 표현은 마르크스에게서 비롯됐으며, 존 벨라미 포스터를 통해 재발견됐다. 다음 논문을 보라. Foster, "Marx's Theory of Metabolic Rift: Classical Foundations for Environmental Sociology", *American Journal of Sociology* 105, no. 2 (1999), 366-405.

11   John Bellamy Foster, Brett Clark, and Richard York, *The Ecological Rift: Capitalism's War on the Earth* (New York: New York University Press, 2011).

12   이 표현은 다음 논문에서 차용한 것이다. Jason W. Moore, "The Rise of Cheap Nature", in *Anthropocene or Capitalocene? Nature, History, and the Crisis of Capitalism*, ed. Jason W. Moore (Oakland: PM Press, 2016), 78-115.

13   Alf Hornborg, "Footprints in the Cotton Fields: The Industrial Revolution as Time-Space Appropriation and Environmental Load Displacement", *Ecological Economics* 59, no. 1 (2006), 74-81.

14   Aaron G. Jakes, *Egypt's Occupation: Colonial Economism and the Crisis of Capitalism* (Redwood City, CA: Stanford University Press, 2020).

15   예컨대 다음 문헌들을 보라. Mike Davis, "The Origins of the Third

World", *Antipode* 32, no. 1 (2000), 48-89; Alf Hornborg, "The Thermodynamics of Imperialism: Toward an Ecological Theory of Unequal Exchange", in *The Power of the Machine: Global Inequalities of Economy, Technology, and Environment* (Lanham, MD: AltaMira, 2001), 35-48; Joan Martinez-Alier, "The Ecological Debt", *Kurswechsel* 4 (2002), 5-16; John Bellamy Foster, Brett Clark, and Richard York, "Imperialism and Ecological Metabolism", in *The Ecological Rift: Capitalism's War on the Earth* (New York: Monthly Review Press, 2011), 345-74.

16　Joan Martinez-Alier, *The Environmentalism of the Poor: A Study of Ecological Conflicts and Valuation* (Cheltenham, UK: Edward Elgar, 2003).

17　나는 다음 책에서, 호안 마르티네스 알리에르의 '가난한 이들의 환경주의'를 뒤집은 이 표현을 빌려왔다. Peter Dauvergne, *Environmentalism of the Rich* (Cambridge, MA: The M.I.T. Press, 2016).

18　19세기와 20세기 영국의 사회주의적 환경주의를 솜씨 좋게 복원한 저작으로는 다음을 보라. John Bellamy Foster, *The Return of Nature: Socialism and Ecology* (New York: Monthly Review Press, 2020). 이 전통의 연장선에서 나온 최근의 많은 성과 가운데에는 다음을 보라. Murray Bookchin, *Social Ecology and Communalism* (Chico, CA: AK Press, 2005)[머레이 북친, 《머레이 북친의 사회적 생태론과 코뮌주의》, 서유석 옮김, 메이데이, 2012]; Michael Löwy, *Ecosocialism: A Radical Alternative to Capitalist Catastrophe* (Chicago: Haymarket, 2015).

19　Timothy Mitchell, "Carbon Democracy", *Economy and Society* 38, no. 3 (2009), 399-432.

20　Alyssa Battistoni, "Free Gifts: Nature, Households, and the Politics of Capitalism", PhD dissertation, Yale University, 2019.

21　Susanne Friedberg, *Fresh: A Perishable History* (2010).

22   Mitchell, "Carbon Democracy".

23   Karl Jacoby, *Crimes against Nature: Squatters, Poachers, Thieves, and the Hidden History of Conservation* (Berkeley: University of California Press, 2014).

24   '틀을 잘못 짠' 데 대해서는 다음 논문을 참고하라. Nancy Fraser, "Reframing Justice in a Globalizing World", *New Left Review*, n.s. 36 (Nov-Dec 2005), 69-88.

25   Adrian Parr, *The Wrath of Capital: Neoliberalism and Climate Change Politics* (New York: Columbia University Press, 2013).

26   생명공학과 지적재산권의 결혼을 통한 이러한 박탈을 가장 훌륭하게 설명하는 글은 여전히 다음 논문이다. Vandana Shiva, "Life Inc: Biology and the Expansion of Capitalist Markets", *Sostenible?* 2 (2000), 79-92.

27   Larry Lohmann, "Financialization, Commodification, and Carbon: The Contradictions of Neoliberal Climate Policy", *Socialist Register* 48 (2012), 85-107.

28   Martin O'Connor, "On the Misadventures of Capitalist Nature", in *Is Capitalism Sustainable? Political Economy and the Politics of Ecology*, ed. Martin O'Connor (New York: Guilford Press, 1994), 125-51; Joan Martinez-Alier, *The Environmentalism of the Poor: A Study of Ecological Conflicts and Valuation* (Cheltenham, UK: Edward Elgar, 2003).

29   이 점은 흑인 페미니스트와 사회주의 페미니스트가 단일쟁점 페미니즘에 관해 반복적으로 펼친 주장과 유사하다. 단일쟁점 페미니즘은 '순수한' 젠더 쟁점을 '이질적인' 관심사들에서 따로 떼어놓으려 하며, 그래서 결국 이 관심사들을 이질적이라 여기는 유일한 집단, 즉 전문직-관리직 여성들의 상황에 맞게 재단된 '부르주아' 페미니즘이나 대기업 페미니즘이 되고 만다.

5장 도살당하는 민주주의: 정치와 경제의 분할

왜 정치 위기는 자본에게 붉은 살코기인가

I   나는 민주주의 이론의 참으로 다양한 시각을 보여주기 위해 이 표현들을 골랐는데, 이는 각각 윌리엄 코널리William E. Connolly, 안드레아스 칼리바스Andreas Kalyvas, 샹탈 무페, 세일라 벤하비브의 견해다. 그러나 이들 말고도 많은 중요한 이론가들이 있다.

2   Colin Crouch, *The Strange Non-death of Neoliberalism* (Cambridge, UK: Polity Press, 2011)[콜린 크라우치, 《왜 신자유주의는 죽지 않는가》, 유강은 옮김, 책읽는수요일, 2012].

3   Wolfgang Streeck, *Buying Time: The Delayed Crisis of Democratic Capitalism* (London and New York: Verso, 2014)[볼프강 슈트렉, 《시간 벌기: 민주적 자본주의의 유예된 위기》, 김희상 옮김, 돌베개, 2015].

4   Wendy Brown, *Undoing the Demos: Neoliberalism's Stealth Revolution* (New York: Zone Books, 2015)[웬디 브라운, 《민주주의 살해하기: 당연한 말들 뒤에 숨은 보수주의자의 은밀한 공격》, 배충효·방진이 옮김, 내인생의책, 2017].

5   Stephen Gill, "New Constitutionalism, Democratisation, and Global Political Economy", *Pacifica Review* 10, no. 1 (1998), 23-38. 좀 더 최근에 발표된 글로는 다음 논문이 있다. Stephen Gill, "Market Civilization, New Constitutionalism, and World Order", in *New Constitutionalism and World Order*, ed. Stephen Gill and A. Claire Cutler (Cambridge, UK: Cambridge University Press, 2015), 29-44.

6   Giovanni Arrighi, *The Long Twentieth Century: Money, Power, and the Origins of Our Times* (London and New York: Verso, 1994)[조반니 아리기, 《장기 20세기: 화폐, 권력, 그리고 우리 시대의 기원》, 백승욱 옮김, 그린비, 2014].

7   Ellen Meiksins Wood, "Separation of the Economic and the Political

in Capitalism", *New Left Review* 127 (1981), 66-95.

8   Hannah Arendt, *The Origins of Totalitarianism* (New York: Hartcourt, Brace, & Javanovich, 1973)[한나 아렌트,《전체주의의 기원》(전2권), 박미애·이진우 옮김, 한길사, 2006]. 무한 축적을 향한 초영토적 갈망과 정치적 지배의 영토적 논리 사이의 갈등에 관해서는 다음 논문을 보라. David Harvey, "The 'New' Imperialism: Accumulation by Dispossession", *Socialist Register* 40 (2014), 63-87.

9   Karl Polanyi, *The Great Transformation*, 2nd ed. (Boston: Beacon Press, 2001)[칼 폴라니,《거대한 전환: 우리 시대의 정치·경제적 기원》, 홍기빈 옮김, 길, 2009].

10   예외는 미국인데, 이 나라는 '세계화폐'로 기능하는 달러를 그저 더 많이 찍어내기만 하면 된다.

11   Crouch, *The Strange Non-death of Neoliberalism*.

12   Reinhard Koselleck, "Crisis", trans. Michaela, W. Richter, *Journal of the History of Ideas* 67, no. 2 (April 2006), 357-400.

13   현재 민주주의 위기의 헤게모니적 차원에 관한 좀 더 완전한 분석으로는 다음 책을 볼 것. Nancy Fraser, *The Old Is Dying and the New Cannot Be Born: From Progressive Neoliberalism to Trump and Beyond* (London and New York: Verso, 2019)[낸시 프레이저,《낡은 것은 가고 새것은 아직 오지 않은: 신자유주의 헤게모니의 위기 그리고 새로운 전망》, 김성준 옮김, 책세상, 2021].

14   이 책 '에필로그'에서 코비드 팬데믹을 '자본주의의 비합리성과 불의의 광란의 파티'로 바라보며 좀 더 상세히 다룬다.

15   Fraser, *The Old Is Dying and the New Cannot Be Born.*

16   Walter Benjamin, "Paralipomena to 'On the Concept of History'", in *Walter Benjamin: Selected Writings*, trans. Edmund Jephcott et al. (Cambridge, MA: Belknap Press, 2006), 402. 이 구절은 〈역사의 개념에 대하여〉의 준비 초고에서 따온 것인데, 완성본에는 싣지 않았다. 완전한 인용

문은 다음과 같다. "마르크스는 혁명이 세계사의 기관차라고 말했다. 그러나 아마도 상황은 매우 달라진 것 같다. 혁명은 열차에 탑승한 인류가 비상브레이크를 당기는 행동일지 모른다."

6장 진정한 대안의 이름으로: '사회주의'의 재발명
21세기에 사회주의는 어떤 것이어야 하는가

1 사회주의에 관한 관심의 부흥이 주로 미국의 현상이라면, 이는 아마도 다른 나라들에서는 '사회주의'라는 말이 신자유주의와 엮이는 바람에 더럽혀지고 말았지만 미국에서는 이 말이 지난 수십 년 동안 자주 쓰이지 않았기에 역설적으로 이런 상황을 피한 덕택일 것이다. 특히 유럽에서는 사회주의 정당들이 신자유주의 정책을 공고히 하는 데 중요한 역할을 했고, 이로 인해 무엇보다도 젊은 운동가들이 사회주의라는 말에서 악취부터 떠올리게 만들고 말았다. 반면에 미국에서는 반사회주의 정서가, 신자유주의에 대한 좌익 저항자들이 아니라 냉전 시대 어휘를 여전히 떠들어대는 우익 세력에서 나온다. 미국 내 우익 세력의 '구닥다리'식 태도는 오히려 젊은 투사들이 사회주의라는 말을 더욱 매력적으로 느끼게 만들고, 심지어는 범상치 않은 명성까지 얻게 하는 것 같다.

2 Mariana Prandini Assis, "Boundaries, Scales and Binaries of Women's Human Rights: An Examination of Feminist Confrontations in the Transnational Legal Sphere", PhD dissertation, 2019, The New School for Social Research.

3 Nancy Fraser, *Reframing Justice: The 2004 Spinoza Lectures* (Amsterdam: Van Gorcum, 2005); "Reframing Justice in a Globalizing World", *New Left Review* 36 (November–December 2005), 69–88.

4 이 점에 관한 더 상세한 논의로는 다음 논문들을 보라. Fraser, "Reframing Justice"; Nancy Fraser, "Publicity, Subjection, Critique: A Reply to My

Critics", in *Transnationalizing the Public Sphere*, ed. Kate Nash (Malden, MA: Polity Press, 2014).

5　참여의 동등성, 그리고 민주주의와 구조적 우위 사이의 양립 가능성에 관해서는 다음 책을 보라. Nancy Fraser and Axel Honneth, *Redistribution or Recognition? A Political-Philosophical Exchange*, trans. Joel Golb, James Ingram, and Christine Wilke (London: Verso, 2003)[낸시 프레이저·악셀 호네트, 《분배냐, 인정이냐?: 정치철학적 논쟁》, 김원식·문성훈 옮김, 사월의책, 2014].

나를 포함, 흐느끼며 일상을 견디는 이들에게 희망의 목소리가 당도했다. 한계 없는 자본주의의 위장이 터지기 직전인 당대, 이 책은 기존의 거대 담론에서 벗어나 포괄적 접근을 시도한다. 우리는 어떤 시대에 살고 있는가에 대한 '답'을 원한다면 이 책을 권한다. 인간이라는 시한폭탄을 품고 붕괴가 임박한 지구를 알고 싶다면, 인문학 용어가 정확히 번역된 책을 찾는다면 이 책을 권한다. 적실한 자본주의 입문서를 구한다면 이 책을 권한다.

— **정희진** 여성학 박사, 오디오 매거진 《정희진의 공부》 편집장

낸시 프레이저는 최고의 마르크스주의와 페미니스트 전통에 입각한 전설적인 급진 철학자이지만 흑인, 생태, 이민자, 성적 자유 운동에 대한 그의 진정한 포용과 심오한 이해는 그녀를 당대 지식계에서 독보적인 인물로 만든다! 이 책은 암울한 우리 시대에 고전의 반열에 오를 단 하나의 보배다.

— **코넬 웨스트**Cornel West, 《Race Matters》 저자

21세기에 걸맞은 마르크스주의 자본주의론에 대한 자신의 수많은 선구적인 공헌을 훌륭하게 종합한 아름다운 글!

— **볼프강 슈트렉**Wolfgang Streeck, 《How Will Capitalism End?》 저자

03300

www.booksea.co.kr 값 19,500원
ISBN 979-11-92085-91-3 03300

9 791192 085913